JN300640

企業行動の評価と倫理

飯冨順久 著

学文社

はしがき

　近年，健全でしかも公正な経営活動を営んでいると思われていた企業および金融機関の経営破綻や反倫理的行動が多発している。かつてはエクセレント・カンパニー（超優良企業）といわれていた企業が今日では，業績不振，不祥事の発生，倒産など，優良企業と評価された当時の姿はない。

　1983年『エクセレント・カンパニー－超優良企業の条件』（T・J・ピーターズ／R・H・ウォータマン著　大前研一訳　講談社　1983年）が出版され，話題になったことがある。この著書のなかで，「超優良企業──つねに革新的な大企業──」の条件（革新的な超優良企業を特徴づける基本的特質）とは，① 行動の重視，② 顧客に密着する，③ 自主性と企業家精神，④ ひとを通じての生産性向上，⑤ 価値に基づく実践，⑥ 基軸から離れない，⑦ 単純な組織・小さな本社，⑧ 厳しさと緩やかさの両面を同時に持つ，以上の8項目である。またその基準として「…革新的な企業とは，新製品を出し大きく売上を伸ばしていく能力にことに優れているばかりでなく，周囲のあらゆる変化に器用に対応していく能力にとくに秀でた企業…」であるとしているが，この条件および評価基準はあきらかに経済至上主義をベースにしていると考えることができる。

　伝統的企業評価の主題は，個人の負債ならびに債権の発生にともなう財産評価や貸付資本に対する安全性および収益性など財務評価を基礎とするものであり，合併や企業買収のための株価評価・会社格付けなど経済的分析を主内容とするものであった。したがって，その分析・評価の手法は，急速な技術開発もあって高度化し，JET 分析（Japan Development Bank Evaluation Technique of Corporation），スコアリング・システム，NEEDS-SAFE（Nikkei Economic Electronic Databank, System Analysis for Financial Evaluation) などとして一般投資家などに公表された。その結果，経済的指標のみによる企業ランキングが優良企業として認識され，評価されることになった。

その後，通産省産業政策局企業行動課や清水龍瑩教授などによる定性要因の定量分析の研究成果が報告され，新しい評価の方法やその試みがなされてきた。

しかしながら，企業の社会的責任の評価については，わが国では日本生産性本部（現社会経済生産性本部）の1974年に刊行された「社会責任指標」が，先駆的な試みであるが，企業の社会性・倫理性に対する評価の実証的研究については『企業評価に関する調査研究報告書』経営行動研究所（1989年）をあげることができる。

企業の社会的責任や倫理的行動に関する理論的研究は，1960年代後半より本格的に行われるようになったと考えられる。その代表的研究者として，古くはイールズ（Eells, R., *The Meaning of Modern Business-An Introduction to the Philosophy of Large Enterprise*, 1960) およびペティット（Petit, T. A., *The Moral Crisis in Management*, 1967. 土屋守章訳『企業モラルの危機』ダイヤモンド社，1969) の名をあげることができる。ペティットは，「いかなる倫理にも，行動的側面と理念的側面がある。行動的側面というのは，実際の意思決定に役立つような道徳的原理あるいは指標である」と述べ，この行動的側面と理念的側面に矛盾が起こったとき，「道徳的危機」に直面すると指摘している。

また，企業倫理の中心課題については，アメリカの企業の基礎的な構造や経営機能のあり方を契機として，公共の利害と調和のとれた行動をいかにして選択するか，また，実践と倫理のギャップをいかにして縮めるかであるという。企業倫理を革新的・保守的・反動的の3つのプロセスで説明していることは，倫理行動を歴史的変遷過程で正当化する理論として位置づけられる

と思われる。

　本論文では，企業行動の評価に関して伝統的な方法および理論に対して倫理的基準を導入する方法および理論ないし根拠をあとづけて明らかにし，現代の企業評価の解決を迫られている課題に答えようとする意図のもとに問題を考察したものである。

　ところで，本書は，筆者が過去に発表した論文を基礎として加筆，修正し編集したものである。しかしながら，加筆して編集したとはいえ，本書は筆者の浅学非才ゆえに不備な点や不適切な箇所があると思われる。このうえとも，学界先達のご指導を賜れば幸いである。

　私が経営学や経営管理論に興味をもち，とくに「企業評価」や「企業倫理」の諸問題に取り組むに至った動機は，大学時代のゼミの指導教授菊池敏夫先生（現日本大学名誉教授・経営行動研究学会会長）の影響による。本書の執筆にあたっても，ご指導と助言を頂いたことに対して心からお礼を申し述べたい。

　また，大学院時代には修士課程・博士課程を通して明治大学名誉教授藤芳誠一先生から経営管理学・ミドル・マネジメント論ならびに経営学の原典研究をご指導頂いた。

　大学は大学紛争の時期であり，学内でじっくり研究する時ではなかったが，藤芳教授はわれわれを自宅に招いて，長時間にわたり個別指導を実施して頂いた。経営戦略に係わる諸問題とくに本書でも取り上げている「第5章　企業の活性化と評価」のその時代の研究がベースになっている。また，「蛻変の経営」の本質や「3P革命」の応用の論理も第5章に集約され，収録されている。

　この度，この研究が明治大学より一定の研究成果として学位授与の対象として認めて頂けたことは，藤芳誠一教授のご指導の賜物と深く心しているところである。

ここに，改めて両先生の温かい学恩に対して深甚なる謝意を表する次第である。なお，「資料」「企業評価における倫理性に関する調査報告」については，村上　睦氏（大阪学院大学助教授），桜沢　仁氏（文京女子大学助教授）のご協力によるもので，ここに感謝の意を表したい。

　「企業倫理」に関しては，経営学関連学会の多数の先生方より学会報告の度に適切なご指摘を頂き，「企業評価」に関しては，明治大学藤芳研究室の先生方のアドバイスや励ましを頂いたこと，森本三男日本経営教育学会会長をはじめとする諸先生方から激励と貴重なご示唆を頂戴いたしたことなどに対して深く感謝申し上げる次第である。

　また，和光大学経済学部の先生方には日頃の研究活動を通じ，心暖まるご指導と激励を頂き感謝の意を表したい。

　最後に，本書の上梓につき，作成当初より親身になり激励し続けて頂き，特段のご高配を賜った（株）学文社　田中千津子社長に心より謝意を表する次第である。

　2000年3月吉日

飫冨　順久

目　　次

はしがき

第1章　企業評価の意義　　　　　　　　　　　　　　　9
　第1節　企業評価に関する諸概念　　　　　　　　　　9
　第2節　企業評価の史的展開　　　　　　　　　　　　18
　第3節　企業評価の多様性　　　　　　　　　　　　　28

第2章　バーナードの経営倫理とその現代的意義　　　　52
　第1節　はじめに　　　　　　　　　　　　　　　　　52
　第2節　バーナードの道徳観＝倫理観　　　　　　　　53
　第3節　経営倫理問題の課題　　　　　　　　　　　　59
　第4節　むすび　　　　　　　　　　　　　　　　　　61

第3章　社会責任論と企業評価　　　　　　　　　　　　63
　第1節　問題の所在　　　　　　　　　　　　　　　　63
　第2節　企業の「目的」「目標」に関する諸見解　　　63
　第3節　経営理念に関する諸理論　　　　　　　　　　77
　第4節　企業の社会性に関する諸見解　　　　　　　　81
　第5節　社会責任の主体論　　　　　　　　　　　　　84
　第6節　ペティットの適応的有機体論とシェルドン理論　87
　第7節　社会的責任のモデルとデイビスの理論　　　　90
　第8節　社会的責任論研究の系譜　　　　　　　　　　96

第4章　企業の倫理的行動とその評価　　　　　　　　　101

第1節　企業の倫理的問題の背景とその意義　　　　　　　　101
　第2節　企業倫理の意義とその重要性　　　　　　　　　　　102
　第3節　企業倫理の系譜と課題　　　　　　　　　　　　　　104
　第4節　企業倫理の基本的な考え方──伝統的倫理と市場経済価値
　　　　　との対立　　　　　　　　　　　　　　　　　　　109
　第5節　企業の行動基準の制度化　　　　　　　　　　　　　118

　　資料　企業評価における倫理性に関する調査報告　　　　　130
　　1．はじめに　　　　　　　　　　　　　　　　　　　　　130
　　2．企業理念における社会性・倫理性　　　　　　　　　　132
　　3．意思決定領域における社会性・倫理性　　　　　　　　139
　　4．国際化による社会性・倫理性の変容　　　　　　　　　155
　　5．企業評価における社会性・倫理性　　　　　　　　　　159
　　6．企業と社会との信頼関係樹立に向けて　　　　　　　　169

第5章　企業の活性化と評価　　　　　　　　　　　　　　　　178
　第1節　活性化論議の背景　　　　　　　　　　　　　　　　178
　第2節　企業活性化および活力の意味　　　　　　　　　　　180
　第3節　企業活性化の要因とトップ・マネジメント　　　　　185
　第4節　企業の活性化と革新型リーダーシップ　　　　　　　198
　第5節　企業の活性化と評価　　　　　　　　　　　　　　　202

第6章　企業評価におけるグローバル・スタンダードの確立条件　213
　第1節　企業評価の環境論的アプローチ　　　　　　　　　　213
　第2節　企業評価におけるグローバル・スタンダード　　　　216

第7章　補論　近年の企業評価の動向について　　230
　第1節　はじめに　　230
　第2節　「企業の社会貢献度調査」委員会による企業評価　　230
　第3節　電機連合総合研究センターによる企業評価　　235
　第4節　日本経済新聞社による企業評価プリズム　　238
　第5節　株主価値について　　239
　第6節　おわりに　　241

第8章　倫理的企業行動の確立に向けて　　245
　第1節　これからの企業倫理の方向　　245
　第2節　企業倫理の実践に向けて　　246

参考文献　　251
索　引　　261

第1章　企業評価の意義

第1節　企業評価に関する諸概念

　企業評価という概念は，経済，文化など企業をとりまく価値観を含む歴史的背景の推移の中で変化してきている。初めは経営分析，企業診断として，経営成績，財務状態の良否という形で表現されてきた。[1]それはアメリカにおいて特に銀行業者が融資先または投資先に対して，その信用能力の判断のために財務分析を行ったことに端を発している。信用能力の判断すなわち信用分析（credit analysis）の内容は，貸借対照表分析，財務諸表分析など財務分析が大半を占めており，しかも企業内部者の経営者，管理者が行う内部分析ではなく，企業外部者による外部分析（external analysis）であった。この時代では企業評価の価値は，標準経営比較の結果として財務を重点にしたものであり，過去の資料のみによる評価であった。しかし，外部評価の主眼ないし効用は，実際企業経営を行っている経営者・管理者にとって直接に意味をもたず，ここに経営者分析，内部分析（internal analysis）が登場してきたのである。この段階での企業評価は，利益単一目標ないし利益最大化という経営目標を背景にして，利潤性が重視され株主に対応するための評価にとどまっていた。

　しかし企業規模の拡大，価値観の変化，企業目標の多元化，多様化にともない，評価のもつ意味，手法は大きく変化してきた。評価の主体も企業内部・外部，とくに政府，地方自治体，マスコミなど企業を取り巻く利害者集団おのおのが行いはじめてきた。企業評価の概念も統一化できず，評価は主体の目的に合わせ，概念にもまた差異が認められてきた。わが国の場合，前者の（単一目標を評価基準とする）時代を「伝統的」と称するならば，後者

は「近代的」な時代と称することができよう。この近代的な時代の幕開けの最も重要な要因は3つ考えられる。その一つは企業環境の急激な変化，第2は企業の社会的責任目標の形成，第3は国際経済社会の中の日本企業の立場。第1の要因では「企業は第一次的には長期的利益を確保するにしても，他の複数のものも同時に達成するとき企業の評価は高まる」[2]としているように，変化に対する適応を利潤のみの基準で考えない。第2の要因は，菊池敏夫教授によると次のような過程があるという。「環境問題に対する企業責任が制度上，明確にされてきた過程には，次のような段階がある——(a)環境の汚染と破壊の進行→(b)新しい社会的価値の形成＝生活の質（quality of life）への関心の集中→(c)企業の自由裁量段階→(d)企業責任の制度化（責任の確定）段階」[3]。ここでの社会的責任とは，企業を取り巻く利害者集団への責任と解し[4]，利害者集団への責任指標の達成が企業評価の優位に合致するという立場をとるのである。この場合の責任指標には，さまざまな方法による試案が各機関より提示されているが，日本生産性本部（現社会経済生産性本部）のものが比較的包括的な評価項目をかかげている。[5]

第3番目の要因については，1980年9月，日本経営学会での櫻井克彦教授の報告が示唆している[6]。同教授によると，わが国の企業（とりわけ製造業）はここ数年（当時）海外進出が目立って増えてきているが，その理由として，市場開拓，輸出先国の輸入制限，現地需要への対応，国内での競争，収益の安定成長，情報の入手，技術の移転，資金の調達，課税対策，資源確保，労働力確保などさまざまなものを指摘し，今日経営者は企業の存続と成長のために，企業の国際化戦略の政策をとらねばならないことを主張する。このことは企業を評価する場合，国内の企業行動あるいは企業の内部に対する評価のみならず，国外での企業行動も評価の対象としなければならないことを意味する。

さて，ここでは，企業評価（corporate appraisal, valuation of enterprise）

に関する一般的な概念を検討することにしたい。

　まず日本経済新聞社が規定している企業評価の概念は，1980年8月23日付けの日本経済新聞で発表した「優良企業200社のランキング」の中に示されている。この中で企業評価とは，「企業を組織，経営，財務，社会的貢献度などあらゆる角度から分析し総合的な評価を加えること。従来は計量的な処理の限界から財務データを単に統計的に分析，計算しただけの企業評価にとどまることが多かった。しかしそれには，その企業の社会的責任や国民経済的な役割といった部分を正しく評価することができないという欠点がある。優良企業を選び出すには，そうした要素を加味したうえでの評価でなくてはならない……」としている。ここでは全国各証券取引所上場企業（ただし，銀行，保険，証券を除く）に限って，一定の基準・方式に従って選びだされたものである。この方式とは「NEEDS-CASMA」[7]と呼ばれるもので，企業の健全性，規模，生産性，安定性を過去のデータに基づき算出したものである。

　ここでいう企業評価の概念の特徴は，売上高や利益あるいは資本構成といった財務内容だけではなく，企業の社会に対する態度，経営者の言動，資質，労使関係，国際性，独占禁止政策との関連性，経営の機動性，技術開発力，市場開拓力，商品企画力，積極性など企業行動の全般にわたり吟味している点である。そして優良企業を総合得点制によりランク付けを行っているが，それは，①成長分野の把握，②消費者のニーズや社会の変化への適応，③企業集団の結束力と集団ごとの比較などを最終的にクローズアップさせている点を特質としてあげることができよう。以上のことから日本経済新聞社の「企業評価」は，あくまでも購読者対象のものであり，正当性ないし一般的妥当性は評価にあたいするものといえよう。

　第2番目は，毎年，通産省政策局企業行動課が行っている「新しい経営力指標〜定性要因による企業評価の試み〜」で取り扱っている企業評価の概念

である。ここでは経営力を評価するために重回帰分析を用い，企業評価モデルを作成している。評価する場合の要因は，①トップ・マネジメント，②組織，③製品戦略，④財務，⑤経営関係の5つで，これから定性的要因を中心に，中・長期的観点からみて企業の維持・発展に重要であると考えられる要因が選択されている。この企業評価は企業の内部者のためのもので，自社の経営上の強み，弱みの明確化を通じ，将来的な経営改善の方策を検討する目的があると考えられる。したがって「評価」の内容はあらゆる項目を挙げるのではなく，企業経営への貢献度を企業成長の観点から分析している。[8]

第3番目は，清水龍瑩教授の『実証研究日本の経営～経営力評価モデルによる企業行動と企業成長要因分析～』のなかでの規定である。ここでは，企業評価＝経営力評価＝企業成長評価と考え，企業成長要因の解明・分析を実態調査をふまえて明示している。[9]これによると，わが国企業の成長要因は，(1)外的成長要因[10]と(2)主体的成長要因[11]の2つであるという。そして企業評価の対象は，企業内での創造性を高め，企業成長に結びつけた要因として，(2)の主体的成長要因を重視している。この評価の特徴は，まず第1に製品要因をあげ，研究開発能力，技術水準など技術を主体とした製品化戦略をあげていること，第2は，トップ・マネジメントの個人の特性，リーダーシップ能力など最高意思決定者の資質をあげていること，[12]第3に，組織要因いわゆる組織効率の良否をあげていること，[13]第4に，経営基盤をあげ，その内容は，①企業を取り巻く環境要因に対する社会的責任を遂行すること，②ヒト・モノ・カネの需給のパイプを強化することである。第5は，以上の要因を規模別（大企業，中堅企業，中小企業）に評価していることである。以上のような主体的成長要因になる企業評価の概念は，生産性，適応性，柔軟性という企業体質全般におよぶものとして理解できよう。

第4番目はクーンツ＝オドンネル(Harold D. Koontz and Cyril J. O'Donnell)の研究に見ることができる。それは *Principles of Management* : *An Analysis of Managerial Functions* のなかで紹介しているゼネラル・エレクトリック社の企業評価である。ここでは次の8つの指標を基に評価しているという。[14)]

1. 利益性（Profitability）
2. マーケットの地位（Market position）
3. 生産性（Productivity）
4. 製品の地位（Product leadership）
5. 人間開発（Personnel development）
6. 従業員の態度（Employee attitudes）
7. 社会的責任（Public responsibility）
8. 短期的目標と長期的目標との融合（Integration of short-and long-range goals）

この8つは清水教授が主体的成長要因としてあげている製品，トップ・マネジメント，組織，経営基盤に相応するものと考えられる。

第5番目は，日本経営財務研究学会の見解である。ここでは，「企業評価という論題は，……財務理論においては，企業の経営者は企業価値をもって財務的意思決定の規準と定め，現在株主にとっての企業価値を最大ならしめるように意思決定を行なうと想定される……」[15)]「企業評価は資本市場における証券評価にほかならないから，企業評価の理論は必然的に証券評価の理論へと発展する。」[16)] と規定し代表する理論として，1964年に発表された，ウィリアム・シャープの論文「資本資産価格：リスクのもとでの市場均衡理論」をあげている。ここでいう企業評価の概念は資本資産評価（CAP）であり，実証分析も企業金融－間接金融と資本構成－に限定されている。またこの見解に関連する会計学上の企業評価概念としては，「企業評価とは，企業を一括して価値を評価することをいう。暖簾の評価につながるものである。企業評価には原価基準法と収益力基準法とがある。前者はさらに原始原価法と複成原価法とにわかれる。後者は，更に株式市価基準法と収益還元法とにわか

れる。」「……企業評価を取扱った学者のうち著名なものとして、シュミット、メレロヴィッツ、シュマーレンバッハなどがあげられる。」[17] 会計学上のとりあつかいも財務上の企業評価に限定している点が特徴といえよう。

　第6番目はアンゾフ（H. Igor Ansoff）の見解である。それは主に "*Corporate Strategy*" のなかに示されているものである。

　アンゾフは、企業が維持・発展してゆくためには、環境変化に対して、それに適応した製品－市場をもたなければならず、そのために戦略的意思決定が最も重要であるといい、そして拡大化戦略、多角化戦略の意思決定の特質について論じている。さて、この戦略的意思決定を行う場合の企業目標の体系または企業目標達成度合いが戦略評価＝企業評価であると考えることができ、評価の内容については、「……企業自体で目標についての考え方を決めたとしても、今度は、いろいろと異なる目標の体系を主張してきた学者たちが、それを、企業に現存している業績評価のシステムに関連づけてくれないことに気がつく……」[18] といい、そして評価規定について、「業績評価についての従来からの会計アプローチともう一つは、目標が達成されつつあるかどうかが企業にわかるようにデザインされた新しいデータ・システムである」[19] とし、この新しいデータ・システム、いわゆる目標体系を次のように説明している。

「1　企業は、ⓐその総資源の転換過程の効率を最適化することをねらいとした "経済的目標" と、ⓑ企業の参画者たちの個人的な目標の相互作用の結果としての "社会的目標" すなわち "非経済的目標" との、両方の目標を持つものである。

　2　ほとんどの企業では、経済的目標が企業の行動に主たる影響を及ぼし、経営者が企業を方向づけ、コントロールするために用いる明白な最終到達目標の本体を形成するものである。

　3　企業の中心的な目的は、その企業内に使用された資源の長期的な見返

り（自己資本利益率）を極大化することである。
4　社会的目標は，管理行動に第2次的な修正的および制約的な影響を及ぼすものである。
5　このような本来の目標のほかに，社会的な責任と制約という2つの相関連した影響要因が管理行動に作用する。
　a　目標は，経営者がその目的に照らして企業の業績を方向づけ，評価することができるようにする決定ルールである。
　b　社会的責任は，企業が社会に果たすことを約束する義務のようなものである。したがって，それは，企業を方向づけたりコントロールしたりするための内部的機構の一部を構成するものではない。たとえばフォード財団を維持するという社会的責任は，フォード社がどのようにして自動車を売るか，どんな新型車を開発するか，自動車以外の多角化機会を選択するか，といったことについての同社の決定には，まったく影響を及ぼさない。
　c　社会的制約は，企業の自由な活動から，ある種の選択権を除外する決定ルールである。たとえば最低賃金水準は，通常，法律上あるいは契約上の制約であって，企業が意識的に，それを法律上の最低水準以上とか組合との交渉結果の水準以上に引きあげる方針をとらないかぎり，企業の目標ではない。」

そして，基本的経済性の評価は，利益額よりも収益性を重視し，収益性評価の尺度として資本利益率を選定している[20]。また資本利益率を高めるためにシナジー（synergy）概念を用い，これにより内部評価と外部評価のファクターをあげている[21][22]。ここでの特徴は図1-1のような目標を設定し，戦略的意思決定を行う中で，とりわけ「製品-市場」を重視し，その評価のポイントを資本収益性においている点である。

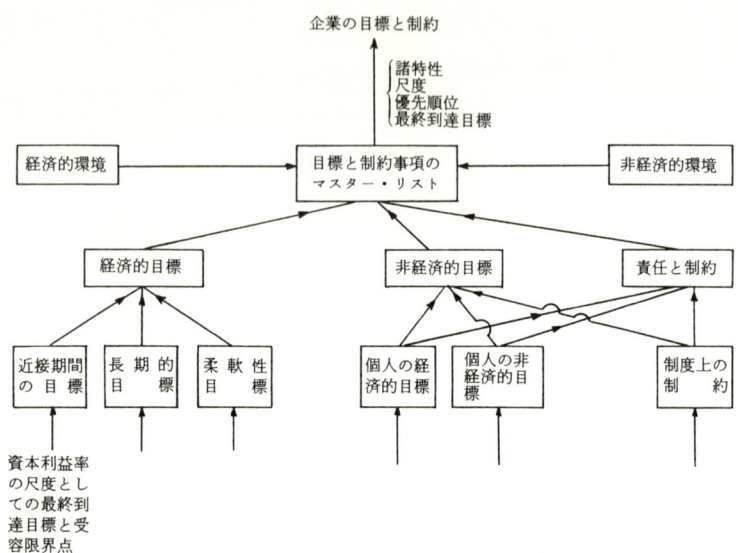

出所）アンゾフ 広田寿亮訳『企業戦略論』産業能率短期大学出版部, 1969年, p. 83, 図4－4修正。

以上述べた6つの一般的な考え方をふまえて，企業評価の概念を次のように要約することができよう。

(1) 企業に内在している潜在的能力の評価であること。
(2) 企業の目標達成能力＝成長能力の評価であること。
(3) 企業行動の将来に対する指針となるもの，すなわち，企業の過去における業績評価だけではないこと。
(4) トップ・マネジメントの経営理念や意思決定に重大な関係があること。
(5) 評価の測定については，定量分析，定性分析が可能であること。
(6) 評価には，絶対的評価と相対的評価があること。
(7) 評価の尺度，基準については，総合評価を可能ならしめるためにできるだけ多くの経営指標を考慮すること。

(8) 財務評価という部分的評価ではなくあらゆるファクターを考慮した，変化適応能力の総合評価であること。

まず，(1) 企業に内在している潜在的能力とは，企業が創設時より経済組織体として兼ね備えている能力をいう。帝京大学の矢吹耀男教授は，この能力を企業体質とよび，概念規定は数値化，文章化できにくいとしながらも，人体を例にとり，「体質とは遺伝および環境にもとづいて見られる特徴を総合したもの」[23]という。その分類には，㋑気質——精神，神経上の特徴，㋺素質——機能，能力を示す特徴，㋩形質——測定しうる形質上の特徴の3つがあり，企業を人体としてみた場合，企業においても遺伝に対応する「沿革」という要因によって作用され，環境という要因によって作用されるという。

(2) の成長能力とは日本経済新聞社がNEEDS総合評価方法で要因としてあげた，健全性，規模，生産性，安定性と，清水龍瑩教授のいう主体的成長要因がこれにあてはまる。

(3) 企業行動の将来に対する指針については，矢島鈞次教授が次のように指摘する。「経営指標は具体的に企業を判定するもの……」[24]，判定基準として新しい目標経営指標を15項目あげている。[25] この他，先にあげた生産性本部（現 社会経済生産性本部）の指標や，通産省の「新しい経営力指標」に代表されるものがこれである。

(4) トップ・マネジメントの経営理念や意思決定の問題は，「経営力」として理解できる。青野豊作氏によると，「経営力＝企業が成長・発展しつづけていくために必要とされる企業人の総合能力——のことで，この総合能力としての経営力はさらに次の構造式で表わすことができる。

経営力＝{構想力＋目的選択力＋決定力＋革新力＋事業化力＋組織力} × α（経営理念）」[26]

いわゆるトップ・マネジメントの資質の問題である。

また，(8)変化―適応能力については，アンゾフなどの戦略的行動を意味する。それは企業の内部的評価と，企業外の諸機会についての評価をも含めた，創造する企業行動力のことを意味する。

小論では以上のことがらをふまえ「企業評価」とは経営財務の評価にとどまらず，企業の社会性・倫理性など定性要因を考慮した総合評価であり，複数目標達成（成長）可能評価と理解したい。

第2節　企業評価の史的展開

企業評価あるいは経営評価とよばれる領域に対するこれまでの接近方法および研究の視点は，ある程度企業体制の歴史的進展過程および企業目的の変化を反映して時代的差異がみとめられる。ここでは，小野二郎教授，清水龍瑩教授，ペティット（Thomas A. Petit），ディジョージ（Richard T. De George）らの見解を山城章教授の企業体制の発展過程に関連させて，図1－2および図1－3の形で歴史的変遷をあとづけてみたい。

(1)　5つのステップ

第1ステップ：前近代，すなわち生・家業時代での企業目的は，伝来の家業を維持し継承・伝承することであり，経営者個人および経営の信用調査やその分析が主内容を成していた時代である。たとえば，古くは個人および個人企業の負債ならびに債権の発生に伴う信用調査や信用情報分析が企業評価の主眼であったり，前資本主義時代のドイツにおける農地や森林の収益価値の評価，さらに封建的な土地所有関係の崩壊を背景に，貸付資本の立場から担保価値としての農業経営，森林経営の評価といった，いわゆる個人の支払い能力および企業の財産状態を評価するにとどまっていた時期である。ここでの企業規模は比較的小さく，おのずから企業行動の範囲も影響もまた小さなものであった。

第2ステップ：近代すなわち資本家的企業時代と呼ばれる時代である。こ

図1-2　企業評価の発展プロセスと倫理性（社会的責任）との関連

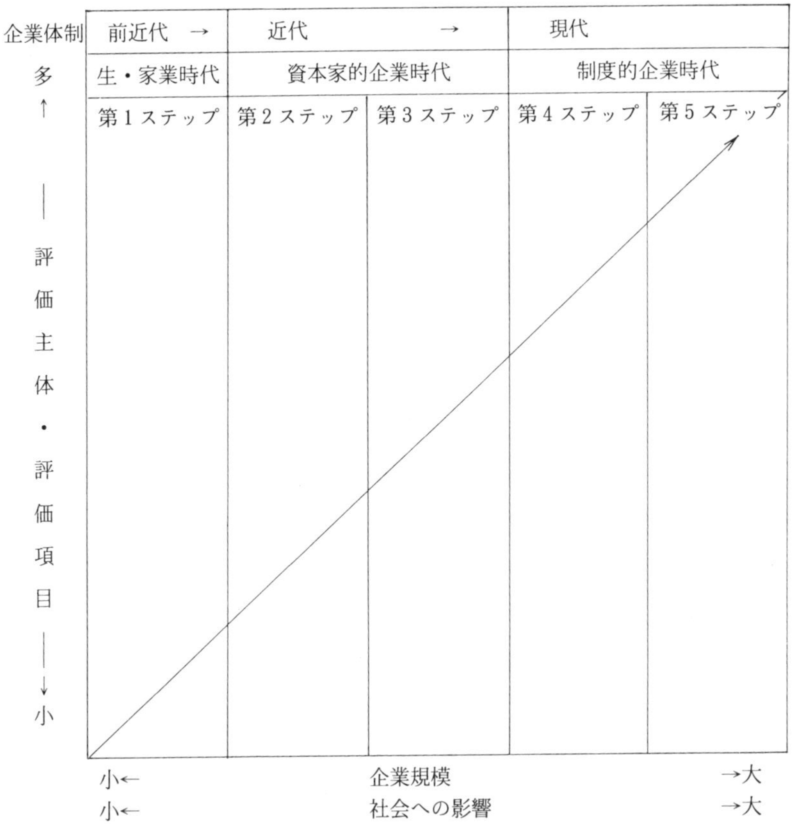

企業体制	前近代　→	近代	→	現代	
	生・家業時代	資本家的企業時代		制度的企業時代	
	第1ステップ	第2ステップ	第3ステップ	第4ステップ	第5ステップ

多↑｜評価主体・評価項目｜↓小

小←　　　　　　　企業規模　　　　　　　→大
小←　　　　　　　社会への影響　　　　　　→大

の時代の企業では資本提供者，すなわち自己資本提供者である株主・投資家と，他人資本提供者である金融機関などに対する目的が第一義的に策定される。このことは，株主は資本価値の増大と，価値の減少に伴うリスクを常に念頭に置きながら，当該企業の収益性や成長性を評価の主たる重点項目にしている。また，他人資本提供者，すなわち債権者は，その債権の安全確保や支払い能力の程度を評価するため，流動性を重視することになる。したがって，この時代では財務分析，およびその指標化がなされた時期でもある。

図1－3　企業体制の発展と企業評価との関連

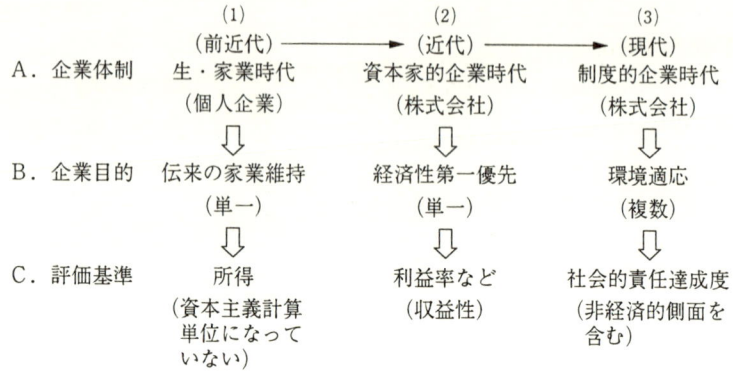

第3ステップ：この時代は株式会社制度が確立し、その目標も個人レベルから社会的認知を受けた経済的制度としての存在に移行した時代である。すなわち、企業の利害者の主要グループ（株主、債権者）に対する目標——利潤第一主義——が確立し、その評価も企業格付けおよび社債などの評価が重視された時代である。

第4ステップ：現代すなわち制度的企業時代では目標が多様化・複合化されてきた時期である。現代社会における株式会社では、その特徴として次の点を指摘したい。

まず第1に、利害関係者の範囲が拡大し、多様化してきたこと。これらは、かならずしも利害が一致・共通していないこと。第2に規模が巨大化すればするほど、その社会的影響や効用は増大し、企業の基本的、本来的機能に加えて、社会の機関としての役割や責任が増大してくること。第3に巨大企業は社会の市民権を持ち、株主や債権者に対して利益責任を持つとともに、社会的責任を同時に達成しなければならないこと。以上3点から考えられる企業目的は、短期的な利潤獲得から諸々の条件を内包した長期的な利潤に変化するとともに、企業をとり巻く個人、組織などに対する責任を含め、目標は

複合化してきたといえる。そして，この場合の評価も経済的側面のみならず，非経済的側面がその重点項目に入ってくるものと考えられる。

ここで，代表的な評価方法としては，日本開発銀行の JET 分析や富士銀行・日本経済新聞社の NEEDS－SAFE 分析などの主に経済的評価に加えて，昭和49年から慶応義塾大学の清水龍瑩教授を中心とするグループが開発した定性的要因を有機的に関連づけた評価モデルがある。[27]

第5ステップ：予想以上に進展しているグローバル化や高度に発展を遂げている情報化などを背景に，企業目的も一方に「革新」が，他方に「企業モラル」または「新たな社会的責任」が掲げられはじめている。したがって，今日の企業評価の主眼は，経済的側面に加え企業の社会的側面や倫理的側面が重要視されつつあると考えることができる。

その方法も，従来から研究・開発されてきたさまざまなものを統合化，あるいは総合化するとともに，倫理性などを評価しうる新たなモデルの開発が必要になってきた。

(2) 伝統的評価論の限界と近代評価論の意義

まず，ここでとり扱う伝統的評価論，あるいは近代的評価論といった場合，明確な年代的区分ができているわけではないことをお断わりしたい。

伝統的評価に関して最も古いものは，個人あるいは，個人企業の負債や債権の発生に伴う信用調査や信用情報分析が，評価の主眼であった時代である。前資本主義時代のドイツにおける農地や森林の収益価値の評価，さらに封建的な土地所有関係の崩壊を背景に，貸付資本の立場から担保価値としての農業経営，森林経営の評価といった，いわゆる個人の支払い能力および企業の財産状態を評価するに留まっていた時期である。しかし，財務諸表作成および会計監査が一般的になり，制度化し，企業資本がより多く他人資本に依存し始めると，資本提供者である株主および金融機関は，投資額および貸付資本に対する安全性と，当該企業の収益性を分析するため，財務諸表を克明に

検討し、財務状況の長期的、継続的な観察と分析が広く行われるようになった。

また、分析および評価項目の指標化も一般化してきた時期である。さらに多変量解析法など新しい統計手法の進歩や大型コンピュータの開発により、その評価の方法も高度化していった。その具体的方法は、古くは1920年代のウォールの比率指標やデュポン社による三角形システム、いわゆるデュポン・システムである。[28]

その後財務データによる評価方法は、主に金融機関により開発されてきていると思われる。たとえば日本開発銀行の JET 分析[29]、日本長期信用銀行のスコアリング・システム、富士銀行と日本経済新聞社の NEEDS－SAFE 分析がそれである。[30] さて、このような財務データによる企業評価の特徴は、会計基準にそって作成されているのである。

ここで、企業評価の概念や意義について検討する場合、以下の点に留意する必要があると思われる。それは、企業行動のすべてを特定な方法と画一的な基準では評価できず、自ずから企業評価は、時代的背景や評価方法の開発の度合いによって異なっていることである。企業行動にとって最も重要なトップ・マネジメントの資質や能力、あるいは、組織の効率や有効性などは、単純な計算方法によって計量化することは困難であり、その基準についても条件つきにならざるを得ない場合が生じてくる。

また、トップ・マネジメントの能力や組織の効率などは、結果として各種の財務データとしフィードバックされるという見解があるが、たとえば、トップ・マネジメントの能力が具体的に経常利益に影響するプロセスについての理論は、現在見当たらないのが実情であり、財務分析だけでは不十分である。

財務データによる評価は、経済的基準を中心として、主として過去の経営活動の一部を評価する場合には、その有効性は認められるが、非経済的でし

かも定性的要因による経営行動をも考慮した，社会の一機関としての企業を評価する，いわゆる「企業評価」とはやや性格を異にするといわざるをえない。

通産省の企業評価委員会でも，このような財務データによる経営分析には，次のような問題点があることを指摘している。まず第1に，財務分析は過去の歴史データの分析であるため，企業の将来に関する評価が困難なこと。第2は，財務データは情報化，知識集約化などの多面的な企業活動に対応した形で収集・分類がなされていないため，企業の新たな活動の側面を分析できないこと。第3に，財務データによっては，企業経営の定性的要因の分析が困難なことの3点をあげている[31]。

つぎに，定性的要因すなわち，非財務分析による評価が登場してきた理由は，いうまでもなく伝統的評価法，すなわち個人の財産の評価や，財務分析による評価では不十分であるという認識によるものである。

ここでいう定性的要因とは，量的に測定できない各種の属性，傾向，特徴，様態など文言によって表現しにくいものである。たとえば，従業員のモチベーション，従業員の能力開発，経営目標，多角化の方針といったことである。このように数量として認識できない要因をあえて計量化し，多変量解析など各種の手法により評価したものである。

この分析で最も有効性があると思われるものに，慶応義塾大学の清水龍瑩教授を中心とする同大学の研究グループが開発したモデルがある。またこのモデルをベースにした実証分析は，昭和49年より通産省産業政策局企業行動課により始められ，その結果は報告書として公表されている。この報告書は，『総合経営力指標 —— 定性要因による企業評価の試み ——』と題しており，企業の成長発展の原動力となっている，企業経営の内部活動要因を分析したものである。この意味においては，定性的要因分析ではあるが企業の経営活動を対象としている点で，企業評価というより，むしろ，経営力評価と解す

べきであると考える。

　最近，通産省では企業をランク付けする場合，売上高や賃金水準などに加えて，従業員の休日の数，休暇の取りやすさ，総労働時間，学習の時間などの指標を組み合わせて総合的に評価する試みを行っている。これは労働時間の問題と関連しているものの，企業がいかに有意義な人生を従業員に提供しているかを，評価項目に入れたものと理解できる。

　以上のように経営力を評価する場合，従来の財務分析に加えて，定性的要因あるいは複数要因を組み入れて評価する方法は，さらに発展するものと思われる。しかし企業と社会との関わり合い，社会の制度としての企業を評価するには，さらに企業の社会性，倫理性の評価項目を入れる必要がある。

(3) **実証研究による評価モデルの系譜**

　経営力評価モデルの研究は1966年，慶応義塾大学の清水龍瑩教授を中心とする経営力評価グループにより始められた。すでに10数年間におよぶ実証研究が行われ現在に至っているが，当初の研究の意図は，経営力を財務諸表分析から求めようとする考えへの批判であったといわれている。実態調査を中心とする経営力評価モデルの系譜は，①開発期，②発展期，③安定期の3段階に分かれるといわれ，おおむね次のような内容をもっている。

　①　開発期〜評価モデルの前提になる企業成長要因を模索した時代

　1967年慶応義塾大学評価グループによる「試作モデル」——上場企業174社を調査対象にして，評価要因を業界要因（業界の景気感受性など）と企業内要因（技術力，財務力，販売力など）とに分け，重回帰分析によりモデル化を試みる。

　1969年同グループによる「逐次重回帰分析，正準相互分析モデル」——上場電機製造業81社を対象にして，経営要因における貢献度の安定性と，成長性と収益性の相関分析を行う。

　同年生産性本部「日本企業のマーケティング戦略についての調査」——東

証上場企業430社を業種別分類しマーケティング戦略と売上高との関連を調査したうえで因子をあげモデル化した。

1970年同グループによる「社長面接調査」——定性的な企業成長要因によるモデルを開発するため，上場企業の過半数の社長面接を実施する。

1971年同グループ「モラール・サーベイ」——東洋水産株式会社の従業員1,200名を対象にして，刺激→媒介変数（モラール）→反応の基本の上に，組織効率とモラールの要因分析を行った。

1971年日本長期信用銀行「中堅企業の成長要因分析」——資本金5千万円から10億円までの企業を対象にして，革新力があるトップ・マネジメント，製品，組織の3要因を中心にモデル化する。

1972年慶応義塾大学「製品戦略要因分析」——新製品開発が従業員の能力開発，創造性発揮につながるという前提のもとに，製品戦略要因に焦点を絞ってモデルを作成する。

1973年慶応義塾大学「組織要因分析」——組織効率を，柔軟性，適応性，生産性の3つの尺度で測り，組織特性を分析しモデル化した。

② 発展期〜従来のモデルに社会的責任や総合評価項目を加える

1973年日本開発銀行「大企業，中堅企業，中小企業の評価モデル」——企業規模によって評価要因が異なるのではないかという考え方から出発し，トップ・マネジメント，製品，組織，経営基盤の4つの要素の組み合せを分析しモデル化する。

1974年慶応義塾大学「地場産業における評価モデル」——企業間競争の激しい環境下で地元資本によって活発に経営活動を行っている経営力の秘密を探る目的で行われる。

1974年通産省「新しい経営力評価モデル」——大企業，中堅企業を調査の対象にして，経営行動の根源的，安定的，潜在的な定性要因を分析し，モデル化した。とくに社会経済全体に対してプラスのパフォーマンスに力点がお

かれる。

　1975年通産省「第2回新しい経営力評価モデル」——社会的責任指標の定量化が行われ，最適な社会的責任遂行のためのモデル化が行われる。

　1975年日本開発銀行「トップ，組織，製品，経営基盤，財務の5つの要因分析」——経営環境の変化，社会的責任，不況対策などが調査対象に組み入れられる。

　1976年慶応義塾大学「地場産業における評価モデル第2回」——前回調査の追検証，再検討をする。

　1976年通産省「第3回新しい経営力指標」——トップ，組織，製品，経営関係，財務の5つの要因の絡み合いと，とくに中高年齢者雇用，技術開発に焦点がおかれる。

　③　安定期〜高度成長期，低成長期においても変らず貢献する定性要因と，その最適戦略が環境変化によって大きく変る定性要因とが明確になり，評価モデルが実用化される時代。

　1977年通産省「第4回新しい経営力指標」——過去からの継続調査に加えて，産業構造の変化に対応して企業がどのように経営の方向を転換してゆくかに焦点をあてた。

　1977年中小企業振興事業団「中小企業の企業行動」——中小企業の経営者意識と企業行動の特質をさぐり，定性要因による評価モデルを作成する。

　1978年同事業団「第2回中小企業の企業行動」——製造業，卸売業，小売業の企業行動パターンの研究。

　1978年通産省「第5回新しい経営力指標」——過去5カ年間の集大成ともいえるもので成長要因の企業業績に対する貢献度が，過去5年間安定したかたちで貢献してきたのか，あるいは企業外環境の変化に従って貢献の仕方が変わってきたのかという視点に立っている。

　1979年中小企業振興事業団「第3回中小企業の企業行動」——経営者の事

第1章 企業評価の意義

図1-4 財務指標による評価体系

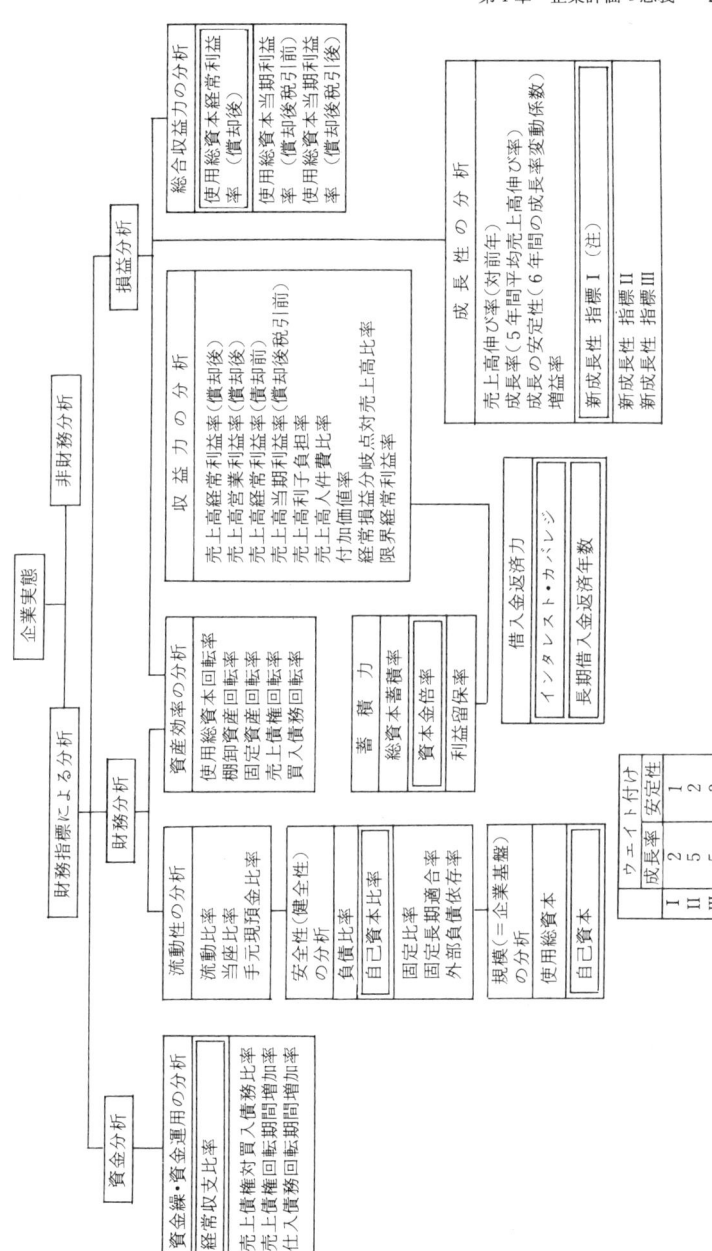

注) 売上高平均伸び率(5年間)とその安定性とを合成した指標で、それぞれのウェイト付けの相違により3タイプを考えた。また安定性は売上高平均伸び率の変動係数で表示した。変動係数＝標準偏差/平均

出所) 菅野好彦「社債格付け等における企業評価の問題」『会計ジャーナル』第一法規出版、1979年7月号、p.53。

業意欲，意思決定能力，リーダーシップ，管理能力を調査し，モデルの中に組み入れる。

1980年国税庁「清酒製造業の企業行動」——清酒製造業者の新製品開発，販売チャネルの整備，販売促進の強化などの問題をトップ・マネジメントの行動パターンをモデル化することにより解決策を見出す。

以上の系譜から要約できることは，体系仮説→実証分析→導かれた仮説→体系仮説の修正→実証分析というプロセスをへて経営評価モデルが発展してきており，大企業，中小企業といった企業規模によりモデルに組み入れられる変数のウエイトが異なっていることが理解できる。また年次より，変数のウエイトに差異がみられ，その年の内・外の経済的特質がうかがわれる。

(4) 経営力評価モデルの一例

評価モデルは，主に数量化できる測定基準によって発展してきた。古典的な分析手法である財務諸表分析では次のように体系化することができる（図1－4）。また定性要因を用いた評価モデルは表1－1～7である。これは通産省の企業行動局が作成したものであるが，回帰係数，業績平均値の算出方法についてはここでは省きたい。

この経営評価モデルの活用の仕方は次のようである。評価する企業の役員の平均年齢が56歳，役員の持株比率が10％，役員の外部導入割合が1/8以下……以下全項目について回答し，それぞれの回帰係数を読み取り合計する。－0.050＋0.072－0.021……その合計値と経営力判定表の数字を比べ，評定1～10点のどこに入るかをみて総合評価をすることになる。5点ならば普通，以上ならば優良，以下ならば問題ありということになる。

第3節　企業評価の多様性

小野二郎教授によれば，初期の基本的な評価の目的は当該企業の将来の収益価値の測定，または貨幣価値の増大と消失をうながす潜在的能力と考える

表1-1　経営力評価モデル（大企業・業績）

	質問項目（Item）	回答肢（Category）	回帰係数 $\hat{\beta}$	業績平均値
トップ・マネジメント要因	役員の平均年齢 I 2）②	55歳未満 55～58歳 58歳～61歳 61歳以上	0.170 −0.050 0.008 −0.044	5.547 4.951 5.060 4.963
	役員の持株比率 I 2）③	0.5％未満 0.5％～3％ 3％～15％ 15％以上	−0.025 −0.034 0.072 0.113	4.874 5.048 5.450 5.313
	役員の外部導入割合 I 2）④	外部導入なし 全体の1/8以下 1/8超1/4以下 1/4超	0.022 −0.021 −0.022 −0.024	5.213 5.015 4.940 4.702
	研究開発に対する経営者の方針 I 3）⑧	トップは積極的に目標設定 ある程度の指導性発揮 他の専門家に権限委譲	0.074 −0.021 −0.105	5.426 4.975 4.631
	長期経営計画の策定 I 3）⑨	策定している 策定していない	0.024 −0.061	5.136 4.936
	売上高目標（前年度比増加率） I 3）⑩	1％未満 1％～10％ 10％～20％ 20％以上	−0.026 −0.046 0.039 0.106	4.766 5.018 5.275 5.304
組織要因	不採算部課の統・廃合 II 4）⑥	（過去2年間に） 実施した 実施しない	 −0.143 0.108	 4.759 5.322
	経営管理体制の強化項目 II 3）②	原価管理 工程・品質管理 在庫・債権・資金管理 人事管理その他	−0.068 0.079 −0.020 0.094	4.921 5.397 4.914 5.267
	従業員の能力開発 （ミドル・マネジメント対象） II 4）①	消極的（採択は2項目以下） 平均的（3～4項目採用） 積極的（5項目以上採用）	−0.189 0.080 0.051	4.683 5.190 5.235
	従業員モラール（工場従業員） II 4）⑦	同業他社と同程度，その以上 同業他社より高い	−0.034 0.036	4.859 5.314
	管理職の賃金カット II 4）⑧	（過去3年間に） 実施した 実施しない	 −0.098 0.067	 4.658 5.369
	希望退職者の募集 II 4）⑧	（過去3年間に） 実施した 実施しない	 −0.164 0.033	 4.335 5.231
	賃金水準 II 5）②	同業他社に比べて低い 同業他社と同程度 同業他社に比べて高い	−0.091 −0.009 0.080	4.723 5.014 5.435
	男子従業員の平均勤続年数 II 5）④	10年未満 10年～15年 15年以上	0.334 −0.028 −0.105	5.799 5.081 4.779

製品戦略要因	臨時工・パートタイマーの比率 Ⅱ5）④	0.5％未満 0.5％～8％ 8％以上	−0.012 −0.022 0.073	4.881 5.045 5.462
	代表的製品の性格 Ⅲ1）①	非耐久消費財 耐久消費財 完成生産財 中間財 原料財	0.013 0.067 −0.048 −0.026 0.016	5.392 5.417 4.875 4.908 4.643
	新製品比率 Ⅲ1）①	10％未満 10％～20％ 20％以上	−0.012 −0.170 0.118	4.890 5.016 5.550
	主力製品のマーケット・シェア Ⅲ2）②	10％未満 10％～40％ 40％以上	−0.110 −0.014 0.146	4.720 5.094 5.354
	新鋭設備比率 Ⅲ3）①	20％未満 20％～30％ 30％～40％ 40％以上	−0.092 0.054 0.097 0.115	4.796 5.220 5.300 5.605
	売上高研究費比率 Ⅲ4）①	1％未満 1％～2％ 2％～4％ 4％以上	0.022 −0.078 −0.028 0.183	4.907 4.909 5.237 5.611
財務要因	粗付加価値労働生産性 （粗付加価値／従業員数） Ⅳ①	4百万円未満 4百万円～6百万円 6百万円以上	−0.173 −0.092 0.108	4.489 5.067 5.210
	売上高純金融費用比率 Ⅳ①	1％未満 1％～3％ 3％～5％ 5％以上	0.255 0.044 −0.120 −0.419	5.711 5.118 4.612 4.415
経営関係要因	労使協議事項 Ⅴ4）⑤	経営に関する事項を重視 労働条件に関する事項を重視 生産に関する事項、苦情・紛争処理に関する事項を重視	0.001 0.007 −0.045	4.848 5.212 4.944

出所）清水龍瑩，『現代企業評価論』中央経済社，1981年，pp.270～272．

表1－2　経営力判定表（大企業・業績）

評価	理論値の範囲
10点	0.900 ≦ ・
9	0.600 ≦ ・ ＜ 0.900
8	0.400 ≦ ・ ＜ 0.600
7	0.200 ≦ ・ ＜ 0.400
6	0.000 ≦ ・ ＜ 0.200
5	−0.200 ≦ ・ ＜ 0.000
4	−0.400 ≦ ・ ＜−0.200
3	−0.600 ≦ ・ ＜−0.400
2	−0.800 ≦ ・ ＜−0.600
1	・ ＜−0.800

出所）清水龍瑩，前掲書，p.273．

表1－3　経営力評価モデル（中堅企業・業績）

	質問項目（Item）	回答肢（Category）	回帰係数 β	業績平均値
トップ・マネジメント要因	社長の出身地位 I 2）①	創業者 二代目 生え抜き 他の会社・機関より	0.170 −0.336 0.146 0.086	5.467 4.851 5.046 4.640
	役員の持株比率 I 2）③	0.5％未満 0.5％〜3％ 3％〜15％ 15％以上	−0.430 −0.038 0.061 0.172	4.174 4.737 5.125 4.977
	役員の外部導入割合 I 2）④	外部導入なし 全体の1/8以下 1/8超1/4以下 1/4超	0.111 −0.008 −0.198 −0.030	5.203 4.953 4.720 4.431
	海外戦略の基本方針 I 3）⑤	輸出・海外生産拠点ともになし（海外戦略なし） 輸出中心（商社・代理店経由） 輸出中心（自社営業所・販売子会社経由） 海外生産拠点への積極投資	−0.243 0.074 0.225 −0.095	4.741 4.819 5.398 5.011
組織要因	不採算部課の統・廃合 II 4）⑥	（過去2年間に） 実施した 実施しない	 −0.277 0.124	 4.391 5.102
	従業員の勤労意欲増進のための方針 （工場従業員） II 4）③	給与・賃金・作業条件を重視 人間関係の改善，地位・昇進を重視 仕事そのものの改善を重視	−0.063 0.190 −0.006	4.827 5.134 4.715
	従業員モラール （工場従業員） II 4）⑦	同業他社と同程度，それ以下 同業他社より高い	−0.047 0.150	4.779 5.210
	管理職の賃金カット II 4）⑧	（過去3年間に） 実施した 実施しない	 −0.281 0.222	 4.444 5.228
	希望退職者の募集 II 4）⑧	（過去3年間に） 実施した 実施しない	 −0.087 0.037	 4.289 5.135
	賃金水準 II 5）②	同業他社に比べて低い 同業他社と同程度 同業他社に比べて高い	−0.034 −0.018 0.084	4.550 4.954 5.176
	男子従業員の平均勤続年数 II 5）④	10年未満 10年〜15年 15年以上	0.436 −0.167 −0.061	5.480 4.739 4.642

製品戦略要因	新製品比率 Ⅲ1）④	10％未満 10％〜20％ 20％以上	−0.052 −0.088 0.288	4.792 4.851 5.222
	輸出比率 Ⅲ2）④	10％未満 10％〜20％ 20％以上	0.005 0.127 −0.121	4.874 5.066 4.766
	新鋭設備比率 Ⅲ3）①	20％未満 20％〜30％ 30％〜40％ 40％以上	−0.033 0.032 0.063 −0.003	4.654 5.084 5.241 5.035
財務要因	粗付加価値労働生産性 （粗付加価値／従業員数） Ⅳ①	4百万円未満 4百万円〜6百万円 6百万円以上	−0.105 0.041 0.017	4.585 4.905 5.064
	売上高純金融費用比率 Ⅳ①	1％未満 1％〜3％ 3％〜5％ 5％以上	0.149 −0.051 0.039 −0.333	5.373 4.794 4.672 4.270
	固定資金の調達源泉 Ⅳ⑤	社内留保を重視 社債・長期借入金を重視 増資その他を重視	0.119 −0.323 0.059	5.033 4.335 5.179
経営関係要因	労使協議事項 Ⅴ4）⑤	経営に関する事項を重視 労働条件に関する事項を重視 生産に関する事項，苦情・紛争処理に関する事項を重視	−0.293 −0.006 0.277	4.522 4.896 5.175

Item 数 18　Category 数 56　標本数 197　重相関係数 0.6846　順位相関係数 0.7722

出所）清水龍瑩，前掲書，pp.276〜378．

表1−4　経営力判定表（中堅企業・業績）

評　点	理　論　値　の　範　囲
10点	0.900 ≦ ・
9	0.600 ≦ ・ ＜ 0.900
8	0.400 ≦ ・ ＜ 0.600
7	0.200 ≦ ・ ＜ 0.400
6	0.000 ≦ ・ ＜ 0.200
5	−0.200 ≦ ・ ＜ 0.000
4	−0.400 ≦ ・ ＜−0.200
3	−0.700 ≦ ・ ＜−0.400
2	−1.100 ≦ ・ ＜−0.700
1	・ ＜−1.100

出所）清水龍瑩，前掲書，p.273．

表1−5　経営力評価モデル（中小企業・業績）

	質問項目（Item）	回答肢（Category）	回帰係数 β	業績平均値
トップ・マネジメント要因	出身地位	初代経営者	0.086	5.104
		二代目以上の経営者	0.068	4.870
	計数感覚	計数感覚3	0.314	5.471
		計数感覚2	0.174	5.189
		計数感覚1	0.031	5.018
		計数感覚0	−0.377	4.446
	業界同業者の会合への出席頻度	あまり出席しない	0.156	5.176
		どちらともいえない	−0.011	4.963
		よく出席する	−0.023	4.942
	投資目的	公害防止	0.087	5.131
		どちらともいえない	0.046	5.015
		生産・販売	0.081	4.842
	将来構想	リーダーシップ発揮型	0.056	5.099
		場あたり型	−0.018	4.917
		軟弱型	0.070	4.586
	迅速性	即決型	0.020	5.063
		逡巡型	0.015	4.959
		どちらともいえない	−0.023	4.933
	経営目標	積極的需要開発型	0.037	5.022
		既存需要維持・拡大型	−0.028	4.991
		内部充実指向型	−0.029	4.891
	経営危機との遭遇	無	0.023	5.042
		有	−0.025	4.898
組織要因	セカンドマン	いる	0.005	4.999
		いない	−0.021	4.854
	従業員モラール	高い	0.086	5.137
		ほぼ同じである	−0.023	4.917
		低い	−0.225	4.587
	勤労意欲増進策	福利厚生・作業条件	0.100	5.073
		給与賃金	0.036	5.040
		仕事そのもの	−0.003	4.973
		上司と部下・同僚間の人間関係の改善，地位・昇進	−0.090	4.850
	従業員教育	積極型	0.055	5.081
		平均型	−0.022	4.951
		消極型	−0.029	4.880
製品戦略要因	新製品開発の方向性	既存製品の関連品（販売指向）	0.191	5.123
		新分野の製品	0.098	5.088
		既存製品の関連品（生産指向）	0.049	5.031
		既存製品の発展・改良製品	−0.047	4.929
		新製品はない	−0.063	4.923
	技術員構成比	1％〜5％	0.133	5.100
		11％以上	−0.023	4.960
		6％〜10％	−0.025	4.960
		0％	−0.061	4.900

経営関係要因	仕入製品比率	0％	0.024	5.027
		10％未満	0.012	5.017
		10％以上	−0.077	4.781
	売上高集中度	50％未満	0.051	5.029
		50％〜75％未満	0.032	5.011
		75％以上	−0.069	4.897
	外注比率	20％以上	0.060	5.061
		10％未満	0.018	5.023
		0％	0.006	4.917
		10％〜20％未満	−0.111	4.889
	外注利用目的	生産能力の調整	0.045	5.052
		生産コストの低減	−0.012	4.930
		外注はない	−0.024	4.916
		技術・設備を持っていないため，技術・設備を使いこなせる人材がいないため	−0.065	4.905
経営基盤	インパクト要因（現在）	競争要因	0.093	5.074
		コスト要因，社会的責任	0.053	5.055
		取引要因，技術力要因等	0.047	4.996
		市場要因	−0.172	4.782
	強化の方向	新規事業への進出，公害防止投資，工場の移転等	0.098	5.125
		技術力の強化	0.068	5.095
		マーケティング活動の強化	0.020	4.985
		非価格競争力の強化	−0.010	4.963
		合理化	−0.058	4.862
		小回り性の強化	−0.074	4.853
	競争力上の強み	良好な取引先の開拓と確保	0.072	5.032
		資金力・財務内容の安定等	0.035	5.024
		製品技術	0.020	5.011
		小回り性	−0.140	4.791
	自己資本比率	30％以上	0.394	5.411
		15％〜30％未満	0.031	5.028
		15％未満	−0.385	4.530

Item 数 22　Category 数 75　標本数 2,617　重相関係数 0.4494　順位相関係数 0.8721
出所）清水龍瑩，前掲書，pp.279〜281.

表1−6　経営力判定表（中小企業・業績）

評点	理論値の範囲
10点	$0.7204 \leq \cdot$
9	$0.5116 \leq \cdot < 0.7204$
8	$0.3325 \leq \cdot < 0.5116$
7	$0.1838 \leq \cdot < 0.3325$
6	$0.0229 \leq \cdot < 0.1838$
5	$-0.1356 \leq \cdot < 0.0229$
4	$-0.3140 \leq \cdot < -0.1356$
3	$-0.5091 \leq \cdot < -0.3140$
2	$-0.7356 \leq \cdot < -0.5091$
1	$\cdot < -0.7356$

出所）清水龍瑩，前掲書，p.281.

表 1 - 7　経営責任指標

① 経営責任指標

中　項　目	小　　項　　目		点数
収益性指標 100	自己資本純利益率	○	37
	配　当　率	○	29
	資本金純利益率	○	34
安全性指標 100	流　動　比　率	○	44
	自己資本比率	○	56
生産性指標 100	粗付加価値労働生産性	○	57
	設　備　効　率	○	43
成長性指標 100	増　益　率	○	41
	付加価値生産性上昇率	○	59

② 従業員福祉責任指標

中　項　目	小　　項　　目		点数
経済福祉指標 100	30歳所定内賃金	○	36
	法定外福利厚生費	○	14
	退職金平均額	○	16
	時間外手当割増率	○	11
	定　年　年　齢	○	15
	労使の所得格差	△	8
労働環境指標 100	月平均実労働時間	△	22
	時間外労働時間	△	12
	年間所定休日日数	○	13
	年　休　消　化　率	○	11
	経営参加システム	○	17
	労　働　災　害　率	○	18
	ストライキによる労働損失日数	△	7
生活環境指標 100	社　宅　面　積	○	23
	住宅貸付金最高限度額	○	39
	定年後諸制度	○	38
文化教育指標 100	教育訓練費用	○	53
	文化体育費用	○	47

③ 狭義の社会的責任指標

中　項　目	小　　項　　目		点数
消費者関係責任指標 100	苦情処理機関	○	31
	モニター制度	○	17
	広告活動チェック機関	○	21
	独禁法・景表法違反	△	31

住民関係責任指標 100	一般廃棄物処理	○	20
	公害関係渉外機関	○	8
	公害監視機関	○	8
	公害防止管理者	○	5
	公害防止関連支出	○	18
	警告とトラブル	△	15
	労使の公害防止協定	○	11
	地域への参加	○	15
取引業者関係責任指標 100	下請単価上昇率	○	40
	下請との文書取り交わし	○	25
	下請代金支払期間	△	35

注) ○印はプラス指標，△印はマイナス指標，点数は社会的責任という重要度に比例して配分したウエイト。なお3大項目のウエイトは，①経営責任指標(31)，②従業員福祉責任指標(33)，③社会的責任指標(36)である。

出所) 日本生産性本部『企業の社会的責任－その指標化と意見調査』日本生産性本部，1974年，pp.14～15。

ことができる[32]。また，同教授は，評価の必要性を以下の7つの契機に集約しうるという[33]。

第1の契機は，前資本主義時代のドイツにおいて，貸付資本の立場から，貸し付けた資本の担保として，農業や森林といった不動産の担保価値の評価と，それぞれの経営から生ずる収益価値の将来価値を評価の対象にしていた。ここでは，収益価値計算の技術が発達しさまざまな方式が研究され実用化されている。この段階は，主として個人の金融業者が評価の主体になる場合が多いと考えられる。

これは現代にみる不動産取得時の場合と同様であり，貸付資本＝金融機関がその担保を評価し，それに見合う金額を融資していることとほぼ同じである。

第2の契機は，企業成長過程における集中，とりわけ合併時の企業評価である。企業競争上優位な展開をするためには買収などが積極的に行われた時代である。ここでの特徴は評価主体が同業者や企業買収斡旋のための外部企業であること。収益性ならびに企業の格付け・株価収益性などが評価の内容

になっている。

　第3の契機は，証券市場・信用市場における自社の内部評価である。ここでは，資本調達源泉に係わる問題として「株式の内部評価」を的確に行い，より有利な資本調達を試みようとするもので，株式発行制度や証券市場の規制問題とも関連している。企業評価の主体が企業内部者であることに特徴がある。

　第4の契機は，電気・ガス・鉄道など公共性の強い企業の評価である。公共的企業が買収などにより一時でも一般市民の生活に混乱を招かぬよう，その未然防止のための評価である。評価主体は国や公共団体（自治体）であり，営業免許にも関連させている。

　第5の契機は，戦争やインフレーションの際の強制収容上での評価である。この場合，第4の契機同様，国や自治体が評価の主体となり不測の事態に対応するための予想評価といえるものである。

　第6の契機は，戦争やインフレーションの際，起こりえる損害賠償に対応するための評価であり，その主な内容は経営計算（費用）といえる。

　第7の契機は，経営内部者による財務管理上の評価である。この場合の評価の主体は，経営活動の意思決定者である経営者・管理者の企業内部の構成者であり，有効な経営行動の前提になると考えられる。

　以上の「契機」から評価主体と対象を整理してみると，企業外部者による評価——①貸付資本提供者，②国および自治体。内部者による評価——①経営者，②管理者，③財務担当者であり，その評価対象は収益性や財務に重点をおいた経理上の評価であるといえる。

　さて，7つの「契機」から企業評価の目的が多様化しその対象が拡大することは，評価主体の多種多様化と評価方法の変化を意味する。企業評価の変容の背景には，主として次の3点があると思われる。

　第1には，企業規模が拡大し，企業体制が発展するとともにステイクホル

ダー(stakeholders)が多様化してきたことである。このことは，前節で述べたように，伝統的評価の主体は外部者，とりわけ貸付資本の立場からの評価にとどまっていた。しかしながら，現代社会における企業評価の主体は表1－8に示すように，多様な評価主体が存在することになる。これは筆者が考える主体・目的・重点である。

第2には，価値の多様化・多元化の急速な推移があげられる。公正・公平・安全・環境保全・エネルギーの節約など伝統的評価ではみられなかった評価項目が時代の推移とともに重視されてきている。とくに，企業内部者による評価については，社会性や倫理性の評価項目が追加されている。

第3は，評価方法の進展である。従来からの定量的評価に加えて定性的要因の評価，経済的要因に重点をおいていた評価から非経済的評価も加味した総合評価への変化である。とくに今日では，評価主体によってさまざまな評価項目が策定されているため，評価の体系化の試みがなされている。

評価の対象・方法など企業評価の体系を考えてみると，おおむね次のように整理することができよう。

まず基本的スタンスとして，企業内部者による評価のうちどちらの立場に立つかを明らかにする必要がある。

内部評価は，主として経営者・管理者によるもので，経営戦略策定や各種の経営計画策定に欠かすことのできないものである。それは，おおむね次のような特徴がある。① 実際の数値あるいは最も早いデータを利用することにより，より正確な実態を評価することができる。② 具体的な内部情報に精通する一方，外部評価モデルのような精密な数学的モデル作成の要請がないため，評価者の個人的感情が入りやすい。内部評価は，財務諸表分析，財務指標による経営評価，社債格付けモデル，企業倒産予測モデル，社会費用を計算する社会監査や社会的責任論，清水龍瑩教授らの経営力評価モデル，そして本章で取り扱う評価論もこの範疇でとらえられる。

表1－8　総合的企業評価の主体，目的，重点

評価の主体		評価項目（目的）	定量的な主な重点	社会性，倫理性の主な重点
内部評価	(伝)経営者・管理者 (現)経営者・管理者	現状把握と将来予測 長期的な成長可能性	各種の財務指標 企業体質と企業の総合的活動	特定の利害関係者に対する配慮 1）企業の社会性，倫理性 2）企業のＣＩ
外部評価	金融機関	債権，信用分析	収益性，流動性，担保力	1）反社会的行為（一般市民に悪影響を及ぼす行為） 2）社会的倫理観（一般道徳に反する考え方）
	株主，投資家	投資価値，投資分析	成長性，収益性，配当，報告，開示	1）反社会的行為 2）倫理性
	労働組合，従業員	賃金支払能力 （能力分析）	売上高人件費比率 採用，賃金，労働時間	1）採用方法，人数等 2）身体障害者採用人数 3）職場の災害，事故発生件数および勧告件数 4）職務内容（超過労働） 5）財産形成に対する寄与 6）雇用の安定，能力開発 7）福利厚生に対する配慮
	一般企業(取引企業)	信用分析	成長性，収益性	安定取引，契約履行，代金支払
	消費者	財，サービスの安全性	品質，性能，安全，サービス，広告，表示，販売方法，等	1）欠陥商品，有害商品の発生件数 2）景表法排除命令件数 3）景表法行政指導件数 4）食品衛生法違反及び食品衛生法行政指導件数 5）立ち入り検査，試買検査による不合格件数 6）商品の品質，性能表示 7）商品の安全性維持体制
	地域社会 個人 企業 行政機関	生活環境保全	環境，雇用 公正競争，資材購入 税，政策への協力	1）公害発生及び行政指導件数 2）事故，災害及び行政指導件数 3）地域（現地）調達点数 4）地域（現地）雇用人数 5）廃棄物処理の責任 6）資源，エネルギーの節約 7）社会の福祉向上への寄与
	行政官庁 通産省 法務省 労働省 証券局 国税庁 環境庁	現状分析と国際競争力を育成 債権者保護 正当な労働環境の保護 投資家保護 徴税 環境保護	総合経営指標 利害関係者の利害調整 労働条件等 報告内容の適正・公正化 適正納税等 環境アセスメント	国際経済との調和 倫理観 ＯＡ化等による新たな問題 倫理観 利害関係者の利害調整・粉飾防止 環境の維持機能
	その他 学生 新聞社等 公認会計士 大学，研究所等	就職のための企業評価 優良企業の選別 経営の適正 企業成長可能要因分析等	成長性，安全性等 規模，健全性，安全性等 財務状態全般 総合経営力，成長性，収益性	就職の公正さ 社会・倫理観 倫理観 企業成長可能性評価

外部評価の主体は,表1-8で示したように投資家,金融機関,監督官庁などがそれぞれ投資対象(投資分析),融資対象(信用分析),監督対象(行政指導)としての評価を行うものである。その特徴は,① 外部に公表された若干限られたデータを利用するため評価には自ずから制約がある。② できるだけ客観的評価を試みるため,あらゆる企業に適用しうるモデルの開発やその利用の仕方に研究の主眼がある。それらの方法には,収益性,成長性,安全性などの評価が含まれるが,評価主体の目的によってその内容やデータの利用の仕方に大きな差異がある。

さて,内部評価にせよ外部評価にせよ評価の伝統的方法は,財務諸表分析ないし財務指標を活用することであった。この方法は利点はあるものの問題点も存在すると清水龍瑩教授は指摘している。[34]

(1) 定量的評価と定性的評価の概念――理化学分析上で用いられている定量的分析とは,ある被検査物資を構成している各成分の分量やそれらの量的関係を測定することである。これを企業評価に用いて,企業経営活動の量的側面を分析・評価する場合,定量的評価と呼んでいる。[35]

数量・計量化などといわれ幅広く企業評価の手法として用いられてきている。具体的には,財務諸表の数値である。この場合,財務諸表など会計的資料の作成者や評価主体の恣意的判断の排除が課題になる。

また,理化学分析上で用いられている定性分析とは,ある物資がどのような成分からなっているかを知るために行う分析方法であり,企業評価に用いた場合,どのような要因によって企業の収益性・流動性そして成長可能性がもたらされるのかを質的側面から分析・評価することを定性分析と呼んでいる。[36]

情報の観点から考察すると,企業経営に関する情報の多くは,量的,計量的な定量情報であるが,経営者の人格や名声,組織風土,製品戦略などは質的側面の定性情報である。

(2) 総合評価の試み——「新しい経営力指標」(通産省産業政策局企業行動課)の1976 (昭和51) 年版によると「定性的要因の指標化による企業経営の評価や社会に対する貢献度も含めた企業経営力の評価の試みは,ほとんど行われていないのが実情であり……」また,1979 (昭和54) 年版の同書では「……従来の財務諸表による分析では考慮されなかった,企業経営における定性的要因の果たす役割を評価する……企業内部にある根源的・安定的な定性要因の実態の継続的把握とその指標化が試みられてきた」そして,「……統計的手法には固有の限界があり,本研究においてもその例外ではありません……」しかしその後,多変量解析の数量化理論を用いたり,数量化理論を含めた多変量解析法[37]を用いることにより定性要因を定量的に把握する方法が開発されてきている。定量的評価を補充する形で,企業のイメージ,従業員の士気,組織風土,企業の倫理性など非数値情報・質的側面に焦点をあて分析・評価する定性的評価を加えた,企業行動全体を評価する総合評価が可能になってきた。

(3) 情報開示——定量的要因や定性的要因による企業評価のいずれも,企業内部に係わる情報の開示が必要である。株式上場(公開)企業の場合には一定の開示義務があり,それをもとに評価が可能であるが,未上場企業の場合には,情報の入手は困難であり評価の限界がある。評価主体が特定の目的を持ち評価する場合,その重点項目の内容が不完全であったり,正確な情報がえられないのが実情である。今後,情報の開示・公開については立法化の方向が必要である。

注)
1) 古川栄一『経営分析』同文舘,1987年,pp. 3～5.
2) Cannon, J. Tom, *Business Strategy and Policy*, Harcourt. Brace & World, 1968, p. 529.
3) 菊池敏夫「企業責任と自律的組織への諸条件－環境問題の経営学的研究－」『企

業の社会的責任』(第48回日本経営学会大会論集) 千倉書房, 1975年, p. 200.
4) 拙稿「企業の社会性について」千葉短期大学紀要3号, 1977年, p. 6.
5) 『企業の社会的責任―その指標化と意見調査』日本生産性本部, 1974年, p.14.
6) 櫻井克彦「企業の国際化とその社会的責任」第54回日本経営学会全国大会報告要旨, pp. 8〜9.
7) 「日本経済新聞」(企業ランキング特集) 1980年8月23日号, 企業評価の方法, CASMA (Corporate Appraisal System by Multi-variate Statistical Analysis) とは多数の情報を集約するのによく使われる主成分分析法と品種や製品の良, 不良を明確に区分けするのに用いられる判別関数法を用いている。主成分分析によって情報量を濃縮し, その結果を用いて, 判別するもので, 2つの多変量解析法のメリットを存分に生かしている。もともと企業評価は, 売上高や利益 (または課税所得) など1変数 (指標) のランキングという形が最もプリミティブ (初歩的) だが, 現在のような複雑な経済環境ではもの足りない。世の中の企業を見る目も多種多様になっている。こうした中で, 評価には, 企業のあらゆる側面をとらえるような多数の指標が必要になる。ただ多数の指標を並べてランキングしても, 答えにはならない。そこで, 情報量の集約を図るとともに, これを用いて, 最も効率的に良, 不良を判別するため, 2つの方法を同時に用いた。多数の指標の利用によって企業間の微妙な違いを評価に反映することができる。また一つの変数だけでは良, 不良の判別ができなくても, 多変量を組み合わせれば, 明確に判別できるというのが多変量解析法の有利な点である。

　判別関数法による判別は, たとえば製品のよしあしを判別するのに使われるが, この場合, すでに生産した製品の中から良品と不良品のサンプルを取り出し, これを峻別する指標 (重さ, 長さなど) の組み合わせで判別関数を作成し, 検査しようとする製品のデータをこの関数に投入して, 良品か不良品かを判定する。

　今回の企業評価も, まず優良企業と不良企業のサンプルを選んだ。これは, 日本経済新聞, 日経産業新聞, 日経流通新聞の第一線経済記者200人が担当した。1979年度の経済の動向をふまえ, 記者1人で優良企業5社, 不良企業5社を選択した。選択に当たっては, 単に企業の収益性や資本構成といった財務内容だけでなく, 企業の社会に対する態度や経営者の言動, 資質労使関係, 国際性, 独占禁止政策とのからみ, 技術開発力, 市場展開力, 商品企画力, 経営の機動性, 積極性など経営全般にわたり吟味した。こうして選ばれたのが, 優良76社, 不良62社。

　これらの両会社群を標本に判別関数を推定するわけだが, 手順としては, その前に主成分分析を実行する。主成分分析法は, 数多くのデータを一つひとつ吟味すると手間がかかりムダが多いので, 互いに相関関係のあるデータを束ねるのに便利な方法である。ただ主成分分析の結果得られる数個の情報の意味が明確でなく, 特徴がハッキリしないので特別の処理 (バリマックス法による軸の回転) を行い, 各情報 (評価項目) を特定した。たとえば, この処理を行う前の「第1の情報」(第1評価項目) を構成する主要な指標は, 健全性, 収益性・生産性を示す指標が混入し,

「第2の情報」（第2評価項目）にも，その一部が含まれるが，軸の回転後は，「第1情報」が健全性，第2情報が「規模」という具合に明確になった。

　主成分分析で情報を集約しても，その結果を判別関数に投入し，良い判別結果が得られるとは限らない。主成分分析→判別分析の繰り返しによって，評価体系は固まっていく。この繰り返しを100回余り行って得たのが，次に示す評価関数である。

　　総合評価＝$4.72X_1 + 2.42X_2 + 1.15X_3 + 1.71X_4$
　　　　（係数は各評価項目の重味を示す）
　　X_1　第1評価項目の得点
　　X_2　第2　　〃
　　X_3　第3　　〃
　　X_4　第4　　〃

各評価項目の関係指標
　　第1評価項目　借入金依存度　長期負債構成比　金融収支比率
　　（健全性）
　　または
　　（資本構成）
　　第2評価項目　従業員数　総資産　付加価値額　経常利益（いずれも自然対数
　　（規模）　　　値）
　　第3評価項目　労働生産性　付加価値の社会分配率（租税／付加価値）損益分
　　（生産性）　　岐点比率　1株当たり利益
　　第4評価項目　連続減益期間数　設備年齢　労働分配率の変動係数
　　（安定性）
　　（各項目の各指標は関係の深い順に列記）

　各評価項目の名称をつけると第1評価項目から順に健全性（または資本構成），規模，生産性（と収益性），安定性（と若さ）ということになろう。

　なお，判別効率を表わすマハラビス平方距離は6.406，その有意性を示すF値は13.481で，判別力があり，判別式は有意であることを示している。

　また，各評価項目の得点の計算は

$$評点 = \left(\frac{各社の主成分の値 - 平均値}{標準偏差}\right)\frac{100}{6} \cdot 50$$

となっている。したがって，総合評点は，各項目で50点（平均点）をとれば，総合点も500点（平均点）となるようにしてある。（最高が項目別で100点を超えたり，総合点で100点を超えるのはこのためである）

8）新しい経営力指標は昭和49年度から通産省政策局に設置された「企業経営力委員会」（主査　清水龍瑩教授）において分析され毎年発表されているものである。したがってその年の経済状況により評価のウエイトの変化や49年度から継続実施されている「企業経営力実態調査」により評価の結果の差異が明確になっている。当初の代表される年度のメインタイトルを紹介すると

51年度　企業環境の変化と経営の多様化
　　　52年度　減速経済下における企業経営
　　　54年度　安定成長経済への移行と新たな企業経営となる。
9）清水龍瑩『実証研究日本の経営〜経営力評価モデルによる企業行動と企業成長要因分析〜』中央経済社，1975年．
10）清水龍瑩，前掲書，pp. 17〜24．
　　清水龍瑩教授による外的成長要因とは，次の5つであるという。
　　① 高度成長是認の論理――物量の豊かさなど経済的豊かさに価値を見いだす。
　　　このことは過多な設備投資を冗長させ，耐久消費財の需要を増大させた。
　　② 政府の経済政策が重化学工業の成長を促し設備投資を増大させた。
　　③ 技術革新――単価引下げ，品質向上，新製品の開発という結果と，政策革新
　　　→大企業成長→素材革命・高精度資本財需要増→中小企業の成長というプロセ
　　　スが確立した。
　　④ 消費支出の増大と消費構造の変化により，所得平準化以上に消費構造の均一
　　　化が進んだ，このことは，大企業にとっては，付加価値生産性の増大，大量生
　　　産・販売体制の確立を促し，スーパーの出現，拡大等が起こった。
　　⑤ 日本製品の海外における評価の変化が輸出の増大，海外投資の増大となった。
　　　このことにより，海外市場の拡大，すなわち，

　　　　　　　　　　　　　　⎡ 生産量増大→コストダウン→価格低下　　　　　⎤
　　　急速な海外市場の拡大　⎢ 利益増→研究投資→技術水準向上デモ　　　　　⎥
　　　　　　　　　　　　　　⎣ ンストレーション効果→ブランドの定着　　　　⎦

　　　加速度的な市場拡大

　　　のような現象が見られる一方，外国との経済摩擦を引き起こした。
11）清水龍瑩，前掲書 pp. 24〜27．
　　同教授によると主体的成長要因とは，企業内での創造性を高め，企業成長に結びつけた要因のことであり，企業評価の対象や分析もこの部分である。この要因は製品，トップ・マネジメント，組織，経営基盤の4つをあげている，この4つは通産省の経営力指標と全く同じものである。
12）前掲書，pp. 17〜19．

表1－9　社長の在職期間（全企業平均）

昭和49年度	50年度	51年度	52年度	53年度
8.9年	8.8年	8.8年	8.3年	8.2年

表1-10　社長・役員の在職期間と企業業績

社長の在職期間	
カテゴリー	業　績
1. 3年未満	4.821 (31.2)
2. 3年以上 6年未満	5.062 (28.1)
3. 6年以上 16年未満	5.109 (23.5)
4. 16年以上	*5.118 (17.2)

役員の平均在職期間	
カテゴリー	業　績
1. 5年未満	4.737 (21.3)
2. 5年以上 8年未満	4.935 (34.9)
3. 8年以上 11年未満	5.196 (26.1)
4. 11年以上	*5.198 (17.7)

表1-11　社長・役員の年齢と企業業績

社長の年齢	
カテゴリー	業　績
1. 55歳未満	*5.193 (13.3)
2. 55歳以上 62歳未満	4.920 (22.6)
3. 62歳以上 67歳未満	5.061 (36.4)
4. 67歳以上	4.920 (27.7)

役員平均年齢	
カテゴリー	業　績
1. 55歳未満	*5.279 (20.5)
2. 55歳以上 58歳未満	4.844 (29.8)
3. 58歳以上 61歳未満	5.006 (33.8)
4. 61歳以上	4.966 (15.9)

表1-12　社長の出身地位と企業業績

カテゴリー	昭和48年度	49年度	50年度	51年度	52年度	53年度
1. 創業者社長	*3.51	*3.499	*5.588	5.056	5.076	*5.518
2. 二代目社長	2.72	2.954	5.120	5.025	4.912	5.031
3. 生えぬき型社長	2.72	2.630	4.998	5.082	4.987	5.073
4. 他の会社・機関から社長	2.61	2.720	4.691	4.866	4.897	4.784

13) 前掲書 p.121.

図1-5 組織成長と職務構成の高度化

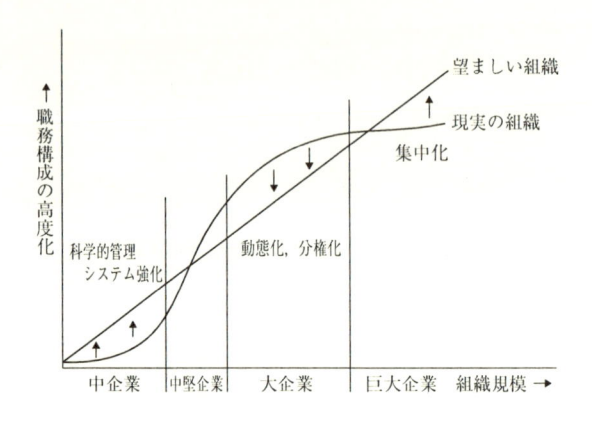

(縦軸: 職務構成の高度化 / 横軸: 組織規模 →)

望ましい組織
現実の組織
集中化
動態化, 分権化
科学的管理 システム強化
中企業　中堅企業　大企業　巨大企業

14) Harold D. Koontz and Cyril J. O'Donnell, *Principles of Management : An Analysis of Managerial Function*, McGraw-Hill Inc., 1968, pp. 709～710. (大坪　檀訳『経営管理の原則4　経営統制』ダイヤモンド社, 1969年3版, pp. 102～103)

クーンツ＝オドンネルによれば,「組織単位と組織単位とを統一して比較する方法」としてGE社では8つの「主要分野」があり, それは「統合的なものであり, 期待しうるものと思う」と指摘している。その主な内容は,

利益性―GE社では投下資本利益率やその他の利益指数には短所があり, 管理者は資本コストを含めたすべてのコストを差し引いて残る利益を最適なものにすべきである。

マーケットの地位―市場においてどのように会社の製品やサービスが受け入れられているか, 市場占有率や品質と価格, 流通と販売促進, 技術の進歩などを上げている。

生産性―「企業のもつ人的資本, 物的源泉を最も有利にかつ最もバランスのとれた方法で利用する企業の能力の測定」であるとしている。

製品の地位―「……マーケットの地位といった直接的なものを考慮するのではなく, 新製品を開発し, 製造し, 販売するにあたって最小のコストで顧客の必要性をみたしうる会社の能力を考慮するもの」

人間開発―「……この仕事がうまくゆくかどうかを示す一番よい指標は, おそらく必要なときに適格の人間がいるかどうかということである」その基本的指標は要員在庫表, 昇進記録, 昇進の程度および必要条件に照らしてみた場合の使える要員の適切性といったものである。

従業員の態度―「会社に対する従業員の態度というものは, 労働移動率, 欠勤率,

安全記録,改善のための提案の度合いといった一般的に容認された指標によって測定されうるものである」

　社会的責任——よき市民としての企業行動に対する指標で,地域社会に関するものとして地域社会の賃金水準との比較,地域からの就職申込率,地域での調達度合い,慈善関係への寄付,地域社会への参画度合いなど。

　短期的目標と長期的目標との融合——長期の計画と目標の程度,その性質,長期計画と短期目標とのバランスの度合いなど。

　この8つを総合システム(相互関連させる)化し,業績と対応させて評価することを提唱している。

15) 日本経営財務研究学会編『企業評価と経営財務』中央経済社,1980年,p. 1.
　　なお,同書では「企業の経営者が行なう財務的意思決定には,投資決定,資金調達決定,および配当決定があるが,これらの諸決定の優劣あるいは適否は,その決定が市場における企業評価におよぼす影響を通じて判定されるのである」,さらに企業評価の本格的な理論は,1958年のフランコ・モジリアーニとマートン・ミラーの高名な論文によって確立され,彼らのMM理論と,企業評価に関する伝統的見解との間には,よく知られるような長く激しい議論の応酬があったことを指摘している。
16) 日本経営財務研究学会編,前掲書,pp. 1～2.
17) 神戸大学会計学研究室編『会計学辞典』同文舘,1977年,p. 62.
18) H. Igor Ansoff, *Corporate Strategy*, McGraw-Hill Inc., 1965.（広田寿亮訳『企業戦略論』産能大学出版部,1969年版,p. 47)
19) アンゾフ,前掲書,p. 48.
20) アンゾフは収益性の尺度として資本利益率を選んだ理由として,①資本利益率が企業の成功度を測定するための尺度として一般に広く受けいれられていること,②他の公式の場合と違って,資本利益率ならば,資本の本来使用のための適正な割引率を構成するものについての,現在未解決の問題を避けることができること,③利益率は,いろいろな業種にわたって経営上の将来性を比較するには共通した便利な尺度であること,以上3点を指摘する。
21) アンゾフ,前掲書,pp. 181～183.
　　業種の潜在力を分析するためのファクターの概要
　　1　製品-市場の構造
　　　a　製品とその特性
　　　b　製品の使命（需要）
　　　c　顧客
　　2　成長性と収益性
　　　a　過去の経緯
　　　b　予測
　　　c　ライフ・サイクルとの関係

　　　　d　需要の基本的な決定要因
　　　　e　その業種に属する代表企業の，成長性と収益性についての平均値と標準値
　　3　工業技術
　　　　a　基本的工学技術
　　　　b　技術革新の経緯
　　　　c　工学技術の趨勢——脅威と機会
　　　　d　成功のために工学技術の果たす役割
　　4　投資
　　　　a　進出および退散のコスト
　　　　b　各企業における代表的な資産のパターン
　　　　c　資産の陳腐化の率とそのタイプ
　　　　d　成功のために投資の果たす役割
　　5　マーケティング
　　　　a　販売の手段および方法
　　　　b　サービスとフィールド業務の役割
　　　　c　広告および販売促進の役割と手段
　　　　d　製品の競争力をつくるもの
　　　　e　成功のためにマーケティングの果たす役割
　　6　競争
　　　　a　市場占拠率，集中状態，支配状態
　　　　b　優秀企業と劣悪企業の特性
　　　　c　競争上のパターンの趨勢
　　7　戦略的見通し
　　　　a　需要の趨勢
　　　　b　製品—市場の構造の趨勢
　　　　c　工学技術の趨勢
　　　　d　成功のための主要な要素
22）アンゾフ，前掲書，p. 195.

表1－13　外部評価のための経済的基準サンプル・リスト

優先順位	企業の目標	基準	尺度	例：企業としての受容限界－最終到達目標の数値
	近接期間の目標	資本利益率	資本利益率に関する資料 ●過去の経緯 ●現　在 ●傾　向 ●変動性	1. 自己資本利益率　　　　10〜20% 2. 株価収益率20－30倍

長期目標	成長性	売上高の傾向 売上高利益率の傾向 売上高に対する研究開発費の割合 ライフ・サイクルの位置 工学技術の進歩の見込み	1. 年間売上増加率　8～10% 2. 年間利益額の増加率　5～10%
	安定性	単一の顧客への依存度 季節的安定性 景気変動に対する安定性	1. 景気変動に対する売上高の変化　±15%以内 2. 売上高の季節的変動　±20%以内
近接期間の目標と長期目標への貢献要因	競争上の圧力	下記の項目についての現状と傾向 ● 需給関係 ● 市場占拠率のコントロール ● 価格安定性 ● 企業収益の安定性 ● 競争関係の可動性	
柔軟性目標	外部的柔軟性	工学技術の多様性* 需要の多様性* 流動性 資本構成比率	1. 1つの工学技術からの売上高が総売上高の30%以下 2. 国防関係と民間関係の売上高の比が50対50 1. 流動比率4：1 2. 流動負債に対する現金および証券の比率1：1

＊これらの評価は多角化しようとする企業に対する相対的な評価であることに注意

23) 矢吹耀男『経営学の理論と実践』白桃書房, 1975年, pp. 39～40.
24) 矢島鈞次『現代企業の経営指標』日本生産性本部, 1974年, p. 149.
25) 矢島鈞次, 前掲書, p. 150.
   新しい企業経営指標として, ①租税率, ②プラント輸出度, ③ジョイト・ベンチャー度, ④社会に対する利益還元率, ⑤売上高伸び率, ⑥省資源度, ⑦海外文化貢献度, ⑧国際協調度, ⑨環境保全度, ⑩株価収益率, ⑪資本成長率, ⑫海外シェア伸び率, ⑬所得向上度, ⑭文化貢献度, ⑮雇用能力
26) 青野豊作『経営力の時代』PHP研究所, 1980年, p. 14.
27) 通産省産業政策局企業行動課編『新しい経営力指標』1974年, pp. 5～10.
28) 伊藤良一『企業評価と経営予測の実際』第一法規出版, 1977年.

表1-14　ウォールの総合評価表

財務指標	ウエイト	標準比率	算定比率	関係指数	ウエイト付配点
流動比率	25%	141%	135%	95.7	23.9点
固定比率	15	169%	165%	102.4	15.4
負債比率	25	70.9%	88.9%	79.8	20.0
売掛金の回転率	10	3.6回	4.1回	113.9	11.4

棚卸資産の回転率	10	6.8回	7.9回	116.2	11.6
固定資産の回転率	10	5.9回	6.0回	101.7	10.2
自己資本の回転率	5	8.2回	8.3回	101.2	5.1
合　　計	100%	—	—	—	97.6点

29) JET 分析　Japan development bank Evaluation Technique of Corporation.
30) NEED-SAFE 分析　System Analysis for Financial Evaluation.

図1−6　日本開発銀行−JET分析（カメラ6社の企業体質比較）

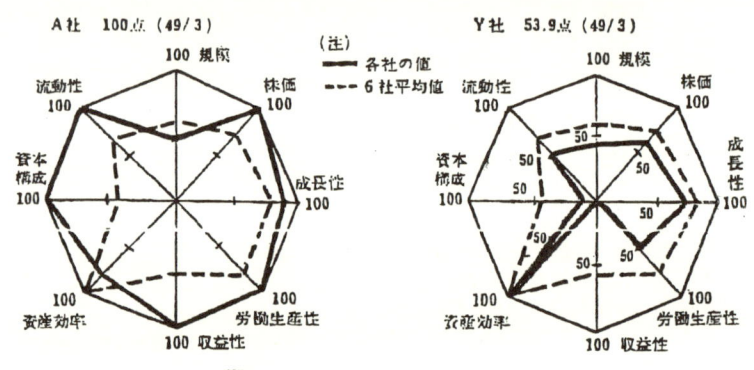

（資料）　日経産業新聞1974. 9. 20

31) 通産省産業政策局企業行動課『新しい経営力指標』1976年, pp. 2〜3.
32) 小野二郎『企業評価論』千倉書房, 1973年, p. 6.
　　この場合「貨幣価値」には貨幣そのものの他に貨幣で測定できる財・給付などを含んでおり，将来貨幣価値の増大は，組織体や製品・従業員など経営活動に必要な要素の増大を将来拡大（増大）することを予測したものである。
33) 小野二郎，前掲書 pp. 8〜10.
34) 清水龍瑩『現代企業評価論』中央経済社, 1983年, p. 8.
　　① あらわれた財務諸表は過去の経営の結果であって，その財務指標からその原因である真の経営力まで推定することはできない。とくに企業の外部環境，企業の内部条件が大きく変動しているときには，過去の経営の結果である財務指標は非常に変動しやすく，これを用いて企業の真の潜在的な経営力を推定することは非常に危険である。② 従来の財務諸表分析では，表面にあらわれた個別的指標を個々の基準と比較し，それをもとにして全体としての経営状況をとらえようとしている。したがって有機的に関連した経営要因をそのままのかたちではとらえられない。
35) 村上　睦稿，藤芳誠一監修『最新経営学用語辞典』学文社, 1994年, p. 208.
36) 村上　睦稿，藤芳誠一監修，前掲書 p. 207.
37) 伊東良一『企業評価と経営予測の実践』第一法規　1977年, pp. 21〜22.

表1−15　数量化理論の種類

分類	内容	適用する多変量解析の手法
数量化理論第Ⅰ類	量の推定の問題	重回帰分析法
〃　　第Ⅱ類	質の推定の問題	判別関数法
〃　　第Ⅲ類	分類の問題	因子分析法
〃　　第Ⅳ類	分類の問題	クラスター分析

表1−16　数量化理論を含めた多変量解析法の体系

モデル		多変量解析の主なる手法
説明変数	目的変数	
量的	量的	重回帰分析法，重相関分析法
質的	量的	数量化理論第Ⅰ類
量的	質的	判別関数法
質的	質的	数量化理論第Ⅱ類
量的	なし	主成分分析法，因子分析法
質的	なし	数量化理論第Ⅲ類，第Ⅳ類

　表1−15のように，数量化理論は各変数の性格によって4つに大別される。数量化理論は多変量解析の一つのパターンである。
　また，多変量解析法の体系について（表1−16参照）「数量化理論はその応用分野が広く，今後，政治問題，経済問題，教育問題等に使用されるであろう。とくに，企業においては市場調査等各種の調査分析に効果的な手段となろう。また，数量化理論は質的な変数と量的な変数との混合型でも使用可能なので，比較的適用範囲が広いといえる。
　計量値とは，連続量として測定される値であって，温度，長さ，目方等連続的な値である。計数値とは，個数で数えられる値で，不良品個数，事故回数等離散的な値である。」

第2章 バーナードの経営倫理とその現代的意義

第1節 はじめに

　バーナード (Chester I. Barnard) の主著 "The Functions of the Executive"（『経営者の役割』）は1938年に出版され「組織理論や管理理論における古典中の古典」といわれている[1]。そして，これをもって近代的理論の創始者と称されるようになり，その後，経済学における「ケインズ革命」になぞらえ「バーナード革命」の評価をうけることになる。「バーナード革命」と称される主な理由は，①行動科学の立場にたっていること，②研究の対象を「仕事」や「人間」ではなく組織人の「意思決定」においていること，③研究方法ではシステムズ・アプローチの手法を用いていること，④組織をクローズド・システムではなく，オープン・システムとしてとらえていること，⑤合理性の原理については，「制約された合理性」として認識していること，などを上げることができる。

　さて，バーナードの著作は100点を越えるといわれており，その業績を巡っての文献研究やさまざまな方法・視点からの研究成果は，国内だけでも数百点以上にのぼっている。また，その研究者の集まりである「日本バーナード協会」は，1974年9月に設立され，今年で24年になる。

　それは，従来の理論では必ずしも十分に研究されていなかった「組織と個人」の問題などを鋭く分析・解明し理論構築しているからであろう。この意味ではバーナード理論は経営学，組織論の原点であり，組織原論（原理）あるいは経営学原論とも称することができよう。

　ここではバーナードの所説のなかで近年とくに注目されている道徳＝倫理に関する問題に焦点をあて，バーナードの道徳観が持つ現代的意義と今日の

企業倫理の重要性を明らかにしたい。

第2節　バーナードの道徳観＝倫理観

　まず，バーナードは道徳または道徳性（道徳的行動）について以下のように定義している。

　「道徳とは個人における人格的諸力，すなわち個人に内在する一般的，安定的な性向であって，かかる性向と一致しない直接的，特殊的な欲望，衝撃，あるいは関心はこれを禁止，統制，あるいは修正し，それと一致するものはこれに強化する傾向をもつものである。……道徳は人間としての個人に外的な諸力から生ずる。道徳のうち，あるものは直接に超自然的な起源をもつと多くの人びとに信じられている。あるものは一般的，政治的，宗教的ならびに経済的な環境を含む社会的環境から生じ，あるものは物的環境における経験，生物的な特性ならびに種属発生の歴史から生じ，また，あるものは技術的な慣行あるいは習慣から生ずる。多くの道徳的諸力は教育と訓練によって各個人に教え込まれるが，また多くは ── 抑制あるいは奨励によって，またおそらくは具体的な経験がないという消極的な形において ── いわば環境からの摂取によって得られるものである」[2]。〈定義①〉

　また，「私は，道徳的行動とは，私利私欲や個々の情況のもとで特定のことをするか，しないかの意思決定の直接の結果に関係なく，なにが正しいか，何が間違いであるかについての信念ないし感情によって支配されている行為，と考える」[3]と述べている。〈定義②〉

　さて，この定義に関して若干，考察を加えてみたい。①の定義は，バーナード理論の出発点でもある「個人主義と全体主義の統合」の原理とそれをなしえる協働体系の概念が根幹にあり，「管理責任の本質」の内容の一つとして管理者の責任論と対応している。ここで，指摘しなくてはならない点は「道徳準則」の解釈である。道徳は個人レベルの問題であるが，組織人とし

ての個人の道徳は（公式組織内）は自然人と同一で統合化されうるものかということである。この点について，バーナードの見解──「責任とは，各自に内在する道徳性がどんなものであっても，それが行動に影響を与えるような個人の資質」「責任能力とは，準則に反する直接的衝動，欲望あるいは関心にさからい，準則と調和する欲望あるいは関心に向かって道徳準則を強力に遵守する能力」[4]──に対して次のような見解があることを付記しておきたい。

「個人は自己の道徳ないし道徳準則が一般的であると信じ，それを継続的に保持し，それを忠実に遵守するならば，その個人は高い健全な道徳準則をもち，立派に責任を果たしていることになる。そうなると，狭く考えれば，バーナードは全く個人主義的立場に立った道徳・責任論であり，個人尊重の側面からみれば一つの真理はあるが，他者，つまり全体との関係においてはどうなるであろうか」[5]。

さて，〈定義②〉については，ビジネスにおける道徳の種類を以下のように分類し，その領域を明示している。

個人的責任 (Personal Responsibility) 犯罪的行為やはなはだしい公然たる不道徳行為をしない，とくに盗んだり，嘘をついたりしないこと，他人の利益を快く認め，約束を守る，などの性格が含まれる。この性格は，宗教的，思想的教義から生じる倫理的な教えや社会のしきたりに基づくものであろう。

代理的ないし公的な責任 (Representative or Official Responsibility) 個人の具体的行動が，人格的であるよりは，他の人に代わって──他者のきめた目的あるいは方法に従って──なされるようになったのが，今日の西欧社会の大きい特徴である。たとえば，受託者，取締役，役員，従業員としての行為は代理的行為であり，その倫理は個人の人格的行為の倫理とは異なる。個人が殺人を犯すことは道徳的にも法律的にも許されることではないが，警

官，兵士，死刑執行人などは，その職務遂行上，人を殺すことがあったり，殺さねばならぬことがある。その行為は通常，非道徳とはみなされず，むしろ故意に義務を怠れば，非道徳とさえみなされることがあろう。組織行動のもつ代理的性格，つまり代理的行動は，組織化された協働における多くの道徳性の基礎的条件である。

職員としての忠誠（Personnel Loyalties）　公式組織での職員としての主要な関係は，上役と部下との上下関係および同僚間の関係である。この関係のなかに，それぞれの公的資格において行為している諸個人への忠誠——彼らの責任を認め，その責任の遂行過程で彼らを支持すること——が含まれる。このような忠誠から建設的な努力が主として生まれてくるのであり，それらが組織の凝集力の大きい部分を構成する。職員としての忠誠の基準は従属ないし服従であると考えるようでは，この関係の高度に道徳的な性格は理解されないだろう。命令の単なる受容，規定通りの報告の作成，特定職能の効果的遂行は，すべて固有の不忠誠と一致し，実際，サボタージュの方法でさえありうるのである。なお，このような組織における職員としての忠誠と，一般的な社会関係にある個人間の忠誠とは混同されてはならない。

法人としての責任（Corporate Responsibility）　法的擬制として人格を与えられた法人にも，個人の場合と同様，法律的責任とともに道徳的責任が帰属する。法人のなす道徳的意思決定は，具体的には理事，役員，従業員などによってなされるが，それらは個人的道徳や公的な組織的道徳とは別種のものである。定款や法律に従う義務を別にすると，この責任には次の2種類がある。①株主，債権者，取締役，役員および従業員の衡平法上の利害に関係するもので，内的責任といってよい。②競争者（同業他社），地域社会，政府および一般社会の利害に関係する責任。

組織への忠誠（Organization Loyalties）　法人は，われわれが全体として組織と呼ぶ調整された活動と関係をもつときにのみ実体となる。組織の倫

理問題はこの法人としての責任と同じものとみなしうる面もあるが，しかし，他方，実体としての組織自体に関する道徳情況がある。多くの個人は，彼らが個人的利害を超越する実体であると考えるもの，つまり組織への義務を感じる。極端な場合，「組織の利益のために」わが身を犠牲にすることもありうる。一般に，組織への忠誠の道徳的性格やその重要性が認識されにくい理由は，① 企業などへは道徳にかかわらない誘因に基づいて参加する人が多く，参加後に忠誠が育つことが認められにくい，② 組織構成員のなかには，組織への忠誠心をもたぬ人が多い，③ 組織への忠誠は，主として小集団の活動に関連して具体的にあらわれるので見逃されやすい，の3つによる。

経済的責任　(Economic Responsibility)　われわれは，経済的行動をあまりにも計算，需給，能率，利潤極大などの観点から考えづけているので，経済的道徳を度外視している。浪費は経済的に不適当であるばかりか道徳的に罪悪である。節約こそ美徳であろう。価格維持のために食品のストックを破棄しても道徳的に弁護しうるとは，どんな経済的，政治的議論からも納得しうるものでない。

技術的責任　(Technical and Technological Responsibility)　質的に高い業績水準を守ることが多くの技術的，専門的な業務——人間関係の管理をも含めて——の共通的な特徴であることはそれほど広く認められていないかもしれないが，この種の責任が創造的な芸術家，一流演奏家，実験科学者，一流の職人などの仕事に含まれていることは一般に推定されている。たとえ工場におけるような純粋に技術的な作業においてさえ，もし経済的な理由から技術標準を下げさせようとしても，人びとは間違ったやり方では仕事をやれぬという道徳的反応として抵抗を示すだろう。ここに道徳的要因の存在することは明らかである。

法的責任　(Legal Responsibility)　法的責任には，法律，判決，取締規則に従うばかりでなく，公式組織の運営にとって重要な部面である内部的，

私的性格の規則にも従う性向が含まれる。このような服従の多くは，制裁や責任をさけようとする利害関係の反映であるが，しかしここでいう道徳性はこうした利害関係を越えたものである。その基礎にあるものは次のような深い信念，つまり，必要な秩序の種類や程度が，効果的な協働と特定責任の適正な配分に不可欠であるばかりでなく，公正や正義にとっても不可欠であるという信念，法規の蔑視は組織における統一性とモラルを破壊するという信念，である。したがって，特定要求の当面の利益，不利益，あるいは究極的な利益，不利益さえも無関係なのである。

バーナードの道徳の概念およびその領域を考察してきたが，道徳は，管理者の職能－権限－責任，責任－道徳のなかで論ずる必要性と主張している。もちろん責任と道徳は明らかに異なった概念であるが，公式組織における管理者は組織的意思決定を行い，経済的，技術的要因に対応していかなくてはならない。さらに加えて，道徳的要因も考慮してはじめて全体のシステムの維持が可能になると説明している。

さて，道徳の領域のなかには個人人格としての道徳性と組織人格としての道徳性があり，ここで問題視するのは，組織人としての道徳性である。この組織人の範囲は，オープン・システム観によれば，組織の構成メンバーであり，株主や従業員をはじめ消費者や地域社会住民をも取り込むことになる。問題はこれらの構成メンバーが各人の価値＝道徳をもちそれぞれの道徳基準（準則）が必ずしも一致していないことである。したがって，道徳の対立＝価値の対立が生れることになり，自ずから構成メンバー間の対立をも引き起こすことになる。

このことについて，バーナードは，「道徳的創造性を通じて新しい理念をもつことが要請され，構成メンバー，それぞれのエゴは長期的観点からは許されない」と指摘している。

バーナードの協働体系維持は，能率と有効性と道徳の3つの原理のうえに

図2−1　主要基準の移転

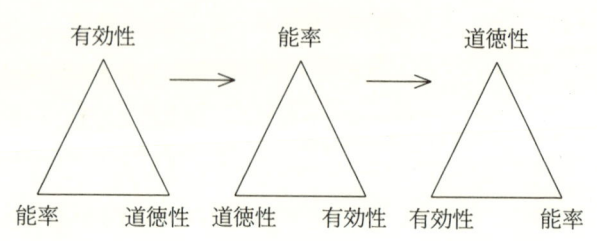

```
    有効性    →    能率     →    道徳性
    △            △             △
  能率 道徳性   道徳性 有効性   有効性 能率
```

成り立ち,「組織の能率」も「組織の有効性」も道徳性の原理によるものとし, 能率と有効性の実行段階では道徳性を無視または軽視した場合には, もはや組織の存続はありえないと指摘している。この場合, 能率や有効性の基準は組織経済をふまえた測定方式やその処方箋を描けるが, 道徳基準は質的問題を含んでおり, 組織存続に大きな影響力があるのにもかかわらず, その方法に対する示唆は与えていない。

飯野春樹教授は, 図2−1のように道徳基準の重要性を主張している[6]。

さて, バーナードの道徳概念や領域を考察すると, 彼の道徳観はこれから述べる倫理観と全く同一ではないが, ほぼ同じ概念としてここでは取り扱うことにする。

一般用語としての道徳とは,「ある社会で, 人々がそれによって善悪・正邪を判断し, 正しく行為する為の規範の総体, 法律と違い外的強制力としてでなく, 個々の人の内面的原理として働くものをいい, 宗教と異なって超越者としての関係ではなく人間関係を規定するもの」と規定されており, 倫理 (ethics) ＝人として守るべきみち, 世の中で生きる上で人がわきまえるべき道徳, モラルとほぼ同じ概念として解釈できる。

倫理＝Ethics はギリシャ語に語源をもち, 慣習, 習慣, 社会精神, さらにそれによって作られる個々人の性格・性向をあらわし, これは, 外部から与えられるものではなく, 人間社会の内部から互いの約束ごととして生まれてくるものであると理解できる。

第2章　バーナードの経営倫理とその現代的意義　59

したがって，倫理の概念は，「社会により提供される文化に組み込まれたルールと価値のシステム」であり，慣習や生活様式，イデオロギーといった行動文化であるゆえ，それは人間の社会生活に対して拘束力をもち，いかに行動すべきかという人間社会の行動ルールであると理解することができる。

第3節　経営倫理問題の課題

バーナードが亡くなってから，40年近い歳月が経過した。『バーナード生誕百年記念』（1986年12月）も刊行され年代的には懐かしいイメージをもつ人すらいるかもしれない。しかしながら，バーナード理論には，現在の諸問題を解明する糸口や解決の原理があると指摘する研究者が多い。これを「復権」ととるのかは若干議論の残るところではあるが，庭本佳和教授は「現代経営学とバーナードの復権――バーナードの理論研究の過去と現在――」のなかで，復権の理由について次の点を指摘している。「バーナード理論が，単に現代経営学，とりわけ組織論にその位置を得て復権したのではない。何よりも現代経営学が直面する現実の課題が価値的次元を内包するバーナード理論の復権を要請しているのである。1つは，産業社会，とりわけ組織社会で喪失した人間性回復の問題である」「いま1つは他者との共生である」[7]。とくに，他者との共生の内容は，①自然との共生――地球環境問題，②他国の文化価値の問題――経営の国際化問題の2つを指摘している。

バーナードは，「ビジネス・モラルの基本的情況」の最後「結論：この議論のもつ意義」のなかで，「この主題の強調に値する別の側面は，それが専門化された組織における内部からの，そして外部へのコミュニケーションの重要性を指摘している，ということである。いくたびとなく私にとって明らかになったことであるが一般の人々の誤解の原因は，専門化された諸活動のなかに含まれる道徳的要素への正しい認識が欠如していること，これらの道徳的要素がなんであるかを部外者に伝えることが極度に困難であることに主

として依存している。この主題を考察する誰でもが，われわれは少なからず無知の状態にいるということに思いいたるにちがいない」。[8]

この指摘はまさに，今日わが国で発生している一連の金融機関の不正・不祥事を予見しているようでもある。つねに金融機関は厳格で法律を遵守し，不正の起こる余地がないと「無知」なわれわれは認識していたともいえる。この他，企業をその源とする不祥事は後を断たない。

一方，環境問題についても，前述したように現在の環境問題は1993年11月に制定された環境基本法に盛り込まれているように新しい地球環境問題の解決を迫っているものである。この課題の前提条件には，① 地球環境の保全と経済成長との関係，② 環境と調和のとれたライフ・スタイル，③ 環境に適合した企業行動の3つがあり，それぞれ消費者や企業などの倫理規範によりその方向と解決への方策が導きだされるものと考える。あらゆる人間が加害者であり，また被害者でもあるにもかかわらず，加害者ないし汚染者の自覚に乏しくその影響がグローバル化し国際的公正さが求められる。世界各国はそれぞれ異なった条件のもとで「豊かさ」を求める。しかしながら国際協調ないし国際貢献の立場から国の利害を越えて環境保全の責任を平等に負担すべきことが主張される。文明の力による豊かさへの進化は，「生活の豊かさ」を脅かす結果を招くいわゆる外部不経済をもたらしている。すなわち，地球環境が要求しているものは，経済発展とリンクしており技術革新－大量生産－大量消費－製品の多様化－大量破棄といった経済成長の構図を改め，ライフ・スタイルの見直し－適正消費－リサイクル－省エネへと転ずる必要があり，これは企業行動について製品計画，生産過程，技術の選択，流通などの局面に新たな革新の機会と刺激の要因を提供する。企業行動は地球規模での「公正さ」，企業と消費者との「共生」のうえに成り立つと考えられ，これを促すための環境監査や環境保全基準の見直しも早急に解決を迫られている課題であろう。

第4節　むすび

　バーナード理論は難解であるといわれる。また，原理としては理解できるものの具体的示唆がなく実践的な具体例に乏しいなど，実務界から批判の声が寄せられることもある。たしかにその一面は否定できないことであるが，バーナード理論のすべてを完全に理解して今日の諸現象すべてを説明することは，バーナード理論の精通者以外誰でもすぐできるものではない。しかし，わが国が当面している課題に焦点をあて，バーナード理論を検討する時，非常に優れた理論体系であることは前節でも述べたとおり理解することができる。組織（企業）の最重要課題は「有効性と能率から，道徳性を最優先に据える発想の転換こそ，すべての組織にとってこれからの重要課題となるであろう」[9]との重要な主張（本章第3節参照）もある。

　今後，わが国企業の行動および経営学研究に対して問われるものは，企業倫理をどのように確立，実践してゆくのか。また，企業がいかなる行動基準を策定し，行動してゆくのか，とりわけ研究レベルでは経営の指導原理をどのように構築するかが，現在の企業および経営学研究に課せられた重要な課題であると考えられる。

　組織体として責任の所在などあいまいなものもあり，個人の価値体系と組織の価値体系が必ずしも一致しない場合もある。組織の構成員として行動する時，個人の行動は制約され，組織に従属することを余儀なくされる。それは，個人の倫理体系が消滅し，あるいは一時的に抑えられ，企業の倫理に従うことになる。企業戦士といった企業のみにつくす場合，個人の倫理は全く存在しなくなると考えられる。また企業が最大利潤獲得などの経済的優位性のみを追求する時，社会一般の倫理体系から逸脱することになる。このような点から，個人－企業－社会の三層構造を一つの倫理体系で結ぶという議論がでてくる。それは，企業規模の拡大や企業行動が社会や個人に与える影響

が大きくなってきたからである。この三層構造を一つの倫理体系で結ぶということは，グッド・コーポレート・シチズンシップの考え方が適応すると思われる。個人が企業に抑制され，個人の倫理観が通用しない時，個人は社会の倫理体系にしたがって行動する必要があり，企業の価値体系に依拠した行動に対しては，批判とその是正を求める勇気が必要となる。

最後に，バーナードが道徳に関する問題解決にあたって，大学人に対しての責務を示唆している点を紹介しておきたい。「……この点で大学が将来大きな機会をもつであろうと私は考える。なぜならば，われわれの組織のなかにいる人々が，自らの直面する道徳的諸問題の性質を適切に研究するに十分なるほど精通し，客観的でありうるかどうかは，私には疑問である。……それにもかかわらず，ビジネス諸活動の本質に関して深く省察すれば，必然的にこれがまさに必要とされる研究であることがわかる」[10]。

注）
1) *The Functions of the Executive*, Cambridge, Mass, Harvard University Press, 1938（旧訳 田杉競監修 降旗武彦・矢野宏・飯野春樹訳『経営者の役割』ダイヤモンド社，1956年／新訳 山本安次郎・田杉競・飯野春樹訳『新経営者の役割』ダイヤモンド社，1968年）第17章 「管理責任の性質」
2) 前掲書，原書 pp. 225～226，新訳 pp. 272～273.
3) "Elementary Conditions of Business Morals", *California Management Review*, Vol. 1, No. 1, Fall 1958.「ビジネス・モラルの基本的情況」（W. B. ウォルフ，飯野春樹編『経営者の哲学』飯野春樹監訳・日本バーナード協会訳，文眞堂，1986年所収）バーナード「ビジネス・モラルの基本的情況」pp. 239～240.
4) 前掲書，p. 267，新訳 pp. 278～279，および p. 274，新訳 pp. 286～287.
5) 鈴木辰治『現代企業の経営と倫理』文眞堂，1992年，p. 47.
6) 飯野春樹『バーナード研究』文眞堂現代経営学選集3，文眞堂，1978年，p. 99.
7) 庭本佳和「現代経営学とバーナードの復権 ―― バーナード理論研究の過去と現在 ――」経営学史学会編『経営学の巨人』文眞堂，1995年，pp. 75～77.
8) バーナード，前掲論文の最後「結論：この議論のもつ意義」pp. 258～259.
9) バーナード，前掲論文，p. 260.
10) バーナード，前掲論文，p. 260.

63

第3章 社会責任論と企業評価

第1節 問題の所在

　現代企業の経営行動を特徴づけるものは，変化する環境への適応だといわれている。したがって予測できる環境変化とそれに対する適応の課題を経営の目的や目標の中に策定することにより，意思決定の価値前提に新しい価値体系を織り込まなくてはならない。この点において問題になることは，伝統的諸理論において仮定されてきた利潤最大化原則への反省と，新しい価値体系に基づく目的・目標システムを探求することであろう。企業の経営理念ないし，経営哲学は経済社会の発展過程の中で変遷してきた。たとえば，「企業の社会性」に関する考え方についても古くから論議されており，決して新しい問題ではない。しかし，その内容は，今日問われているそれとは大きな差異があるといわねばならない。また利潤性に関する考え方も変化してきている。本章では現代企業における経営者の理論＝新しい価値体系に基づく企業の社会性について検討し，企業行動のモデルをイールズ（Richard Eells）の企業モデル，とくに中道的会社モデルに求め論究してみたい。

第2節 企業の「目的」「目標」に関する諸見解

　企業が幾つかの行動様式の中から選択し決定する，いわゆる意思決定プロセスには2つの前提が存在している。その1つは価値前提（Value premises）であり，いまひとつは事実前提（Factual premises）である。サイモン（Harbert Alexander Simon）によれば，2つの前提の区別を「それは目的と手段の区別に相当する」[1]と述べ，とくに価値前提の重大な影響を指摘している。この価値前提は，実際の企業組織の中では，目的，目標，方針，手続などの

形で示されている。

　企業目的および企業目標というとき，しばしばその区別が不明確であり，論者によりさまざまであることに注意せねばならない。

　経営目的（management purpose）といった場合，まず企業あるいは経営組織体の目的と企業経営者の経営目的との相違が問題になる。企業は一つの制度として独立の主体的存在であり，その目的も利害関係者の個々の目的を総括するものである。一方，経営目的は，その経営者の経済的および非経済的な目的に大きく影響される。企業目的は長期を目ざしているのに対し，経営目的は有限であり，経営者が交替するのに伴い変化する場合もありうる。しかし，基本的には経営者は企業目的を達成する経営機能を有しており，企業のさまざまな利害者集団の目的を調和させるという職務を持っているため，企業目的と経営目的は一応別個でありながらも究極の作用においては同一とみなすことができる。このように一体化した目的を経営目的という。具体的には経営目的といった場合，その範囲・内容はさまざまであるが，日本学術

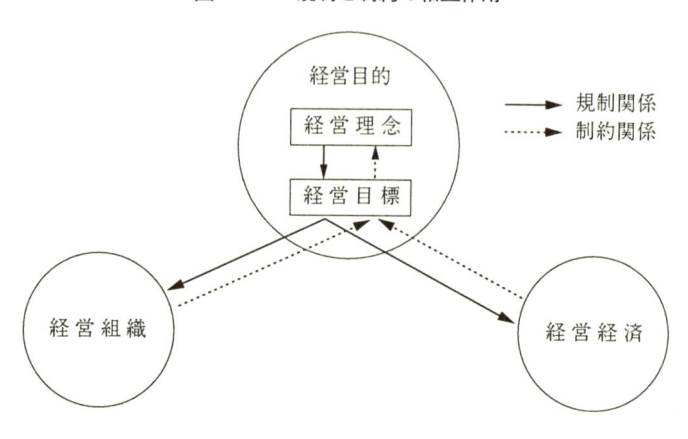

図3－1　規制と制約の相互作用

　　　　→　規制関係
　　　　⇢　制約関係

（経営目的／経営理念／経営目標／経営組織／経営経済）

出所）　高田馨『経営目的論』千倉書房，1978年，p.30

振興会経営問題委員会の統一見解を参考にして，経営目的とは，経営理念（management belief）と経営目標（management goals, objectives）の合成体と考える。さらに経営理念は経営信条（management creed）経営信念，経営思想（management ideal）の意味であり経営目標は後述するように現在多元的様相を呈している。

また経営目的の内容は，① 基本目的と，② 副次目的から成り立っている。①基本目的は，ドラッカー（Peter Ferdinand Drucker）が述べているように企業の存続・繁栄（survival and prosperity）でありそれは普遍的，抽象的表現である。これに対し，②副次的目的は，基本的目的を達成するための具体的，特殊的なもので，各々の企業組織体の発展段階，あるいはおかれている環境条件により異なるが，(A) 利潤性と(B) 社会性が一般的なものである。利潤性の考え方は企業が経済的合理性を追求する組織体であるという前提に立ち，古典的には利潤最大化目的があった。しかし環境の変化すなわち，企業を取り巻く利害者集団の多様化に伴い利潤観にも変化が生じ，利潤目的そのものは否定されずとも利潤最大化は否定され，利害者集団の多目的と調和を重視するようになり適正利潤あるいは利潤の名において実は，価値創造や付加価値を意味するように，利潤概念を拡大解釈する傾向がある。社会性の副次目的については，こうした企業の存在意義を考慮して利害者集団への社会的責任として定着してきている。この副次的経営目的は企業の社会的存在意義が高まるにつれ双方同時達成の傾向が強まり現在に至っている。

　ドラッカーによると企業目的の概念は次のようである。[2]
(1) 企業の根本欲求（Needs）＝根本目標は存続，成長である。
(2) 企業の最高目標（Purpose）は顧客創造目標である。
(3) 利潤や収益性は手段目標であり，ここでいう利潤は最大利潤はとらず，必要最小利潤をとる。

(1)，(2)については一般的にいう目的であり，目標より高次元に位置し，抽

象的である。またNeedsやPurposeは経済組織が社会において果たすべき職務であると考えることができる。バーナードはこの点について,「厳密に言えば,目的は言葉で表現するよりも,むしろ実際の行動の総合によって,いっそう精密に定義されること……。」[3]と述べている。

一方,目標は目的や経営理念に従い,これらを実現するための比較的具体的なものであって,アンゾフは,「目標は経営者がその目的に照して企業の業績を方向づけ,評価することができるようにする決定ルール」[4]であると述べている。このように,目標は企業行動を具体的に方向づけるものと解することができる。

したがってここでは,目的は目標より上位の概念であり[5],経営理念に基づく具体的な経営目標の指針であると考えられる。ここで仮りに企業目的は企業の存続,成長であると考えた場合,この抽象的な表現を頂点として,そこから直接,間接により具体的な目標が派生し,これらの派生的目標の下位にさらにいくつかの副次的目標が形成され存在することになるのである。これらの多様な次元の目標は具体的になにかということである。

ここでは目標に関する諸説を検討してみたい。櫻井克彦教授は目標の多様性を主張し,しかもその分類は2つあると指摘する。その第1は目標の数により単一目標と複数目標とに分ける分類,第2は企業をもって何らかの関係者のための手段的構成体とみる立場と,企業それ自身一つの有機的存在とみる立場の分類である[6]。同教授はとりわけ,第2の分類を主張する。この分類方法では,

(1) 企業有機体説——企業は他の多数の組織と何らかの関係を持って存在しており,企業組織それ自体有機体とみなす,いわゆる組織論的発想からきている。マクガイヤー (Joseph William McGuire) は次のように説明する[7]。

① その中で,行為者が行動するフレームワークとしてよりも,むしろ個人の諸関係の複雑なパターンとしての企業概念。② それに替える合理性に

ついての数種のタイプの修正された仮定のいずれか一つをもっていること。③ 企業は存続という目標をその基底にもつ恒常的な社会経済的組織であるという想定がそれである。そして企業組織が有機体である理由は，① それ自体が自主性を持った独立体であること。② それ自身が一つの完了する全体であり，その中にある個々の部分活動が，全体としての企業目標の達成のために組織され，有機的に統一されている組織体であることの2点によるものと考えられている。

(2) 企業構成体説 —— この理論は企業と所有者の関係，あるいは企業と利害者集団との関係の中で，企業は誰のために存在するかということである。伝統的立場は，企業が出資者たる所有者＝株主に奉仕するもので，そこでは利潤がすべての基準になっており，長期利潤最大化目標説[8]，売上最大化目標説[9]，自己資本収益目標説[10]のような形をとることが多い。これらの諸説は，企業目標を単一目標として規定しているものと理解できる。

近年は複数のグループに対する奉仕という説が主張されている。これは，イールズの企業モデルの母性的会社モデルとほぼ同じような考え方であって，企業への貢献者＝要求者（Contributor-Claimants）は多数存在しており，それらの人びとに仕える必要があるから企業目標は，当然多目標となるという考えである。たとえば，企業への貢献者は従業員をはじめ，消費者，供給業者，金融機関，地域社会等多数にのぼり，これらのグループに対し，企業は仕える必要があるから，目標はそれらの集団ごとに設定されることになる。この構成体説は企業の諸環境に対する責任を，企業の目標として策定することを意味している。この第2の分類で理解できることは，単一目標といった場合，それは経済的側面のみであること。複数目標といった場合，その内容は経済的側面プラス非経済的な側面が加わっていることである。

(1) **経営目標の多様化**

経営目標は経営理念を支え，経営理念を実現するためにある比較的具体的

な内容をもっている概念である。エイコフ (Rassell Lincoln Ackoff) は，経営目標 (management goal, objective) をさらに，objective は長期目標，goal は短期目標と区別して purpose より下位概念として位置づけている。前項で述べたように経営目標は経営理念の変化に関連し，現在，単一目標から多元的目標に移行しているといわれる。このことは，古典的理念すなわち所有経営者的経営理念は利潤最大化単一目標を形成せしめ，経営者理念すなわち現代的経営理念は，多元的目標（multiple goals）を確立させるものと理解できよう。経営目標が多元化してきた理由としては，① 経営主体の多元化と，② 欲求の多元化の2つの側面がある。さらに＜経営主体の多元化＞は，経営者と経営者の環境諸主体との2つに分けられ，＜欲求の多元化＞は，経済的欲求と非経済的欲求に大別される。これらの関係について，高田馨教授は，「経営者個人目標は，経営者自身の多元的欲求の満足のための —— 経済的報酬と非経済的報酬の獲得 —— 目標であり，これが経営目標に転移する。経営者の環境主体における多元的欲求の満足の実現は，経営者の社会的責任であり，社会的責任理念から経営目標としての社会的責任目標が形成される。こうして，経営目標は経営者個人目標の転移からくる部分と社会的責任目標から成る」と述べ，それを整理して次の図を示している。

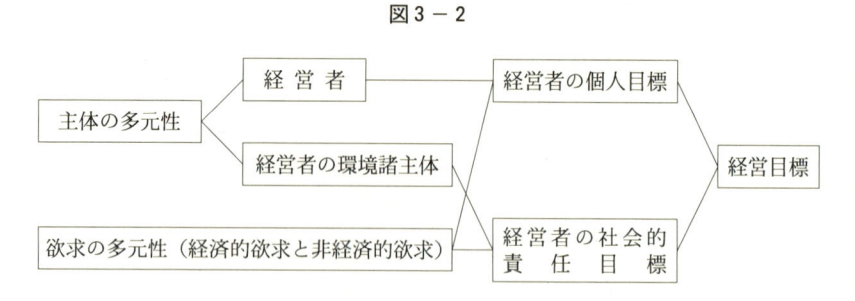

図3-2

```
                  ┌─ 経 営 者 ──────── 経営者の個人目標 ─┐
   主体の多元性 ──┤                                        ├─ 経営目標
                  └─ 経営者の環境諸主体 ─┐                 │
                                          │                 │
   欲求の多元性（経済的欲求と非経済的欲求）─ 経営者の社会的
                                            責 任 目 標 ───┘
```

出所）高田馨『経営目的論』千倉書房, 1978年, p. 102

経営目標についての代表的研究は，ボーモル（Willam J. Baumal），ウィリアムソン（Oliver E. Williamson）の「新しい企業目標研究」，ペンローズ（Edith Tilton Penrose）の「成長率目標論」，サンドム（A. Sandom）やリーランド（H. E. Rerand）の利潤の期待効用最大化論や株価最大化目標論がある。さらに，ドラッカーは，顧客創造目標論を展開し，その中で経営目標は，市場における地位，革新，生産性，物的資源と資金，収益性，経営管理者の活動と育成，作業者の活動と態度，公的責任の8つを挙げている。以上ドラッカーの多元的目標は，その内部において，「手段－目標－連鎖」，主目標と副次目標，上位目標と下位目標，本来目標と制約目標などの連鎖，階層秩序があり，その内容は企業により異なっている。

(2) 経営目標の質的側面と量的側面

経営目標の多元性は，経営者個人目標の移転と経営者の社会的責任目標から生じる。経営者個人の目標については，ウィリアムソンが指摘するように次のような「経営動機」（management motivations）から策定するものと思われる。①サラリー；定期的に支払われる金銭的報酬　②安定性；安全であるという感じ，不安からの解放　③地位；仕事上の地位　④権力；他人を支配する力　⑤声望；他人から尊敬されることにより得られる優勢　⑥社会的サービス；社会の利益に貢献する活動　⑦職業的卓越；職業上の優れた将来と技術的改革，以上7つの目標がいかなる優先順位になるか，あるいはウエイトづけ等は，経営者個人によって差が生じる。一方，社会的責任目標の質的側面についての研究には，ボーエン（Howard Rothmann Bowen）の「ビジネスの社会的責任」をあげることができる。それによれば，目標の質的側面の内容として次の11をあげている。(1)高い生活水準——高い生活水準をえて，さらに持続しようとする時，商品とサービスの豊かさが必要である。そのために高い生産性を目標とする。(2)経済的進歩——新しい生活様式と新しい生産物を生む技術的進歩，無形資産の増加，天然資源の節約的

使用を尊重する。(3)経済的安定 ―― インフレーションと大規模失業を生まないように経済的変動を緩和する目標。(4)個人生活の安定 ―― 個人の力だけでは解決できない社会問題，すなわち，老齢，死亡，失業等の解決を目標とする。(5)秩序 ―― 商品の定期的市場流入，需給関係の組織的均衡化の目標。(6)公 ―― 正所得分配の公正，生活向上の機会の普及，(7)自由 ―― 企業の自由，消費選択の自由。(8)個人の発展 ―― 安全で健康的な快い職場，相互の尊敬と配慮，諸種の機会（意思決定への参加，責任負担など）の普及が目標となる。(9)国家の安全 ―― 国家安全保障という目標（自由主義制度の防衛も含む。(10)個人の誠実性 ―― 広告や販売の真実性，契約の履行，競争の公正，財務操作の公明，納税の義務，ルールの遵守など。以上の社会的責任目標に自由企業体制を前提として，(11)経済的目標と非経済的目標の両面を挙げている。目標の質的側面は多元的内容をもつがそれが無秩序に存在しているのではなく，経営目標全体，すなわち，経営組織と経営経済の目標体系に関連づけられているのである。この目標体系は一般的に，階層的併存体系と同位的併存体系に分かれ，前者はさらに経済的目標優位体系と非経済的優位体系に分けられている。また多目標間の基本的関係については図3－3のように整理される。

図3－3

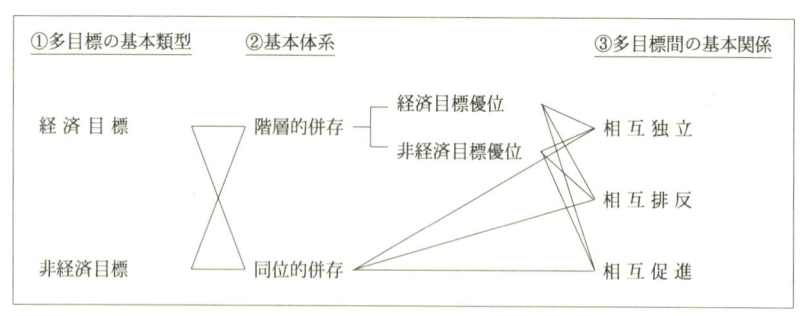

①多目標の基本類型	②基本体系		③多目標間の基本関係
経済目標	階層的併存	経済目標優位 非経済目標優位	相互独立
			相互排反
非経済目標	同位的併存		相互促進

出所）　高田馨『経営目的論』千倉書房，1978年，p. 110

経営目標の量的側面とは，目標水準の問題である。すなわち経営目標の達成度合いの問題でこの原理を水準原理と称することができる。

この原理には，(1)最大化原理 (maximization principle), (2)最少化原理 (minimization principle), (3)必要最少原理 (required minimum principle), (4)満足原理 (satisficing principle), (5)適正原理 (reasons principle) の5つがある。

(1)については，一定の条件あるいは条件の変化に伴い可能的最大の水準を達成しようとする原理である。特に「利潤」と結合して「利潤最大化原理」と称され，企業理論，会計学，経営経済学などにおいて長い伝統の中で最大の支持を得てきた。利潤以外と結合する場合もある。売上や売上増加率と結びつくと「売上最大化原理」または「売上増加率最大化原理」「効用」と結びつくと，「効用最大化原理」などとなる。(2)最少化原理は最大化原理の反対の原理で目標階層体系の中では下位階層の目標であり，原価最少化目標における最少化原理などがそれである。(3)必要最少原理は，必要にして最も小さいものをめざす原理である。ドラッカーは利潤最大化原理の非現実性を明らかにし，企業の存続－損失回避－未来費用補償と企業成長－生産性増大－未来資本準備のパターンを重視している。そして企業が存続成長の目的を達成するプロセスで絶体的に必要なものは，損失を回避し未来資本を準備するだけの最少の利潤であるとする。(4)満足原理については，サイモン (H. A. Simon) やマーチ (James G. March) が主張し，満足基準 (satisficing criteria) の語を用いている。彼らによれば「ある代替方策は，つぎの場合に満足的である。もし(1)最少限の満足をもたらす代替方策はどのようなものであるかを示し一組の基準が存在し，(2)当該の代替方策がそれらの基準にちょうど合致するか越えるならば」ここでは満足原理を必要最少以上の原理と見なしている。(5)適正原理は，利潤最大化原理の批判として登場し，「適当な利潤」あるいは，「適正利潤」と称し，それは最大利潤ではなく，「制限された利潤」であると定義づけている。ディーン (Joel Dean) によれば，適正利潤

の設定基準として次の4つをあげる。① 資本調達に必要な収益性, ② 企業の拡大に必要な内部留保率, ③ 自社と競争企業の正常利益, ④ 世論が見る「適当な利益」。以上のように経営目標の水準に関する考え方, 原理は多種存在するが利潤目標については, 最少化原理は問題にならない。また, 適正原理は必要最少原理か満足原理に吸収される可能性がある。そして, 目標階層体系を, 「手段－目標－階層」と考えるとき, 最大化－最少化－必要最少－満足の順になるとする考え方もある。現在満足原理が社会的責任目標との関連で重要になってきているが, その推移は社会的事情や経営経済的事情に深くかかわっていると考えられる。

(3) 満足原理と適正利潤

利潤最大化原理による経営理論は, 意思決定過程を無視しており, 客観的合理性を基盤とする経済人モデルの上で理論が展開されている。マーチ＝サイモンはこうした利潤最大化原理を否定して満足原理を主張する。その根拠として, 「人間の合理性には限界があり」「最大化する知恵をもたない」。すなわち, 人間は万能な合理性はもたず, 「制約された合理性」しかもたないから最大化は不可能であり, 一定水準において満足せざるをえないのであるという。そしてサイモンによれば, 客観的合理性の尺度は次の3つがあるという。① 行動主体が決定に先だってパノラマのように代替的諸方策を展開すること。② 行動主体の決定がもたらすであろう諸結果を考慮すること。③ 行動主体が何らかの価値体系を基準にして代替方策のなかから一つを選択する。しかし実際の行動は少なくとも次の点において客観的合理性は否定される。Ⓐ 知識の不足, Ⓑ 予測の困難性, Ⓒ 行動の可能性の限界。一方, 適正利潤の妥当性については, 2つの理論的根拠がある。その一つはグーテンベルグ (Erich Gutenberg) の適正原理 (das Angemessenheitsprinzip) または, 「利潤制限」の原理である。彼によると, 適正利潤は営利経済的原理以外の概念, すなわち資本主義経営原理では取り扱うものではなく, 計画主義

的経営,社会主義的経営で主張され,「適正」それ自体は,「社会的公準」となっているという。またもし資本主義体制で論じられるとすれば,利潤制限として概念づけるべきだとする。次は,ディーンの理論で,伝統的な利潤最大化仮説に対する批判を前提としている。利潤最大化原理は客観的合理性に欠け,現代の経済的,社会的事情を考えると,利潤は,「適当な利潤」あるいは「制限された利潤」にならざるをえないと主張し,その理由として次の点をあげている。

① 競争上の配慮 ── 競争者の市場参入を阻止すること。② PR ── 世論や政府関係への考慮, ③ 労使関係 ── 労組の賃上げ要求を抑えること, ④ 顧客関係 ── 顧客の好意を保持すること, ⑤ 経営統制力の維持 ── 経営者が統制力を維持するためには資産の流動性を維持する必要があり,無制限の利潤追求を許さなくなる。⑥ 非金銭的欲求の充足 ── 快適な活動条件を維持すること。この2つの共通認識は,伝統的な利潤最大化原理は,今日客観的合理性をもたないことにある。また目標水準の設定については,標準的水準すなわち,適正な利潤を見い出すところにあり,「標準」なるものは,必要最少以上の水準で,具体的には,満足原理によるものであると理解できる。サイモンも満足基準の一例として,「適正利潤」(adequate profit)をあげており,適正利潤と満足利潤(原理)とを同一視している。

(4) 〈目標階層〉と多目標の統合化

経営目標の全体系は経済目標－非経済目標の階層体系を成している。そして経済目標も非経済目標もアンゾフが示すようにそれぞれ多目標の集合体であり,経営目標のサブ・システムを構成している。この階層体系を考えるとき,「手段－目的－連鎖」(means-ends-chain)または「手段－目的－階層」(means-ends-hierarchy)の有用な概念がある(意思決定論では「手段－目的－分析」として用いる)。

図3－4の説明としてサイモンは,「諸目的がおそらくは,他のもっとも

図3-4 連鎖と階層

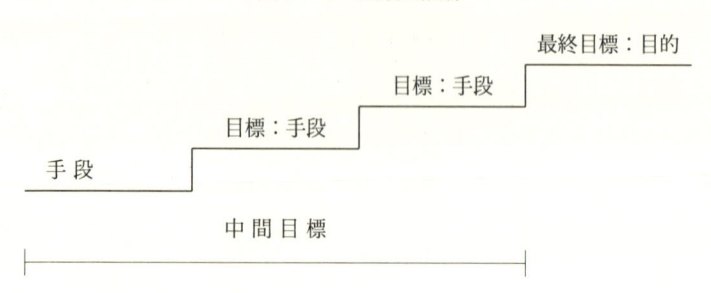

```
                                    最終目標：目的
                          目標：手段
              目標：手段
  手 段
          中 間 目 標
  |―――――――――――――――――――|
```

遠い目的に強制されて遂行されるという事実は，これらの目的をヒエラルヒーに整列させることになる。――各階層は，下の階層からみれば目標と考えられ，上の階層からみれば手段と考えられる。」このことは上位目標により手段（目標，手段）は制約される（上位制約目標と呼ぶ）。また下位の手段により目標達成度合いは制約される（下位制約目標と呼ぶ）。そしてすべての中間目標は，下に対しては上位制約目標の性格をもち，同時に上に対しては下位制約目標の性格をもつ，いわゆる目標の二重制約性が存在する。さらに階層体系では優先目標という概念をしばしば用いる。これは経営者にとって重要性を強調したい時，目標に優先順位をつけるのであり，優先目標を言いかえれば，優先順位目標なのである。したがって上位制約目標だけに優先目標があるのではなく，下位制約目標にも優先目標は存在するのである。例えば公害防止費は利益目標に対する下位制約目標である。そして経営者の意識が高ければ「優先」させることになる。この場合を下位優先目標と称するのである。これに関連して「制約条件」の概念がある。高田馨教授の解釈によると，制約条件は2つに分かれ，①企業活動を必要とするもの，たとえば，公害防止活動，②企業活動を必要としないもの，たとえば，資源の有限性，①は経営目標に組み込まれて制約目標となり，②はそのまま受容するしかなく，「与件」と呼ばれる。企業が活動するとき，かならず目標が存在する。目標をさらに達成しようとするとき目標階層体系が作られ，上位制

約目標，下位制約目標ができ，時には優先目標が生まれる。そして目標に対して，制約条件と与件が存在することになる。具体的に企業の目標階層は，経営目標，管理目標，作業目標などであるが，管理目標や作業目標を決定するのは経営目標であり，管理目標や作業目標は，経営目標の下位制約目標となる。

　経営目標は多元的内容をもち，しかも質的側面と量的側面において相互に関連しあっている。経営者の最も重要な機能の一つは，これら多目標を調整する機能を遂行するところにある。調整をする場合，多目標のすべてを認容するのではなく，個々の目標に譲歩をせまり妥協（compromise）の方法をとるか，あるいは，多目標すべての犠牲なしに統合化を計るという2つの方法があるが，経営者はまず第一に統合（integrating）の道を選ぶのが一般的である。多目標は定量的なものと，定性的な性格のものがあるが，現在はできるだけ定量化する傾向がある。さて多目標すなわち，経営者個人目標の転移と社会的責任目標（株主，従業員，消費者，金融機関，供給業者，地域社会などを主体とする目標）の2つの統合化には次の3つのモデルが考えられている。① 全目標に比重をつける，② 一部目標の優先目標化，③ 全目標の優先目標化。①については経営者が考慮すべき目標に比重をつけ，これを根拠として満足点をさがす方法である。この方法は比重づけする段階で経営者の価値判定が入り客観的合理性はない。②については，多目標のうち，その中の一部を優先目標とみる方法である。これは経営目的からみて，個々の目標が上位制約目標になっているか，また下位制約目標になっているかを見定め，優先制約目標を策定する方法で，ボーモル（W. J. Baumel）の動的モデルが代表的である。③については，多目標に優先順位をつけずすべて優先制約目標とする方法である。この場合，最大化原理は理論的にも実際面でも適用は不可能であり，必要最少化原理，または満足原理を適用することになる。

　とくに③に関連づけ，企業ないし経営の社会性（社会的責任）目標と利潤

性目標の統合化問題がある。この双方は一見背反関係のように受けとられるが、相互促進関係も成立する。例えば、社会的責任を実行することによって、Ⓐ 短期的には利潤は減少するが、Ⓑ 長期的には利潤は増大する。すなわち短期的には背反関係であるが長期的には相互促進関係にあると考えられる。しかしここで注意することは、社会的責任問題それ自身利潤最大化原理を単純に短期から長期へと転換するだけで解決できるものでもなければ、長期的利潤最大化原理を正当化したまま、社会的責任問題が結着するわけではない。経営者が社会的責任目標を達成する一方において利潤目標を達成しようとする、いわゆる多目標の統合化を計ろうとするならば、利潤目標のための下位制約目標として社会的責任目標を位置づけるとともに、上位制約目標である利潤目標も下位により制約された適正利潤あるいは満足利潤の目標にしなくてはならない。経営者の重要な職能の一つがこの統合化にあるのは、こうした目標間に制約条件をつけ、上位目標と下位目標に整理し調整することが、企業の目的達成に最も重要な課題であると考えられる。

　目標設定のプロセスにおいて影響をもってくるものとして、経営理念の問題がある。

　高宮晋教授によると、経営理念について、「現代経営の経営理念は経営の社会的使命の達成にある」[11]。また櫻井克彦教授は、高田馨教授の、「経営理念と経営目標を含むものと解する」[12]を根拠として、「経営理念は、企業行動のための価値前提をなし、企業の活動を方向づける」[13]と明示している。いずれの理論も企業と社会との関係に関して、企業もしくはその主体としての経営者が抱くところの「信念」や基本的見解と関連すると考えられ、経営哲学、経営信条等とほぼ同義に用いられている。具体的には社是、社訓といった形で表現され、企業あるいは経営者の達成すべき社会的使命を内容としていることが理解できよう。

第3節　経営理念に関する諸理論

(1) 経営理念の概念

　経営理念とは経営目的達成の「よりどころ」すなわち，企業の活動指針である。学術振興会経営問題委員会の見解は，「ここに経営理念とは，経営主体の目的達成のための活動指針である。それは目的活動のよりどころとなる考え方であり，精神とか思想ともいわれる。理念はとかく現実から遊離した規範的・観念的なものと理解されやすいが，それは現実活動のなかから理解され承認されたものである。ただ，どれほど現実的であっても，理念は本来活動指針であるから，現状そのものではない」。具体的内容については，経営者が企業組織体を経営するにあたり抱く信念，信条，理想であり経営観ともいうべきものである。この経営観には，経営目標に関する経営目標観，経営組織に関する経営組織観，経営経済に関する経営経済観，経営環境に関する経営環境観の4つがある。経営目標との関連については経営理念は経営目標設定の志向点ということから2種の規制がある。それは経営理念を実現するために，「そうすべし」という促進的規制と，「そうしてはならない」という抑圧的・禁制的規制である。こうした経営理念→経営目標への規制関係のほかに，同時に，経営目標→経営理念の制約関係も成立する場合がある。経営環境の変化により経営目標が達成されないことが明らかになるとき，経営理念そのものの改正を必要とする。さて経営理念に関する代表的研究は，社会学者サットン（Francis X. Sutton）らによる実態調査を分析・整理したもの1958年，トンプソン（S. Thompson）らによる『経営信条と経営哲学』（Management Creeds and Philosophies）1972年，エイコフとエメリー（Russell Lincoln Ackoff and F. E. Emery）による"*On purposeful systems*"がある。とりわけ，トンプソンは主著の中で経営理念＝経営信条の作成理由について次の点をあげている。

① 会社の目的 —— なんのために企業活動を行うかを正確に述べる。
② 会社の哲学 —— 会社の活動を指導する道徳的ならびに倫理的諸原則を述べる。
③ 会社の中の特定な雰囲気づくり —— 会社の内外に基本的倫理をPRする。
④ マネジャーたちの行動基準 (guide) —— 意思決定する人びとに全面的な行動基準を提供し，それによって彼らが独立的に行動できるとともに会社の基本的目標の原則のワク外にとどまるようにするため。

以上4点を要約すると，経営者は自分の経営信条を明確に表現し，それが内・外に倫理として十分PR効果を持ち，しかもそれがマネジャーをはじめとする従業員の行動基準となることであると理解できる。経営理念はこうした企業行動への影響すなわち，経営目標達成の指針となるものである。

(2) 経営理念論の推移

経営理念は経営目標・経営組織・経営経済を規制する一方，環境の変化によって制約され，時には変化せざるを得なくなる。経営理念の変化過程を明らかにするとき，① イデオロギー的経営倫理の変化——ペティット (Thomas A. Petit) が主張，②経営観の変化——サットンらが主張する2つの考え方がある。①については環境の変化によって経営理念が制約されたとする考え方で，ペティットは利潤イデオロギーを中心的テーマにすえ，それは歴史的事実の変化過程において論議されるものとしている。最初の段階は重商主義 (mercantilism) 倫理に対抗して革新的 (radical) 倫理観に移行した産業革命時代。ついで保守的 (conservative) 倫理観いわゆる企業時代，さらに現在では，反動的 (reactionary) 倫理観，すなわち，利潤倫理は客観的状況に照応せず，これに代って社会的責任倫理が定着した時代と3つの変遷過程を主張する。一方，②のサットンらの見解は，経営理念の変化を古典的見解 (classical view) と経営者的見解 (managerial view) とに区分する。こ

れは,「伝統的企業論」と「経営者的企業論」あるいは,「所有経営者的」と「専門経営者的」の区分と対照させて考えることができる。この双方の考え方を,体制観,企業観,経営者観,労働者観,消費者観,政府観という経営観の上で比較して現在は経営者経営観に立脚した現代的企業理念に移行していると主張する。伝統的経営観の主たるところは利潤性――目標を支持するところにあり,所有権者を中心とした経営理念である。これに対し経営者＝現代的経営観は利潤の収得主体たる「所有者」の利益のみならず,それを含めて,さらに利害関係者の利益をも含めた社会的責任倫理である。さて利潤倫理は古典的,現代的双方に存在を認めるものの,「現代的」な理念には利潤を単一として考えず,多元的な利害者集団への責任理念の一つにすぎないとしている。今後の経営理念の推移については,ジャコビー（Neil Jacoby）の指摘するように,社会変化適応の経営者理念が登場してくるという。それは,①人間の中心的役割,②意思決定への参加,③社会のサーバントとしての会社,④企業の成功に関する新しい尺度,⑤環境との調和,⑥会社の新しい正当化の必要,⑦大衆,諸制度,諸国家の相互依存,⑧ビジョンと希望,⑨個人への配慮の9つである。また,ベル（Daniel Bell）が主張するように,今後は「希少資源の最適配分の利益」「無駄排除の本質的技術」に関する理念が確立され,広い意味の社会的責任理念がさらに重要視される。また一方では経営者が利害者集団と調和を計ろうとする機能を発揮する過程で「組織体革命」ともいうべき新しい企業体制を作り,そこに多元的な新しい経営理念が登場する可能性があると述べている。最もそのためには,企業への政府の干渉を排し,各々の企業が自律性を確保することが前提になろう。

　さて経営理念には,どのような特質があるであろうか。具体的にはさまざまな要素を条件としていて,企業規模の大・小,産業部門の内容,経営者のおかれている階層・地位,社歴の長さ,競争市場の条件,政府権力の有無等

によって違いがあるにせよ，①経営者の年齢，②経営者の教育的背景，③経営者の過去の企業での成功程度が重大な影響をもつものと考えられる。

このような条件下で経営理念は多様化している。現代経営社会の経営理念を考察するとき，全体としてそこには2つの大きな類型を認めることができる。その一つは，企業についての伝統的な見方を基調とする経営理念＝古典的経営理念であり，他は新しい企業観に立脚する＝経営者的理念である。

古典的経営理念では，経営者は企業が営利追求の場である以上，利潤の最大化が社会的にみて最も正当かつ望ましいと考えていた。このことは次の4つの古典派理論の基本的仮説で裏づけられる。

① 自然法 —— 自然界を支配している物理的法則があるのと同様に，人間の社会的活動を支配している自然法がある。

② 普遍的競争 —— 自由な市場での個人間の競争こそ，経済界の自然法である。

③ 「経済人」 —— 人間は合理的であり，その動機は自らの経済的利益を増大することのみである。

④ 利害の調和 —— 自然法的な経済法則が，個人間の対立や個人と社会の間の矛盾を除き，社会の調和をつくり出す。

この理念はイールズが指摘しているように，企業の性格を株主の私物的なものとしてとらえている点，また，旧商法（株式会社法）を根拠として，企業の所有権あるいは，契約関係ということと深くかかわり合ってくるものである。

他方，経営者理念は社会的責任理念ともいうべきもので，経営者は株主への奉仕のみならず，従業員の福祉，人間関係の充実，消費者への新製品および安全な商品の提供，地域社会への寄与等があげられる。この経営者的経営理念は，ペティットによると次の5つの革命の進行によるものだと説明している。それは，①組織革命 —— いろいろな種類の組織の数を増大させ，ま

たその規模を拡大させるとともに、それらの権力をも増大させた。② 株式会社革命 —— これによって営利企業の規模は大きくなり、現代巨大企業が経済を支配するようになった。③ 経営者革命 —— 大企業を実際に管理していく専門の経営者層を出現させた。④ 所有権革命 —— 企業の所有と経営とを分離させ、企業の所有権を分散させた。⑤ 資本家革命 —— 資本主義の道徳的秩序に変化をもたらし、企業の公共的役割と政府の経済的役割をとみに増大させた。

以上のような経営者的経営理念は、企業の内部的問題にプラスして、企業が社会に対する影響を考慮し、しかも自律的企業組織が、社会の犠牲をともなって成長することであってはならず、むしろ社会の発展に寄与し、社会の価値基準に相応する企業行動をとるべきことを内容としている。

第4節 企業の社会性に関する諸見解

(1) 「企業の社会性」の概念

企業の社会性について論ずる方法には、(1)経営の社会的責任論、(2)経営目的、目標論および、(3)経営理念の3つの方法が考えられる。いずれの方法においても社会性の定義については異なっており、その当否を容易に断定しえない。ここでは上記3つの方法を説明すると共に社会性の概念を整理してみたい。

まず第1に経営の社会的責任論の立場で論じている山城章教授によると、経営社会責任には3つの側面があると指摘する。それは経営の社会性、公共性、公益性であって、このうち社会性とは企業のリーダーである経営者が経営のプロとして、経営を通じて社会に貢献することを指し、公共性とは、経営者は人間として公の秩序を維持しなくてはならないことを意味し、最後の公益性とは、企業の利害者集団に対する分配を公正に行うことであると述べている。また菊池敏夫教授によると、企業行動の社会性が問われている現段

階において，それは量の次元ではなく，質の次元において，それが社会に適応的か否か，社会的責任を達成しているか，という新しい企業行動の選択をめぐって展開されているように思われてならない，と述べているように，企業が社会に適応すること＝社会的責任の達成という形でとらえている。

第2の経営目的・目標論の立場での考え方は，高田馨教授がいわれている社会性であって狭義の社会性→非経済的ないし非金銭的な社会性，広義の社会性→経済的なものを含め上位概念を考え，さらに最上位の社会性→企業と社会をあげることができる。またアンゾフは企業目標の全体的な階層の説明の中で，この社会性にあたる部分として，非経済的目標と責任と制約として示している。その内容は雇用の保証，一般大衆からの企業イメージ，博愛主義等をあげている。この立場では非経済的ないし非金銭的なもの，すなわち，貨幣価値的尺度で測定できない公共的なものを意味している。

第3の経営理念として論ずる立場は，企業の社会性の問題は，企業の行動を選択し決定する経営者の問題として，経営者がどのような内容の社会性（的）理念を持っているかは，経済社会の歴史の過程，すなわち企業の性格変化，経営理念の変遷と深いかかわり合いのあることを意味している。ペティットによると経営理論は3つの段階を経過してきているという。それは，重商主義を批判し資本主義を弁護する利潤理念は産業革命期であり，これを革新的（Radical）と称し，また急速な工業化がみられた19世紀の企業時代には，既存の社会秩序に合致し企業実践と一致していた時代を保守的（Conservative）と称し，さらに古典経済理論の崩壊に伴って，全く新しい理念いわゆる社会的責任理念が登場する反動的（Reactionary）の3つのステップである。

(2) 「企業の社会性」についての現代的意義

経営管理の分野においては，経営管理理論の歴史的，理論的発展を，伝統的理論，人間関係論，近代理論というように便宜上区別する場合が少なくない。

企業の社会性については，理論の本質からみて区別は明確ではない。しかしこれまで述べてきたように，その内容や性格から，(1)古典的社会性と，(2)経営者的社会性（現代的社会性）に二分されるであろう。

(1)の古典的社会性の特質は，① 経済活動をもってのみ社会に貢献すること。② 貨幣単位を尺度（基準）として，社会性の貢献度としていること。③ 所有者＝要求者の満足のパターンであったことの3つをあげることができる。比較的小規模でしかも，経営管理機構が未分化な企業においてはこのような意味における社会性を見い出すことができる。しかし各方面で変化をとげた今日の企業においては，これとは異なる性質の社会性が求められている。高宮晋教授は，「経営は社会との関連において，自己の行動を規制してゆかねばならないという意味において，経営の社会性が問われるのである。経営が社会という環境の関連において，このような経営の社会性を意識する」[20]と述べているように，現代社会における企業は，社会といかに適応するかが問題である。とくに今日の大企業は社会の制度として理解することができるから，社会的責任論の登場もそのことを大企業が認識していないために無責任な行動を生み，それに対する批判という形で提起されたものであった。

現代社会の社会性は，このような企業の無責任な活動を許さない，社会の価値基準と企業の価値基準を適応させることが社会的に要請されてきている。この社会の価値基準とは何であるかは，規定しにくいが，菊池敏夫教授によると，「それが何であるかを簡単にいいつくすことはできないけれども，かりに企業の行動に関連づけて表現するとすれば，環境保全，安全性，さらに省資源といった言葉に要約することができるかもしれない。それはまた人間の価値と生活の質に対する新しい価値観の形成といえよう」[21]と述べている。またペティットは，「企業組織が永続するためには，社会との最低水準での調和と統一が必要である」[22]と述べているように，企業が社会性を強調することが企業存続の大前提にもなっている。

ここで現代企業における社会性の特質をあげると，第1に，企業の社会的責任を果たすこと，このことはとくに非経済的側面で強調されよう。たとえば地域社会に適応した企業の行動である。一般に社会的責任には，従業員，消費者，金融機関，債権者等との関係があげられるが，とくに地域社会との関係をここでは重視しなくてはならない。第2は企業は一定のシステムを持った組織体であるゆえに自己規制，制御できるはずである。にもかかわらず個々の企業が独自の経済的企業目標に経営力を傾けている。現代の社会性はこの点について企業は産業全体の構成員として，また社会をリードする組織体として存在するすべての組織と協調することである。とくに環境保全，省資源，国際化社会におけるわが国の立場を考慮した場合，この社会性が強調されねばならない。

第5節　社会責任の主体論

企業の社会的責任論については，さまざまな観点から論じられているが，ここでは経営学における社会的責任の理論を整理しながら，その系譜をあとづけることにしたい。

通常，社会的責任といった場合，いったい誰がその責任を負うのかということは，さほど問題にされず，その責任の対象に関心が集中しているように思われる。そのために，一つの理論のなかでも「企業」にその責任をおく場合もあるし，「経営者」に責任を課している場合もあり，社会的責任の主体は，かなりあいまいな形で認識されているようである。このようにあいまいな形で主体を認識することは，企業が，社会的責任を達成していく過程において，その責任の所在が明確でないばかりか，責任の対象と主体との関係も不明確なものとなりかねない。

現在，企業における社会的責任の主体としては3つの主体が考えられている。第1は，企業それ自体に責任があるとする考え方であり，これは企業が

巨大化し，しかも社会の一機関としての制度的役割を果たしているという認識に立つものである。これは企業それ自体が，株主の私有物でもなければ，労働提供者のものでもなければ，ましてや経営を委託された経営者のものでもなく，企業はさまざまな目的を持った個人，または集団が相互に結びついた有機的組織体であるという考えに立っている。したがって企業における社会的責任の主体は，個人や集団などの特定の単位をさすのではなく，組織に参加した人びとの「集合体」を示すのである。

　このような考え方について，アンゾフは次のような見解を述べている。「企業の責任は，企業が社会から履行をひきうける義務であり，それは企業の社会的責任をさしている[23]」。しかし，社会的責任の主体は，有機的に結びついている「組織」という抽象物であってよいのだろうか。責任の主体は権限を保有している具体的なものと考えるべきではなかろうか。このような問題をめぐって，第2の立場，すなわち，企業主体ではなく，社会的責任の主体は経営者であるとする考え方が生まれる。

　ドラッカーは，企業の行動領域を8つあげ，その中の1つに「公共責任」（社会的責任——Public Responsibility）をあげている。そこでは，社会的責任は企業の複数目標の一つの要素であり，また企業の複数目標達成のための社会的責任という論理から，社会的責任の主体は企業であるという結論が生まれるように見える。しかし，ドラッカーは，企業組織には意思決定を行い，集合体を目的に導く人間が必要であって，その人間こそ産業社会の経営者であるとして，この経営者が，産業社会においては，権力を保有し，その結果責任を負うことになるとしている。このように企業組織という集合体は権力者・意思決定者＝経営者に社会的責任を負わせ，それが責任の主体となると主張している。

　またペティットも経営者主体の立場に立っていると考えられる。彼はこの点について，経営者が企業組織の代表者であること，企業のさまざまな利害

関係者の調整者であること，ビジネスにおける政治的活動者であること，経営者の役割，期待に恥じない行動がとれることなどの諸点をあげている。[24]

またシェルドン (Oliver Sheldon) は，経営者は「産業全体の代表者」(the representative of industry as a whole),「産業の支配者」(holder of the reins of industry) として，産業に奉仕する人間は公共全般に対して責任を負うのであるとしている。[25] いずれにしても企業組織体は，有機的な結びつきをもった集合体であり，それは抽象物である。この抽象物のなかでは，「責任」にかかわる意思決定は，専門経営者，または，大株主を含めた複数の意思決定者によって，具体的に行われるものと考えるべきであろう。企業組織体のなかでは，意思決定の分業がなされ，しかも組織の構成単位をなすものは具体的な人間である。

このように意思決定の分業あるいは，意思決定能力の限界からみると，次に，第3の，従業員に責任の主体があるとする考え方も成り立つであろう。高田馨教授は，今日の経営機能からみて，経営者と従業員の共同体に責任の主体があると主張している。「従業員は経営者の社会的責任の客体（相手方）であると同時に，経営者が従業員以外の客体（相手方）に対して負う社会的責任の共同主体となるのである。」としている。[26] さて，この従業員主体論の前提となるものは，巨大企業の発展する過程で分権化や権限委譲がなされたことである。権限が委譲されることは，意思決定のレベルの委譲を意味し，しかも権限と責任とは同時に一体関係を持つものである。もちろん，すべての権限が下部に委譲されるわけではなく事柄によっては，権限は経営者に留保されるものもあるから，責任の主体を経営者と従業員との双方にあるとしている高田教授の理論は，より現実的であるといえよう。

以上のような理解に立つと，社会的責任の主体は，経営者＋従業員＋株主（経営参加的動機をもった株主のみ）の3つの共同主体であると考えられる。この考え方は，企業組織体から意思決定をまかされたすべての具体的人間を社

会的責任の主体とする考え方で，とくに「株主」を加える理由は，
① 経営参加的動機の株主は，企業の基本組織および行動に対して，権限－義務（責任）を持っていること。
② 経営参加的株主は，限定的ではあるが企業の意思決定に参加していること。

以上の2点である。このように社会的責任の主体については，権限に対応した責任として把握することが，より妥当な論理ではないかと考えられる。

第6節　ペティットの適応的有機体論とシェルドン理論

ペティットの考え方は，主著である "The Moral Crisis in Management" 1967年（土屋守章訳『企業モラルの危機』ダイヤモンド社，1969年）によって理解することができる。ペティットによれば，企業の基本的性格を左右する企業倫理は，3つの歴史的段階を経過しているという。すなわち，改革的（radical）→保守的（conservative）→反動的（reactionary）段階で，利潤倫理は産業革命時代（家内工業から動力機械を使った大規模生産に移行する時代）において，「国家の利益」に基礎をおいた「個人の利益」は国家の損失の尺度となりうるし，その逆もまた真であるという思想に合致せず，「改革的」とみられたが，企業時代（南北戦争から今世紀にわたる好況時代）に入ると，「経済競争の勝者は大きな利潤を獲得し，さらに富を蓄積するが，敗者はその残りを分配する」「りっぱな人間というのは利潤を最も熱心に追求する人である」という思想と合致して「保守的」となった。しかし1930年以降は，依然として利潤倫理を主張しつづけることは，客観的情況に照応せず，「反動的」とみなされるようになった。それと同時に新倫理として，社会的責任倫理が強調されはじめてきたのである。これが強調されはじめた理由としてペティットは5つの革命的事実をあげている。

それは，(1)組織革命——いろいろな種類の組織の数を増大させ，またそ

の規模を拡大させるとともに,それらの持つ権力も増大させたこと。(2) 株式会社革命——営利企業の規模が大きくなり,現代的な巨大な企業が経済を支配するようになったこと。(3) 経営者革命——大企業を実際に管理していく専門の経営者層を出現させたこと。(4) 所有権革命——企業の所有と経営を分離させ,企業の所有権を分散させたこと。(5) 資本家革命——資本主義の道徳的秩序に変化をもたらし,企業の公共的役割と政府の経済的役割を,とみに増大させたこと。このような歴史的事実によって,元来,私企業につきまとっていた利潤極大化原則という営利主義は,伝統的企業倫理として後退し,あらたな多元性のある社会的責任倫理を確立させたのである。その内容は,複雑な巨大企業を構成している内部的要因,外部的要因を企業主体に総合することであり,総合を基本的機能としている人が経営者にほかならないとする。いいかえれば,経営者の社会的責任とは,企業組織体を構成している資本家,従業員,顧客,労働組合,そして消費者＝一般市民＝社会全体の構成メンバーと企業が均衡を保つように行動することであり,組織体を「適応的有機体」にする責任を意味しているといえる。ペティットはその具体的な方法までは論じていないが,少なくとも「公衆」に対しては,とりわけ「調和」を持って順応すべきことを提示している。

　アメリカのレイス（A. W. Rathe）は1965年,シェルドンの主著 "*The Philosophy of Management*"（1924年）のリプリント版序文で,シェルドンを次のように評価している。「シェルドンは,環境が個々の企業や産業全体におよぼす影響を論じている。環境の作用は,経営者の関心事としてますます重要性をもつにいたっているが,シェルドンは環境の作用について考察した最初のひとりである。」この言葉によって,シェルドンを「環境論の父」と称するならば,ほぼ同時代に,ファイヨール（H. Fayol）が,1908年サンテ・チェンヌ鉱山学会の50年祭で発表し,公刊した,"*L'Administration industrielle et Générale*"（1958年『産業並びに一般の管理』都筑栄訳,風間書房,および1972年

佐々木恒男訳,未来社)によって「管理論の父」と称されていたことは,意義深いことである。それはシェルドンのいう"経営の哲学"とは,経営管理の原則,あるいは経営原理を究明するための経営理念であり,経営者の職能を分析するための思考的根拠を経営哲学として論じているように,その内容や考え方は管理原則論の立場にたっているからである。ただし,シェルドンの場合は,経営者の職能を「経営と環境」のなかで明示し,この関係こそが「経営者の社会的責任」にほかならないとしている点が注目される。

さて経営者の責任の内容は,「経営者の責任は彼が指揮する産業が物的要因からのみならず人間要因(human element)からも成り立っているという事実のなかにある。」と人間への責任を意味している。[27] ここで人間責任とは,① 内部的人間責任＝従業員, ② 外部的人間責任＝公共全般, との2つを意味し,どちらかといえば主として,①の従業員に対しての責任を重視している。しかし,②公共全般に対する責任について彼は,経営者の社会での立場を明確にしたうえで,社会的倫理に基づいて社会的責任を論じている。すなわち,経営者は社会において,産業を代表し,指揮・統制職能を有している産業の支配者であると規定する。そして産業の支配者は,「公共の福祉」「公共の利益」を企業倫理として,少なくとも次の3つの具体的目標を自覚し追求しなければならないとしている。[28]

(a) 産業は公共に有益な質と量の財貨・用役を創造しなければならない。
(b) 富の生産過程において,産業は公共の全般的福祉にできるだけ注意を払うべきであり,それに有害な方策をとってはならない。
(c) 産業は生産された富を公共の最高目的にもっとよく仕えるように分配すべきである。

この3つの事柄は,経営者に経済的機能を十分に発揮させることを促すと同時に,生産過程では「公共の福祉・利益」に合致した方法をとり,さらに生産の結果生まれる富については,適正な方法で分配しなくてはならないと

している。したがって公共責任は，経営者の指揮・統制を「公共」の利益に基づいて行なうことにより果たしうると考えられている。

また，①従業員に対する責任については，「産業における労働者は，財貨生産のための一手段であるだけでなく，同時にまた社会進歩の担い手である」として，従業員の二面性ともいうべき立場をあげている。[29]すなわち従業員は，企業組織を構成している企業構成員＝組織人（産業人）であるとともに，社会を構成している公共成員＝社会人であるという２つの側面を持っていることである。このような側面を持っている従業員は，おのずから「独立主体」として，自分自身，信念を持ち行動をする。たまたま「公共の改善のために産業に貸与」されたものであるから，産業の支配者・統制者である経営者は，従業員に対し責任を果たさなければいけないという。シェルドンは具体的な方策として，「経営者は従業員を尊敬しなければならず，しかも尊敬は形式だけのものであっては，不十分であり，真の友情にもとづくものでなくてはならない。[30]」そして常に，

　㋑　能力の最大活用 ―― 能力の発見，適正な昇進
　㋺　雇用の安定 ―― 公共の利益を生むための安定感をもたせる
　㋩　参加 ―― 経営の意思決定に参加させる
　㋥　生活水準の余暇 ―― 分配を公正に行い文明の基礎を保たせること

などを提案していることは，現代的課題に十分応えたものとして注目される。

第7節　社会的責任のモデルとデイビスの理論

イールズは主著 "The Meaning of Modern Business"（1960年）において，経営者の社会的責任を論じている。イールズの社会的責任に関する考え方の特質は，企業観の特質を３大類型，３大モデルにより整理することによって，企業における社会的責任の理論的推移をみいだし，その本質を明らかにしようとしたものといえる。したがってそれは解釈によっては，社会的責任論の

系譜とも受けとることができる。そして管理を論ずる学者ならば，クーンツにあたいするように思われる。すなわちクーンツは経営管理論を学派ごとに分類し，その学派の特徴を述べるとともに，その学派に属すると思われている学者名をあげ，みずから所属する学派については，内容を修正しながらも伝統的な管理過程学派であることを暗示させているからである。イールズの場合も，分類した結果について，伝統的会社モデルを力説しながらも，未来の中道会社モデルによって，その将来の方向を提示したものと考えることができる。

ここでは3大類型を私なりに表にしてみた。表3－1に示したとおり，企業の性格によって社会的責任の性格が制約されているということである。伝

表3－1　イールズの3類型

		(A) 伝統的会社モデル (The traditional corporation)	(B) 母性的会社モデル (The metro corporation)	(C) 中道会社モデル (The well-tempered corporation)
(1)	企業の性格	株主の私有物	小社会のような社会の機関	(A)(B)モデルの中間
(2)	社会的責任の客体	株主のみ	利害者集団	利害者集団（リストは正確にはできない）
(3)	人間モデル	経済人モデル	全人モデル	全人モデル
(4)	企業目標	狭小性	広大性・包括性	多数性
		利潤の極大化	倫理にあった社会目標	利潤目標と社会的目標の双方
(5)	企業の将来	非現実性→消滅	私企業の自律性を失う	環境との調和→存続・成長
(6)	社会的責任の定義	利益を生むための社会的責任	多数の利害者集団への責任（奉仕的）	貢献－要求者への責任

統的会社モデルでは，企業はあくまで私有財産権者である株主の私有物であるという企業の性格から，その責任についても，「会社の株主の所有権の利益に奉仕すること」と規定している。イールズは伝統的会社での責任を，第1次的と第2次的に分け，第1次的責任は株主に奉仕すること。第2次的責任として債権者，従業員，顧客，その他に責任を負うことをあげているが，重要なものは企業へ投資する人びとに対する第1次責任で，第2次責任は第1次責任に従属するものとしている。しかも株主に対する責任は投資に対する利益の還元という，利益の極大化原則を貫くことにより，責任が達成されるとしている。したがって伝統的会社モデルでの社会的責任は，「利潤のための社会的責任」で，社会的責任の検証は利潤の増加が尺度となり，利潤の増加は社会の豊かさに貢献したからであるという結論に達する。イールズによれば，「事業家に課せられるどのような社会的責任も，合法的手段によって企業を経営して利潤をあげれば，おのずから果たしたことになる。なぜならば，利潤は企業の社会的有用性を示す適切な指標であるから。」[31] そしてイールズ自身もこの伝統的会社モデルを妥当性があると思っているようである。その根拠は，近代的な社会的責任論といわれている第2次責任に重点をおいた考え方であっても，利益をあげなければ従業員，その他の個人，集団には責任が果たせないからである。

　次に母性的会社モデルによる企業の性格は，会社が一つの会社市民（Corporate Citizen）の地位で社会の一機関的役割を持っているということである。したがって経営者の社会的責任は，会社市民の代表者としての責任を意味し，社会の機能に貢献する人びとすべてに対して責任を負うことを意味している。母性的会社モデルは，伝統的会社モデルとは全く反対の極にある考え方で，会社への貢献者・要求者すべてに対する責任，いわゆる利害者集団に対する責任の範囲を規定している。しかし多数の利害者集団は，それぞれが目標を持ち，ときには競合しあう場合があり，このような場合に，イールズは専門

経営者の必要性を説く。それは「専門経営者は，組織の目標と利害者集団の目標が競合するときその調整者であり，目標が不均衡にならないようにするための均衡設定者であるべきだ」としている。以上のように母性的会社モデルでは，多種多様の利害者集団への責任が，企業組織と利害者集団との均衡を保つことによって達成されるとしている。

　この点において，伝統的会社モデルで主張した「企業は株主に第1次責任を負う」ということは否定されることになる。しかしこのモデルは，大規模企業を想定し，多数の利害者集団が存在することを前提にしたものといえよう。次に中道会社モデルでの企業の性格は，伝統的会社モデルと母性的会社モデルの中間に設定されていると思われる。すなわち，ここでは「中間」と「調和」のあるモデルとし，伝統的，母性的会社モデルはいずれも不調和で欠点をもっているため，現代社会，あるいは未来社会には不適格であると判断されているからである。さて，ここでいう「調和」とは企業組織体と変化する内・外の環境との均衡を意味している。中道会社モデルの特徴ともいうべきものは，社会的責任の範囲を規定していないことである。伝統的会社モデルが第1次的に株主をあげ，母性的会社モデルが利害者集団をあげたのに対し，このモデルは「リストアップできない」とし，「環境」という，いわば抽象的概念をあげるにとどめ，なにゆえにこの環境と調和を保たねばならないかを説いている。この責任の範囲に関するもう一つの特徴は，伝統的会社モデルが主に責任を負うべきであるとし，母性的会社モデルが利害者集団に責任を負うべきだとしているのに対し，このモデルでは，不特定の環境と調和がなければ，組織体は存続・発展しえないとし，そのためには環境を生態学的に研究し，常に調和しうる能力を企業組織体はもたねばならないとしていることである。さらにイールズは，「調和する能力」をもって，企業が存続・発展することは企業が社会に対してもっている義務であり責任であるともいう。したがって中道会社モデルでの社会的責任とは，かなり広い意味

のものと解さなくてはならない。

　デイビス (K. Davis) の理論は,「私有権の尊重」→「所有権の重視」→「経営権の重視」→「労働者義務の強調」→「労働者の利潤参加権の確立」という考え方を基盤に展開されていることが特徴的である。そしてこのような変化の上に成り立っている社会的責任問題を「規範」的見解よりも,権力－責任の形で実質的行動をふまえて論じているため,さしずめ,社会的責任論者のなかでは,管理論でいう,意思決定学派あるいは行動科学派の立場に立つといえよう。その内容は "Business and its Environment" 1966年（ブロムストローム：Robert L. Blomstrom との共著）に示されている。

　まず, 彼らのいう社会的責任とは,「社会的責任とは自分の意思決定と行動が社会体制におよぼす影響を考慮する義務である」,「社会的責任の本質は,その行為の結果が他人の利益にどのように影響するかを配慮することから生ずる,[32] ここでいう「自分の意思決定と行動」とは,経営者が能動的に働きかけることを意味し,「社会体制全体」「他人の利益」への影響とは,公共利益への影響を意味するもので,経営者は意思決定の過程や行動において,企業の内・外の環境への影響を配慮すること,すなわち,公共全体の利益＝社会的責任を果たさなければならないことを説いている。ここで配慮ないし考慮ということは,理論全体からすると,すでに経営者が自覚していなければならないと解釈すべきであろう。この点について,社会的責任問題は,経営者が意思決定を行う際に,まったくあらたな要素を選択案の中におりこんで決定するという,決定プロセス上の問題ではなく,その前の段階である大命題ともいうべき,すでに内在化,自覚化されているべき社会的価値（公共的価値）の問題であることを示しているといえよう。

　さて,デイビスの社会的責任論は,権力－責任の法則であるといわれている。この場合の法則とは原則論的な立場ではなく,経営者が自覚すべき理論的根拠ともいうべきもので,その法則は次の2つの柱から成り立っているも

のと思われる。
 (1) 経営者（専門経営者）＝社会的権力
 (2) 責任回避→権力喪失
 (1)については，次のように説明できる。

> 社会的責任＝社会的権力
>   ↳（根拠①②）
> 経　営　者＝社会的権力者

　社会的責任は社会的権力を伴うもので，この場合の社会的権力者とは，巨大な経済資源の支配者＝専門経営者を意味し，専門経営者の出現は，所有と経営の分離現象からきている。この根拠（①②）については，①歴史的教訓として，人間は理性と倫理を思考する（前提）＝正義（理性）→責任（倫理）という歴史的事実を認識することができる。②企業における職務の実態－Ⓐ伝統的理論…各従業員は権限の範囲内で責任を課せられていること。Ⓑ近代的理論…自分が企業に参加するということは，すでに権限を組織体より委譲されていることを自覚せねばならず，自分が参加目的を達成するためには，この権限を行使することで，自己にあたえられた権限と表裏一体関係にある責任を果たしたとき，完全に目的が達成されたことになると考えられる。

　(2)の責任回避→権力喪失とは，(1)であげた「権力は責任を伴う」「経営は，社会的権力者である」という命題の逆説で，責任を回避することは権力を失うことで，経営者であるからには，権力を喪失してはならず，したがって責任は回避することができないものであるとしている。この場合「責任を回避すべきでない」という規範的事項ではなく，回避すべきではないという意味で，強い法則（鉄則）として論じていることは，注目にあたいする。

　最後に(1)(2)を総括する意味で，責任と権力を均衡させることをあげている

が，これはバーナード＝サイモンの均衡論理と関連している。

```
誘因≧貢献──存続・発展
責任≧権力──存続・発展
     └→均衡→順応（①②の方法）
```

経営者がその地位を保持していくためには，まずその権力を保持しなくてはならず，そのためには，責任を負うという自覚が必要であるとし，権力を保持すること，すなわち責任と均衡を保つには，① 立憲主義－権力行使を制限することにより，責任との均衡を保つ。② 価値体系の均衡化－人間尊重の優先の2つの方法によって，権力に見合う責任を，「順応」する形で認識することであると，デイビスは説明する。これらの権力責任のアナロジー関係は企業内部にはすでにあることは周知のことであるが，デイビスは外部にもこの理論を適用している。

ここでは，社会的責任論ならびに環境論に関する代表的な理論でフォローしてきたが，レビット（Theodore Levitt）のような反対論もあることを認識しなければならない。しかし今日，企業の社会的責任が強く叫ばれている折りから，これらの学説にさかのぼり，社会的責任の主体を明らかにするとともに，責任と対象との関係および責任の内容と根拠を明確化することが急務であると考えられる。社会的責任問題は，このような検討なしに安易に論議されている傾向があるように思われる。

第8節　社会的責任論研究の系譜

「経営倫理論は社会的責任論の不可欠の構成要素となり，価値前提論・道徳基準論によって社会的責任論全体を再構成する」（高田馨，p. 27）[33]と主張しているように，企業倫理論は企業の社会的責任論に内在するもの，あるいは，その一部であり，また，企業倫理論は社会的責任論を再構成し，企業倫理論

は社会的責任論を規制すると理解することができる。ここでは,「社会的責任論の研究系譜」について体系的に論じている森本三男教授の見解を紹介し検討してみたい。

図3－5で示すように,森本教授はCSR（corporate social responsibility）を履行する3局面の形をとっており,第1局面は,CSRの意義,項目,達成水準などを論究する規範論志向（normative theory oriented）の強い理論研究であり,第2局面は,CSRの実践に関する研究であり,企業のCSR達成度や企業の社会監査のような測定・評価の技法の開発という技術的志向の強い研究であるとしている。さらに,第3局面として,コンティンジェンシー理論などの研究が背景となり,企業経済業績と社会業績との関係を解明する論理実証主義にたつ理論志向（theory oriented）的研究段階であるとしている。[34]

企業の社会的責任など社会科学に属する研究の多くは,一般的に社会現象・動向および社会からの要請に応えるべく登場してきた研究,すなわち,時代的背景と深い関係があること,そして企業に関する研究は,企業体制との関連も見落すことはできない。

社会的責任論は,理論・規範論的研究,実践・技術論的研究,論理実証論的研究とする見解に対して,社会的責任論,とくにわが国におけるCSRの

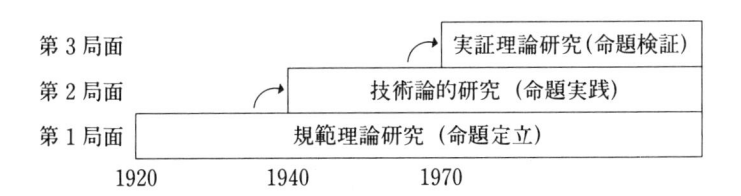

図3－5　企業社会責任の研究系譜

第3局面			実証理論研究（命題検証）
第2局面		技術論的研究（命題実践）	
第1局面	規範理論研究（命題定立）		
	1920	1940	1970

研究は、環境問題と深い関係があり、ここでは、実体を重視することにより2つに区分してみたい。

その1つを「前期社会的責任論」と呼ぶならば、それは、1970年代の一連の公害発生とその社会問題化に基点をおく社会責任論ということがいえよう。企業行動によって引き起こされた人体への影響、環境破壊（汚染）などには目にあまるものがあり、公害関連法が制定されたのもこの時期からである。

しかしながら、公害を7つの典型に区分した関係法律により、企業活動とりわけ製造・生産工程などを厳しく監視する一方で、企業内部の方針ー組織ー統制といった管理体制を革新することこそが重要であると指摘する見解が報告されはじめたのもこの時期である。菊池敏夫教授は「企業における環境制御責任」（日本経営学会編『経営学の発展課題と隣接諸科学』（経営学論集第41集）ダイヤモンド社）で企業内部に自己規制できうるシステムの構築を提唱し、外部取締役の導入、監査制度の改正などを早くから主張している。

一方ここで「後期社会的責任論」と称する範囲は、1980年代以降今日に至るまでであり、その中心課題の1つが「地球環境問題」であり、「企業倫理問題」であると考える。が、前期・後期の環境問題、あるいは社会的責任論に共通することは、①企業の指導原理と社会一般の規範とが乖離しており価値の共有がなされていないこと。これは、社会一般が是としている「公正」「公平」な秩序の維持、個人尊重・環境保護（保全）の考え方などと、能率・有効性という経済性絶対主義との考え方の間に統合の原理が働かなかったことを意味する。②企業行動における倫理性の評価の問題である。すでに前の諸章で述べてきたように、企業行動を評価する場合、企業は経済的組織体であるとの観点から財務中心の評価がなされてきた。そこでは売上高や利益額（率）がすべてであり、公正な競争原理や従業員への配慮などは十分に考慮されておらず、残念ながら、環境への影響や保護の視点は企業評価の項目からは排除されてきた。

注)
1) Simon, Harbert Alexander, *Administrative Behavior*, New York Macmillan 1950.（松田武彦・高柳暁・二村敏子共訳『経営行動』ダイヤモンド社，1966年，p. 79.）
2) Drucker, P. F., *The New Society*, New York Harper & Row, 1950. p. 52. p. 87. p. 127.（現代経営研究会訳『新しい社会と新しい経営』ダイヤモンド社，1957年.）
3) Barnard, Chester I., *The Functions of The Executive*, Harvard University Press, 1938.（山本安次郎・田杉競・飯野春樹訳『新訳経営者の役割』ダイヤモンド社，1968年，p. 241）
4) Ansoff, H. Igor, *Corporate Strategry*, McGraw-Hill, 1965.（広田寿亮訳『企業戦略論』産業能率大学出版部，1969年，p. 49.）
5) 山城　章『経営学原理』白桃書房，1973年，p. 194.
6) 櫻井克彦『現代企業の社会的責任』千倉書房，1976年，pp. 111～114.
7) McGuire, Joseph William, *Theories of Business Behavior*, Prentice-Hall Inc., 1964, p. 30.
8) ディーン（Joel Dean）は，企業が長期利潤最大化の見地から短期利益の追求に制約を課している。Dean, J., *Managerial Economics*, Prentice-Hall, 1951.（田村市郎監訳『経営者のための経済学（第1分冊～第4分冊）』関書院，1958～1959年）
9) ボーモル（William J. Baumol）が代表的と考える *Business Behavior, Value and Growth*, New York, Macmillan, 1959.（伊達邦春・小野俊夫訳『企業行動と企業成長』ダイヤモンド社，1962年）
10) アンゾフが代表的で，菊池敏夫他『企業と環境の考え方』産業能率大学出版部，pp. 120～123参照.
11) 高宮晋「経営の社会性」『現代経営学の課題』（中村常次郎先生還暦記念論文集）有斐閣，1974年，p. 3.
12) 高田馨『経営の目的と責任』日本生産性本部，1970年，p. 27.
13) 櫻井克彦，前掲書　p. 96.
14) Petit, A. Thomas, *The Moral Crisis in Management*, McGraw-Hill Book Company, lnc., New York 1967.（土屋守章訳『企業モラルの危機』ダイヤモンド社，1969年，p. 6.）
15) ペティット，前掲書　p. 3.
16) 山城章，前掲書　p. 36.
17) 菊池敏夫『現代企業論』新評論，1975年，p. 105.
18) 高田馨『経営者の社会的責任』千倉書房，1974年，p. 1.
19) アンゾフ，前掲書　pp. 23～52.
20) 高宮晋，前掲論文　p. 7.
21) 菊池敏夫『現代経営学』税務経理協会，1975年，p. 93.
22) ペティット，前掲書　p. 221.

23) アンゾフ,前掲書　pp. 44～45.
24) ペティット,前掲書　p. 102.
25) Sheldon, Oliver, *The Philosophy of Management*, London, Sir Isaac Pitman and Sons Ltd., 1924, p. 73. (田代義範訳『経営管理の哲学』未来社, 1974年)
26) 高田馨,前掲書　p. 197.
27) シェルドン,前掲書　p. 73.
28) シェルドン,前掲書　p. 77.
29) シェルドン,前掲書　p. 81.
30) シェルドン,前掲書　p. 85.
31) Eells, Richard, *The Meaning of Modern Business*, New York, Columbia University Press, 1960, p. 193. (現代制度研究会訳『ビジネスの未来像』雄松堂書店, 1975年)
32) Davis, Keith and Blomstrom, Robert L. *Business and its Environment*, New York, McGraw-Hill, 1971, pp. 167～168.
33) 高田馨『経営の倫理と責任』千倉書房, 1989年.
34) 森本三男『企業社会責任の経営学的研究』白桃書房, 1995年, p. 6.

第4章　企業の倫理的行動とその評価

第1節　企業の倫理的問題の背景とその意義

　企業行動の当面している問題の中には，リストラクチャリングを取り込んだ戦略策定，事業創造のネットワークづくり，労働力不足に伴う外国人労働者受入れ問題への取組み，高度に発達したグローバリゼーション下での対応策，そして企業と政治・行政との癒着によって生じた企業倫理に関連する問題への取組み方などがある。

　1950年代後半から70年代にかけての日本は，公害列島と呼ばれたごとく公害が多発し，企業の環境問題に関連して，企業と社会との調和など社会的責任が議論された。

　1970年代後半にはロッキード事件が発覚し，企業と政治との関係が議論の対象となり，また1987，88年にはココム禁輸違反事件，有害食品の輸入問題などが表面化した。さらに，1988年から89年にかけてリクルート事件が社会的な問題となっている。

　この約30年間を振り返ると，それぞれの事件の発生に伴い関係法規が制定され，それなりの成果を収めているとはいえ，7～8年おきに類似の事件が発生し，企業が社会批判の対象となってきている。このような事件が起きるのは企業の発展過程の上で必然的なものなのか。たとえば1960年から1970年代にかけてのわが国は，新工業化あるいは高度の技術革新を迫られていた時期であり，1980年代は日米の経済摩擦，あるいは国際化の進展にすばやく適応しなくてはならない時期と相応している。また1990年代の事件に対しては世界経済との調和，黒字減らし策，高度情報化への対応策など企業行動が解決を迫られていた課題が浮き彫りにされる。

これらの企業を発生源とする事件は当時の時代的要請に対応し，不可避的に発生したという主張もあろう。またこれらの事件は氷山の一角という見解もある。

　企業は経済的組織体である以上，利潤あるいは経済的合理性の追求は当然目標の一つである。しかしそれはすべてではなく，企業は社会の制度として社会性，公共性，公益性を同時に考慮していかなくてはならない。したがって，企業評価はこうした2つの（経済的側面，企業と社会との関わりの側面）行動原理に基づいてなされるべきであると考える。しかしながら，企業・経営を評価するさまざまな評価主体は，必ずしもこの2つの側面を総合化あるいは，同次元で取り扱ってはいないように思われる。エクセレント・カンパニーの評価を受けているものも，じつは財務指標のみによるものであったり，グローバル化での戦略性だけであり国際的な倫理観などは考慮されていない場合が多い。本章では，このような問題意識にたって，企業評価の問題を論じてみたい。

第2節　企業倫理の意義とその重要性

　企業倫理，政治倫理，医療倫理など，現在さまざまに使われている「倫理」あるいは「倫理学」の語源は，以下のように解釈することができる。

　　「倫」＝たぐい，同類，ともがら，仲間
　　「理」＝物事の筋道，法則，ことわり，道理，わきまえ
　　「倫理」＝人として守るべきみち，世の中で生きる上で人がわきまえる
　　　　　　　べき道理，道徳，モラル

　また，倫理（ethics）と同意語として道徳（morality）の概念がある。道徳とは一般に「ある社会で，人々がそれによって善悪・正邪を判断し，正しく行為する為の規範の総体，法律と違い外的強制力としてでなく，個々の人の内面的原理として働くものをいい，宗教と異なって超越者としての関係では

なく人間関係を規定するもの」と規定されており，倫理とほぼ同じ概念として解釈できる。倫理＝ethics はギリシャ語に語源をもち，慣習，習慣，社会精神，さらにそれによって作られる個々人の性格・性向を表わし，これは，外部から与えられるものではなく，人間社会の内部から互いの約束事として生まれてくるものであると理解できる。したがって，倫理の概念は，「社会により提供される文化に組み込まれたルールと価値のシステム」であり，慣習や生活様式，イデオロギーといった行動文化であるゆえ，それは人間の社会生活に対して，拘束力をもち，いかに行動すべきかという人間社会の行動ルールであると理解することができる。[1]

現在，一般の倫理学だけでは，特定の組織体の倫理，すなわち，企業倫理・経営倫理などの個別の問題をとりあつかうには不十分になってきた。それは，一般の社会に比べ特殊な目的をもち，特殊な行動原理をもっていること，企業行動が原因となっているさまざまな問題が発生し，その影響が社会問題化してきていることなどによる。このようにして，企業行動に関わる問題，あるいは企業経営に対応できる倫理学，すなわち企業倫理の必要性が提唱されてきたと考えられる。

企業は経済的目的をもった組織体であり，社会の制度の一つである。経済的組織体は，それぞれのルールに従って，競争しつつ製品とサービスの提供を行う。そこでの倫理的問題としては，不公正な取引，独占，公害，欠陥商品，贈収賄などがあげられる。しかしながら，組織体として異なっていることや，責任の所在などあいまいなものもあり，個人の価値体系と組織の価値体系が必ずしも一致しない場合もある。組織の構成員として行動する時，個人の行動は制約され，組織に従属することを余儀なくされる。それは，個人の倫理体系が消滅し，あるいは一時的に抑えられ，企業の倫理に従うことになる。企業戦士といった，企業のみにつくす場合，個人の倫理は全く存在しなくなると考えられる。また企業が最大利潤獲得などの経済的優位性のみを

追求する時，社会一般の倫理体系から逸脱することになる。このような点から，個人-企業-社会の3層構造を一つの倫理体系で結ぶという議論がでてくる。そのような議論の背景には企業規模の拡大や企業行動が社会に与える，また個人に与える影響が大きくなってきたという事情がある。この3層構造を一つの倫理体系で結ぶということは，グッド・コーポレート・シチズンシップの考え方が適応すると思われる。個人が企業に抑制され，個人の倫理観が通用しない時，個人は社会の倫理体系に従って行動する必要があり，企業の価値体系に依拠した行動に対しては，批判とその是正を求める勇気が必要となる。

第3節　企業倫理の系譜と課題

(1) 企業倫理の変遷

　一般でいう倫理あるいは倫理学といった場合その研究や学問体系は，かなり古くから存在している。しかしながら，特定の領域の倫理に関しては，一般市民の要請の度合いや時代的必然性のなかで，その発展過程には差異がある。たとえば，脳死をめぐる医療倫理，政治腐敗あるいは政治家の汚職から登場した政治倫理などは，まだ10年たらずであろう。

　企業倫理とりわけアメリカのビジネス・エシックスについては，さまざまな見解とその主張があるが，ここではディジョージの見解を参考にその変遷をみていく。

　第1段階　1960年以前で倫理学をビジネスに応用しはじめた時代——企業倫理として確立しておらず，神学，宗教的視点から企業倫理が説かれ，物質よりも道徳的価値の重要性や労働者に対する公正な賃金を主張することなどを主な内容としている。

　第2段階　1960年代で企業行動の是非が社会問題化した時代——ベトナム戦争の影響もあり，学生運動の反乱など権威に対する反抗が顕著にみられた

時でもある。また，公害発生に伴い反公害運動，消費者運動，エコロジー運動などが活発化し，企業の社会的責任が大いに議論された時期でもある。ここでは，各種法律が前面にたち，合法的行為がまず前提になり，これをもって道徳的と考えた時代である。

　第3段階　1970年代で新しい学問として，企業倫理が出現した時代——ウォーターゲート事件，DCスキャンダル，ロッキード事件などを契機として，一般市民が企業行動に強い関心を示した時期でもある。この時代は，企業規模も巨大化し，また企業を取り巻く利害者集団も多様化し，企業と人間との相互関係が議論の対象となり，人間尊重の気風が高まった時期でもある。そして，社会における企業の役割に関する理論的研究が体系的に行われた時代でもある。

　第4段階　1980年代前半で企業倫理が確立しはじめた時代——大学も企業などもこの問題を制度化し，研究・実施し始めた時期である。企業内訓練にも企業倫理コースを設置したり，経営関係学会でもこの種の部会が多く行われている。

　第5段階　1980年代後半から今日に至る時代——企業倫理の体系化を試み，倫理基準を具体的に検討し，あるいは実践に踏み切る時代である。独禁法違反や諸種の経済的犯罪の他に，法律の欠陥を意識的につく行為が多発し，また企業活動における個人の道徳性を強く要求する時期でもある。

　さて，今日わが国において，企業倫理が問題視され重要になってきた理由は3つあると思われる。その一つは，反倫理的・反社会的行為および事件が多発し，これに伴い企業を取り巻く利害者集団の権利意識が急速に高まってきたこと。第2として，わが国は今日まで，経済成長絶対主義や効率至上主義といった，いわば経済合理性を指導原理として，企業経営を行ってきた。その結果，自由経済社会第2位のGDPを誇り，世界最大の債権国になった。その反動として，公正さや精神的豊かさの追求がにわかに高まってきた。こ

のことは，社会・経済の制度や機構にゆがみが生じてきていると考えられる。第3には，さらに進むグローバル化のなかにあって，今後企業が取るべき姿，すなわち将来のグランドデザインが求められてきていることである。競争原理の担い手を技術革新や利益絶対主義から国際協調，社会と企業の信頼関係の構築など，いわゆる，新しい社会・経済の制度や仕組みを築くためである。

以上3点から考察できることは，今や企業行動の指導原理を見直す時期がきているということである。企業は社会の一機関であり，制度でもある。企業は社会に存在する各種の組織との調和と，組織の担い手としての人間との良好な関係の上にはじめて存続・成長するものと考える。したがって，企業成長のファクターは，一方には，経済的要因があり，他方にそれと同時に発生する補完的要因，あるいは非経済的な倫理的要因の存在も認識する必要がある。ある意味では，経営行動の前提になる経営戦略策定に際し，倫理的側面をいかに考慮するかが成長の一つの鍵になると考えることができよう。[2]

(2) 反倫理的行動の実態

このような企業倫理の変遷に対応して，わが国企業の反倫理的行動を資料でみると次のようである。

まず，表4-1は，公害の種類別苦情件数の推移である。昭和61年度に地方公共団体が受け付けた公害に関する苦情件数は，65,467件で，前年度に比べ917件（対前年度比1.4％）増加した。種類別に見てみると，典型7公害に関する苦情件数が50,129件とほぼ横ばいであるのに対し，典型7公害以外の苦情件数が前年比16.8％とアップ，その内容をみると1位「空き地の管理に関する苦情」5,295件（44.6％アップ），2位「廃棄物に関する苦情」3,914件（3.0％アップ），3位「動物に関する苦情」1,958件（38.5％アップ）となっている。また，都道府県公害審査会などにおける公害紛争の処理状況をみると，表4-2，表4-3でわかるように昭和62年度に受け付けた28件の内「騒音」に関するものが22件と全体の3分の2を占め圧倒的に多く，次い

表 4 − 1　公害の種類別苦情件数の推移

年度 公害の種類	合計	対前年度増減率	典型 7 公害								典型7公害以外
			計	大気汚染	水質汚濁	土壌汚染	騒音	振動	地盤沈下	悪臭	
昭和	件	%	件	件	件	件	件	件	件	件	件
45	63,433		59,467	12,911	8,913	67	22,568		11	14,997	3,966
46	76,106	20.0	70,014	13,798	11,676	262	25,591		937	17,750	6,092
47	87,764	15.3	79,727	15,096	14,197	408	28,376		74	21,576	8,037
48	86,777	△1.1	78,825	14,234	15,726	466	28,632		93	19,674	7,952
49	79,015	△8.9	68,538	12,145	14,496	478	24,195		84	17,140	10,477
50	76,531	△3.1	67,315	11,873	13,453	593	23,812		68	17,516	9,216
51	70,033	△8.5	62,374	11,119	11,714	440	23,913		65	15,123	7,659
52	69,729	△0.4	61,762	10,697	10,509	292	20,722	3,493	62	15,987	7,967
53	69,730	0.0	60,953	10,534	9,736	216	21,305	3,478	74	15,610	8,777
54	69,421	△0.4	59,257	10,819	8,725	185	21,667	3,211	59	14,591	10,164
55	64,690	△6.8	54,809	9,282	8,269	230	21,063	3,031	34	12,900	9,881
56	64,883	0.3	54,445	9,225	8,132	206	21,095	2,711	47	13,029	10,438
57	63,559	△2.0	53,215	9,015	7,683	170	21,154	2,500	34	12,659	10,344
58	63,976	0.7	52,638	8,995	7,661	162	20,966 (4,430)	2,476	36	12,342	11,338
59	67,754	5.9	54,687	9,403	7,999	206	21,536 (3,542)	2,506	39	12,998	13,067
60	65,550	△4.7	51,413	9,036	7,617	222	19,364 (2,444)	2,582	39	12,553	13,137
61	65,467	1.4	50,129	8,851	7,324	165	19,077 (2,634)	2,435	28	12,249	15,338
61年度 構成比(%)	100.0	−	76.6	13.5	11.2	0.3	29.1 (4.0)	3.7	0.0	18.7	23.4
61年度 対前年度増減数(件)	917	−	△1,284	△185	△293	△57	△287 (190)	△147	△11	△304	2,201
61年度 対前年度増減率(%)	1.4	−	△2.5	△2.0	△3.8	△25.7	△1.5 (7.8)	△5.7	△28.2	△2.4	16.8
61年度 指数(47年度=100)	74.6	−	62.9	58.6	51.6	40.4	92.1 (59.5)	69.7	39.8	56.8	174.8

注）1　46年度の地盤沈下件数937件のうち，874件は石川県七尾市で生じた特殊な事情によるもの。
　　2　（　）内の数値は，商店・飲食店を発生源とするカラオケ騒音苦情を示す。なお，件数は内数である。
　　3　指数について騒音，振動は52年度を，カラオケ騒音は58年度を基準年度とする。
出所）公害等調整委員会編『公害紛争処理白書』（昭和63年度版）大蔵省印刷局

表4-2 公害の種類別受付件数

(重複集計)

年度	受付件数	計(重複集計)	大気汚染	水質汚濁	土壌汚染	騒音	振動	地盤沈下	悪臭
昭和45~47	50	81	18	15	3	20	17	1	7
48	30	49	6	5	1	18	15	2	2
49	24	52	13	2		18	14	2	3
50	21	32	5	3	2	12	7	2	1
51	22	35	3	4		16	10		2
52	25	48	8	2	2	17	14	1	4
53	22	48	12	2	1	18	9	1	5
54	22	50	13			18	18		1
55	27	43	9	3		19	9	1	2
56	19	27	4	2		10	4	3	4
57	15	24	6			13	1		4
58	26	48	7	4	3	16	8		10
59	20	31	6	2		15	6	1	1
60	29	60	12	2		25	14	1	6
61	23	46	5	2		20	7		12
62	28	53	12	1	1	22	11	3	3
計	403	727	139	49	13	277	164	18	67

出所)公害等調整委員会編『公害紛争処理白書』(昭和63年版)大蔵省印刷局, p.61.

で「大気汚染」に関するものが12件,「振動」に関するもの11件,「地盤沈下」および「悪臭」に関するもの各3件となっている。さらに,発生源別の様態をみると,民間企業が17件と全体の7割で,次いで国,地方公共団体,公社,公団等4件となっている。

これらの資料で理解することができるのは,企業が反社会的および反倫理的行動の源になっているということである。企業は経済的組織体である以上,経済的合理性の追求は必然的な行動であるが,そのためには社会性,公益性,倫理性などを軽視ないし無視して良いという理由はない。

一方,外部からの評価は表資-28で明らかなように上位を占めているものは,経済的な側面が多い。しかしながら企業が社会の制度として存在し,社会的価値基準に立脚して行動することが企業の成長可能性に結びつくならば,

表4-3 発生源別受付件数

年度 \ 発生源	合計	企業	国, 地方公共団体, 公社・公団等	企業と国, 地方公共団体, 公社・公団等	その他
昭和45～47	50	36	13	1	
48	30	27	2		1
49	24	19	5		
50	21	16	5		
51	22	15	4	2	1
52	25	18	6	1	
53	22	14	7		1
54	22	14	8		
55	27	16	10		1
56	19	12	6		1
57	15	11	1		3
58	26	12	10	1	3
59	20	12	5	2	1
60	29	20	6	1	2
61	23	17	1	4	1
62	28	17	4	3	4
計	403	276	93	15	19

出所) 公害等調整委員会編, 前掲書, p. 64.

企業倫理確立のための方策をとる必然性がでてくる。

この点について1988年3月の実態調査をした結果がある。資料表資-35を参照されたい。

第4節 企業倫理の基本的な考え方——伝統的倫理と市場経済価値との対立

2000年の時点で企業倫理を取り上げるべき必要性は, 地球規模での環境問題である。環境問題は1970年代後半, 公害問題が発生し, さまざまな方面で議論され, 日本経営学会でも何度となく統一論題のテーマに取り上げられたことは, 記憶に新しい。この時の環境破壊の主因やその科学的対応策は, 企業レベルの問題であったのであるが, 現在起こっている環境問題は, 企業も

消費者も加害者である一方で被害者でもある。また，発生源などをみると，到底国内だけでは対応できえず，世界規模，地球規模で考える必要があると考える。

企業レベルでは，環境倫理として問題を取り上げ，対応する必要があると考える。

さて，以上のような問題意識のもとに，次の3点に限って論じてみたい。

まず第1には，伝統的価値観と新しい価値すなわち，市場経済における価値との対立の問題である。表4－4でわかるように今日までに不正・不祥事

表4－4　日本における主な不祥事（1991～1996年）

年　月	事　件	年　月	事　件
1991年6月	野村，日興，稲川会へ巨額融資事件	1993年10月	大昭和製紙収賄
1991年7月	野村他4大証券の損失補填発覚	1993年12月	アイベック粉飾決算事件
1991年7月	富士，旧埼玉銀行架空預金による不正融資	1994年3月	勧角証券"飛ばし"取引事件
1991年7月	東海銀行不正融資	1994年3月	ビデオリサーチ忠実義務違反
1991年9月	三菱信託，三井信託利益操作	1994年3月	NTN利益供与事件
1992年2月	印刷会社4社シール談合事件	1994年4月	住友重機工業収賄
1992年2月	大和証券"飛ばし"取引事件	1994年5月	大林組贈収賄事件
1992年3月	日興証券損失補填事件	1994年6月	日本商事インサイダー取引
1992年4月	山種証券"飛ばし"取引事件	1994年6月	大成建設贈収賄事件
1992年5月	大手建設66社，埼玉談合事件	1994年10月	日本ユニシス株価操作事件
1992年5月	日東あられ粉飾決算事件	1994年10月	伊予銀行損害賠償事件
1992年8月	イトーヨーカ堂商法違反	1995年2月	清水建設，丸紅建設機械販売のインサイダー取引
1993年3月	中京銀行巨額融資事件	1995年2月	野村証券詐欺事件に伴い使用者責任
1993年3月	日本電子工業不正輸出事件	1995年5月	テーエスデー"風説の流布"事件
1993年3月	仙台市長，ハザマ社長贈収賄	1995年7月	大林組，関西電力，大阪ガス政治献金事件
1993年6月	ハザマ，清水などゼネコン大手4社贈収賄蛇の目ミシン損害賠償事件	1995年10月	米SEC，大和事件損失補填など24の罪で起訴
1993年9月	清水建設茨城県知事に収賄	1996年2月	千代田証券損失補填事件
1993年9月	キリンビール総会屋へ利益供与	1996年7月	高島屋利益供与事件
1993年10月	鹿島建設贈収賄事件（ゼネコン汚職）	1996年7月	日本織物加工インサイダー取引
1993年10月	飛島建設収賄	1996年11月	住友商事不正取引事件

出所）「戦後　企業事件史」佐倉　信　講談社現代新書1994年とリスク・ディフェンス研究会編著「ファイル・企業責任事件」vol. II，蝸牛社，1997年とを参考にして作成。

を起こしている大半の企業は、経済的に成長をとげており、財務指標では優良企業とみなされているにもかかわらず、なぜこのような事件を起こしているのであろうか。

　第2は、こうした事件を防止するため、企業は外部からさまざまな形でインパクトを与えられているが、企業はそれをどのように受け止め、企業行動に内在せしめているのか、そこにはいかなる問題点があるのか。ここでは、商法と環境関連法による法規制を取り上げてみたいと思う。

　第3は、企業は、法規制あるいは経団連などの指導により、それぞれ独自の経営行動基準、すなわち、各企業が行動基準などを策定し活動しているが、それをいかに評価していくかという問題である。

　さて、第1点目の伝統的価値観と市場経済における価値との対立の問題であるが、日本の伝統的価値はおおむね2つの要素があると考えられる。一つはとくに戦後、豊かさの価値基準を物の豊富さ、すなわち、商品などの量が拡大し質が向上することにより、生活の豊かさを感ずる。したがって、企業は消費者に対して、良質安価な日常商品の供給を念頭において企業経営を行ってきた。そして、経営効率化と売上重視を目標とし、中心的価値として追求し、その場合に手段は問われなかったのである。たとえば、贈収賄、不正融資、系列化などの手段は、日本の企業にとって真に都合のよい価値であったのである。2つ目は、日本型経営あるいは、日本の文化に根ざしている共同体の理論から説明できると考えられる。機会平等の達成、地域間格差是正に価値をおく考え方で、共同体の構成員との友好的な関係、たとえば、談合をはかって共存共栄していく、インサイダー情報を利用してメンバーが富を得るなど、日本のすべての企業にはあてはまらないにしても、価値を認めている以上、彼らはそれを、単なる経営行為として受け止め、そこには、罪の意識は全くないのである。すなわち、競争よりも協調、協同の利益に価値をおく倫理である。

これに対して，市場経済における倫理は，市場への参加者全員が自由競争のルール，国際的に通用するルールを遵守すること，すなわち，ルール違反は不公正であり，自由な市場経済が効率的でありうるためには，すべての競争参加者に対して，平等な情報が開示されることが重要であり，また排他的な系列関係や既得権益を擁護することは不公正であると考える価値観である。この2つの価値が国際化が急速に進行するなかで対立し，国内，国外とも摩擦が生じてきており，日本の企業はこの2つの価値＝倫理の対立に直面していると考えられる。ここでの結論は，企業レベルではこの両者の統合ないし融合による新しい価値の創造，あるいは，新しい行動基準の確立が要請されていると考える。

　次に，2点目の法規制の強化が企業行動にいかなるインパクトを与えているかについて論じてみたい。

　1990年代に入り，企業行動に関する法律，とりわけ，商法，証取法，独禁法，環境基本法，省エネ法・リサイクル支援法などの制定および改正がなされてきた。

　ここでは，商法と環境関連法を取り上げ，企業行動との関連を考察してみたい。

　まず，1993年の商法改正の特徴である監査制度に限定してみると，その主な改正点は，① 監査役の任期を2年から3年に延長したこと，② 大会社，すなわち資本金5億円以上または負債総額200億円以上の株式会社（現在対象会社は約8,000社）の監査役の最低員数を2名から3名に増員したこと，③ 大会社の監査役中1人以上は社外監査役でなければならないこと，④ 大会社に監査役会の制度を導入したことの4点である。

　さて，従来の日本の監査役が機能しなかった理由は，監査役は第三者的機関でありながら，その多くが取締役を終えたのち，横滑りないしは順送り人事として監査役に任命され，形式的には独立している機関にもかかわらず，

代表取締役の指揮命令権のもとにとどまり，取締役などの行為をチェックするのはきわめて困難で，監査権の行使が不十分であることなどが上げられる。しかも，株主総会と同様に形骸化しており十分機能していない，機関として特徴づけられ，取締役同様に役員の処遇ポストの一つに過ぎないという指摘がなされている。この点，ドイツの監査役会の場合は，執行役の上位に位置づけられ，しかも，従業員および労働組合の代表が参加しており，執行役は常に，監査役会の監視のもとに意思決定せざるをえないシステムになっている。

　また，アメリカの場合は，周知のように監査役や監査役会は存在していない。その代わり大株主や利害関係の強い銀行の頭取などをメンバーとする取締役会があり，ここで公認会計士が指定される仕組みになっている。この公認会計士は，監査報告書を公認会計士事務所を通じSECに提出し，審査を受けなければならない。さらに，ロッキード事件発覚以来，上場企業に対しては，監査委員会の設置を義務づけ，内部監査の充実を図ってきている。

　このように，ドイツの場合には，監査役会の構成メンバーからみて第三者機関の要件を十分満たしており，アメリカの場合は，取締役会の内部に監査委員会を設置し，まず内部監査を実施しその後公認会計士の監査をうけ，次にSECが監査するというように三重の監査システムをもっており，社長や執行機関の権限が及ばないところで監査が実施されているのが実情である。

　さて，日本の法律，商法はドイツに学び，アメリカによって育てられてきたといわれるようにドイツの商法の精神を生かし成立し，戦後アメリカの指導のもとに改正し，その後，その時代の特徴を反映する形で改訂され今日に至っている。しかし，このたびの改正は，さまざまな形で企業行動に変質を迫るものと考えられる。

　まず員数とその構成にかかわる問題として表4－5でわかるように，上場企業の場合の人数は，改正前の平成4(1992)年の時点ですでに約70％の企業

表 4 − 5　監査役の人数

	1 人	2 人	3 人	4 人	5人以上	無回答	計
上　場	0	123	646	69	36	189	1,063
	0%	11.6%	60.8%	6.5%	3.4%	17.8%	100.0%
非上場	4	169	99	13	3	37	325
	1.2%	52.0%	30.5%	4.0%	0.9%	11.4%	100.0%
全　体	4	292	745	82	39	226	1,388
	0.3%	21.0%	53.7%	5.9%	2.8%	16.3%	100.0%

（本項目無回答のほか未処理回答 7 あり）
出所）平成 4 年 4 月日本監査役協会実施「監査役の実態調査」

が 3 人以上の監査役を有しており，現況をあとづけ的に法制化したという観は拭えないものの，この内 1 名以上が社外監査役でなくてはならないという規定は，少なくとも，監査の機能は企業の内部組織以外の第三者によって外部からのチェック機能を強化しなくてはならず，監査の客観性が制度的にも保障されるべきであることを意味している。したがって，今後企業行動は外部に対して積極的に開示をせまられることになり，従来，極秘の取り扱いが習慣になっていたことも，外部の評価に耐えうる行動が必要となり，そこには，企業の社会性や倫理性が強く問題になってくると考えられる。

　もう一つは，監査役の質の向上，選任のあり方である。内部，外部を問わず，従来以上に監査の独立性の確保と公正な監査の確保が要求されてきている。これは，基本的に監査役の選任基準にかかわってくる問題と考える。

　フランス商法の規定では，監査役の任命は監査候補者を総会に提出する前に，証券取引委員会に候補者の氏名・経歴を通知し適格承認をうける。また，220 条では，会社と特定の距離がある，たとえば会社の設立者，取締役の四親等以内の親族などは監査役に任用してはいけないとなっている。

　監査役の選任にあたっては，監査役の権限を十分行使できうる人物であり，企業の社会性や行動規範などを十分熟知していることが必要条件になってきている。ここで，注目したいのは，監査役制度の改正を契機として，企業内部に監査役室を設置したり，それを強化，拡大しようとする動きである。松

下電工では監査役室を強化し，会計監査，業務監査のほか環境監査を実施することを決定しており，いずれにしても，経営の執行活動に対して，監視，監査活動の強化が制度化されたわけであるから，問題は第1に，監査役に対応する内部組織として，監査役室，監査部などの組織を編成し，強化すること，第2は監査基準のなかに，倫理性および社会的責任の達成，環境問題への対応などを導入することであると考える。

　この点については，日本大学経済学部産業経営研究所が1994年7月から8月末までに実施した「環境問題および企業の社会的責任への取組みに関するアンケート調査」によって最近の動向が理解できる。単純集計の一部を紹介すると，回答企業222社中，「貴社では，次のような組織が編成・設置されていますか？」の問に対して，監査室98社（44.1％），監査役室92社（41.4％），監査部31社（14.0％），と多くの企業が設置しているにもかかわらず，次の質問の「企業の社会的責任の達成状況の監査はその担当業務に入っていますか？」に対して，「入っている」77社（34.7％），「入っていない」105社（47.3％）のように組織は編成したものの，その監査内容には必ずしも倫理性や社会的責任が含まれておらず，その必要性について全社的に理解がまだ得られていないと考えられる。[3]

　次に，環境関連法に関連して考察してみたい。近年，環境問題が世界的に注目されてきたのは，表4－6〈最近の地球環境に係わる事項〉にあるように，1991年の地球環境憲章と1992年のリオ宣言を原点にする見解が一般的である。

　わが国の場合には，1991年再生資源の利用の促進に関する法律，1993年環境基本法，同じく省エネ・リサイクル支援法が制定され，諸外国と同一歩調がとれる段階になった。

　わが国の環境基本法は，環境問題に対処するための基本的枠組みを示し，とくに，環境政策の基本理念，環境基本計画，経済的手法，環境アセスメン

表4-6 わが国における主な環境関連法

1968年（昭 43）	大気汚染防止法
1968年（昭 43）	騒音規制法
1970年（昭 45）	水質汚濁防止法
1970年（昭 45）	廃棄物処理及び掃除に関する法律
1970年（昭 45）	公害紛争処理法
1971年（昭 46）	悪臭防止法
1972年（昭 47）	公害対策基本法（定型7公害に対する法律）（1993年廃止）
1972年（昭 47）	自然環境保全法（自然環境の保護と人間生活環境の保全）
1976年（昭 51）	振動規制法
1988年（昭 63）	特定物質の規制等によるオゾン層の保護に関する法律
1991年（平成3）	再生資源の利用の促進に関する法律（1993年　廃棄物処理法に改正される）
1992年（平成4）	
1992年（平成4）	産業廃棄物の処理に係る特定施設の整備の促進に関する法律
1993年（平成5）	特定有害廃棄物等の輸出入等の規制に関する法律
1993年（平成5）	環境基本法
	エネルギー等の使用の合理化及び再生資源の利用に関する事業活動の促進に関する臨時措置法（省エネ・リサイクル支援法）

〈最近の地球環境に係わる事項（企業行動に関連する）〉

1985年（昭 60）	国際自然保護連合（IUCN）開催「世界自然保護戦略の策定」
1987年（昭 62）	"Our Common Future"「環境と開発に関する世界委員会」（ブルントラント委員会）
1989年（平成元）	「バルディーズの原則」発表（CERES＝環境に責任をもつ経済のための連合）（企業の環境への責任の明確化——環境倫理の重要性の強調）10項目からなる
1991年（平成3）	「地球環境憲章」発表　地球環境対策室，地球環境委員会の設置
1991年（平成3）	「公害・地球懇」（JNEP）の発足　3つの分野の3つの課題提唱
1992年（平成4）	「CERESの原則」発表（バルディーズの原則の修正）
1992年（平成4）	「環境と開発に関する国連会議」UNCED（地球サミット）（リオデジャネイロで開催180ヵ国参加） ・「環境と開発に関するリオ宣言」＝リオ宣言（7原則，8原則，16原則，10原則） ・「アジェンダ21」リオ宣言の理念を踏まえて策定された具体的行動計画 ・「気候変動に関する国際連合枠組み条約」 ・「生物の多様性に関する保護条約」 ・「森林保全原則」
1992年（平成4）	「グローバル・フォーラム」「NGO地球憲章」「国際NGO条約」（NGOによる）

トなどが中核になっており，環境と人間生活の共生の必要性を理念としている。

また，省エネ・リサイクル支援法は，地球温暖化問題やエネルギー使用の徹底的合理化および再利用などに対して，企業の自主的努力を促進し，企業の環境・省エネ関連投資に対し融資，税制面からインセンティブを提供して投資を支援しようとするのが法制定の目的となっている。また，この法的規制が企業に求めていることは，企業活動全体のシステムの再構築を促すものである。それは，環境への負荷，たとえば有害物質の排出量，エネルギーの利用の効率化など，製品化計画，研究開発，流通など経営活動のすべてに関連し，しかも，その目標値が定められ，罰則規定まで整えられているため，経営戦略策定上あるいは，目標－方針－組織化の過程を環境保護の側面から見直さなくてはならなくなってきている。経団連も1991年に地球環境憲章を発表し，その行動指針と環境問題への取組みの基本的考え方を示している。

経団連では，さらに1996年7月に「経団連環境アピール」をとりまとめている。そして，地球温暖化対策や循環型経済社会の構築などに向けて，より具体的な取り組みを宣言するとともに，「経団連環境自主行動計画」を取りまとめた（36業種が行動計画を策定している）。

また，平成6年度版『環境白書』でも，環境保全についてはすべての者が公平な役割分担の下に自主的かつ積極的に行われる必要があることを強調している[4]。

ここで，簡単に環境監査について，言及しておきたい。環境監査は，その形態により，次のように分類できる。まず，監査対象から分類すれば，①環境管理組織，方針，目標，行動計画，活動マニュアル，規則，手続きなどの環境マネジメントシステム自体の監査，②環境に関わる規則，法令の遵守性監査，③方針，目標の達成度や活動状況の実態監査，である。そして，監査の実施が法令で構成されているかいないかの区別による，強制監査と自主監

査の区別があり、さらに監査人の立場から、内部監査と外部監査に分けられる。国際的に、企業の自主性を尊重するという立場から、基本的には、すべて自主監査となっている。環境監査に関しては、企業の社会的責任の追求と同じく、企業の自主性を尊重する立場が貫かれているが、地球環境問題の重要性を考えれば、監査の客観性を高めるためにも、外部監査を採用する必要性を指摘したい。

「経団連地球環境憲章」では、少なくとも年1回以上の内部監査を求めているが、日本企業の実状はどのようなものであろうか。さきほどの日本大学経済学部産業経営研究所のアンケート調査によれば、環境監査の実施頻度は、年1回の企業がもっとも多く、46社-56.1%と半数を超えている。また、年3回以上との回答も7社-8.5%みられた。さらに、監査基準については、国際的な環境監査基準を、「すでに導入している」は7社-4.4%と非常に少ないが、「導入すべく準備している」は39社-24.4%、「導入を検討している」は69社-43.1%であり、これらを合計すると、115社-71.9%にものぼる。今後、環境監査基準として、国際基準を導入する企業は増加していくことが予想される。

3点目として上げた、企業は法規制あるいは経団連などの指導により、それぞれ独自の経済行動をとっているが、その行動に対する基準の設定については次節で述べる。

第5節　企業の行動基準の制度化

企業の行動を倫理的に問題にする場合、そのレベルが問題になる。キャロル（Archie B. Carroll）は、次の3つのレベルがあると指摘している。[5)]

① 個人レベル —— 個人の道徳感や個人の価値にねざされたもの。人種差別の問題など、以下②～⑤も最終的には個人の価値観による場合もある。

② 組織レベル────企業単位とか会社ぐるみなど，不正取引，企業の不祥事件，損失補塡など，わが国で非常に多い。
③ 団体（業界）レベル────業界ぐるみ，談合，ヤミカルテルなど。
④ 社会レベル ┐
⑤ 国際レベル ┘ 不正輸出事件など。（第6章で論ずる）

さて，反倫理的行動が多発するとその防止策としていくつかの法規制が強化され，それに伴って，経営行動を法と倫理の両面から見直す必要性が高まってくる。すなわち，倫理的行動を経営管理の問題として位置づけなくてはならない。

森本三男教授は，次の6つに整理して論じている。[6]
① 倫理綱領（code of ethics）ないし行動規準（code of conduct）
② 倫理委員会（ethics committee）
③ 倫理教育プログラム（ethics training program）
④ 内部告発（whistle-blowing）を含むコントロール・メカニズム
⑤ 倫理監査（ethics audits）
⑥ 経営者の姿勢（attitude of top management）

まず①に関連して考察すると，経団連は1991年9月に表4-7のような「経団連企業行動憲章」を発表している（1996年12月改定）。

この主旨は国際的にも通用する企業行動を促すためであり，経営トップの責務を再認識させるものである。各企業および業界はすでに各種規則などにより自己規制につとめているものの，改めて企業行動や商慣行のあり方などを総点検することを要請したものといえる。そして，経団連参加企業が自主的に倫理綱領などを策定するための原則をあげている。

経団連は，さらに経団連企業憲章の趣旨を徹底するために，「企業行動憲章　実行の手引き」を作成している。この手引きでは，憲章の10原則について，それが求められる背景，企業の基本的な心構え・姿勢を解説するととも

表4－7　経団連企業行動憲章

企業は，公正な競争を通じて利潤を追求するという経済的主体であると同時に，広く社会にとって有用な存在であることが求められている。そのため企業は，次の10原則に基づき，国の内外を思わず，全ての法律，国際ルールおよびその精神を遵守するとともに社会的良識をもって行動する。

1. 社会的に有用な財，サービスを安全性に十分配慮して開発，提供する。

2. 公正，透明，自由な競争を行う。また，政治，行政との健全かつ正常な関係を保つ。

3. 株主はもとより，広く社会とのコミュニケーションを行い，企業情報を積極的かつ公正に開示する。

4. 環境問題への取り組みは企業の存在と活動に必須の要件であることを認識し，自主的，積極的に行動する。

5. 「良き企業市民」として，積極的に社会貢献活動を行う。

6. 従業員のゆとりと豊かさを実現し，安全で働きやすい環境を確保するとともに，従業員の人格，個性を尊重する。

7. 市民社会の秩序や安全に脅威を与える反社会的勢力および団体とは断固として対決する。

8. 海外においては，その文化や慣習を尊重し，現地の発展に貢献する経営を行う。

9. 経営トップは，本憲章の精神の実現が自らの役割であることを認識し，率先垂範の上，関係者への周知徹底と社内体制の整備を行うとともに，倫理観の涵養に努める。

10. 本憲章に反するような事態が発生したときには，経営トップ自らが問題解決にあたり，原因究明，再発防止に努める。また，社会への迅速かつ的確な情報公開を行うとともに，権限と責任を明確にした上，自らを含めて厳正な処分を行う。

に，具体的なアクション・プランをあげている。経団連は，1997年8月に「経団連企業行動憲章に関するアンケート調査」を発表している（回答社数305社）。このアンケート調査の概要を示せば，次のようになる。(A)企業行動憲章については，「これ迄も知っており，全体を読んだ」は86％と圧倒的に多く，「これ迄も知っており，一部を読んだ」は6％，「今回，初めて全体を読んだ」は7％であった。(B)企業行動憲章の社内で周知するための活動については，「行っている」は54％，「今後，行う予定」が39％であった。(C)自社における企業倫理への取り組みについては，企業倫理綱領を「これ迄のものの見直しを行った」は16％，「これ迄のものの見直しを行う予定」は26％，「新しく作成した」が6％，「新しく作成する予定」は26％であったが，その一方で，「行っていないし，行う予定もない」は26％と4分の1強を占めた。(D)企業行動憲章を社内で周知するために実施している活動については，「取締役会，管理職会議などでの配布，説明」が116社，「社内関係部署への配布」が115社と圧倒的に多く，「支社，支店，グループ企業などへの配布，説明」は53社，「新入社員研修，管理職研修などで配布，説明」および「社内報への掲載」が33社，「社内電子メディア上での紹介」が18社であった。

また，全米最大の機関投資家である米国教職員退職年金基金（TIAA-CREF）は，コーポレート・ガバナンスに対する考え方のガイドラインの中で，解説をつけ，次の4つの社会的責任に関するガイドラインを示している。

「TIAA-CREF」は，株主の長期的利益と取締役が社会的責任や地域社会への貢献に配慮することは両立できると考えている。取締役は，以下のような問題に対応する経営理念および慣行を確立させるべきである。

(1) 企業の行動および製品が環境に及ぼす影響
(2) 社会のあらゆる階層に均等な雇用機会の提供
(3) 従業員，顧客，供給者，地域福祉が関心事を自由に述べることができる機会

(4) 株主でない者を意図的にかつ知りながら搾取することの禁止

　私企業では、比較的早くからこの問題に取り組んだのはIBM社である。1961年より改訂しつつ今日に至っている全世界共通の「ビジネス・コンダクト・ガイドライン」である。これは、世界各国に所在するIBM社およびその子会社に従事している従業員などすべての構成員に対するもので、共通の倫理基準を策定しその行動を評価するものである。とくに、グローバル化の進展に伴って発生する国際的に共有する価値、情報化の急進展に伴うインターネット・エシックスなどの必要性が急務になってきている。

　また、行動基準については、従来の行動とコンフリクトが生ずるものについて法規制以外の社会規則にそった形で明文化する必要性があり、国際的ハーモナリゼーションという観点から、またグット・コーポレート・シチズンシップの考え方からも企業内に制度として策定される必要がある。

　経済同友会は1997年に「企業行動規範」関連アンケート調査を行っている。経済同友会では、グローバリゼーション・メガコンペティションが進む中、民間主導の市場主義経済を実現すべく、公正な競争と企業経営の透明度を高める必要性を訴えるとともに、各企業は市場の中核として、自らを厳しく律していかなければならないという認識に立ち、特に企業のリーダーである経営者は、グローバル・スタンダードに基づく明確な社内ルールを作り、その遵守を社員に徹底させることが求められると考えるに至ったとして、こうした認識に基づき、アンケートを実施している。

　このアンケート調査によれば、企業経営者は、個人として高い倫理性を持つべきであるということを強く認識しており、その所属企業における自己規律の具現化（「企業行動規範」の策定とその徹底）にもきわめて意欲的である一方で、自己規律を周知徹底させるための方策等について、企業の実際の姿は経営者の理想・意識とやや乖離しており、本格的取り組みの過程にあることを示している、という。また、企業と個人との関係については、経営者

の間には，企業の責任は社員の業務上の行動全般に及ぶとする考え方が強く，そして，欧米系企業と異なり，「個人」と「企業」夫々の責任範囲やその内容が必ずしも明確になっていない，としている。

企業行動規範については，企業行動規範を「既に策定している」企業が48％，「策定中，あるいは検討中」が32％であった。また，現実に策定しているかどうかは別として，「策定が必要」あるいは「望ましい」とする企業は89％に達している。このように，企業行動規範を肯定的に考える理由として，次の3つが挙げられる。

第1位：民間主導の経済を実現するために企業は自らを厳しく律して行くべき

第2位：組織として価値観を共有する

第3位：透明・公正性を基本にした顔の見える企業行動

なお，企業行動規範策定後，単にそれを配布するだけでなく，研修の実施や法務部でのコンサルティング等，規範を周知徹底させるためのフォローアップが必要であると答えている。これに関連した経営者のリーダーシップとして，経営者は一般社員よりも厳しい倫理性が必要で，社員の啓蒙に努めたり，日々の態度を通じてそれを示すべき，とする企業が90％に達した。

企業行動規範を持つメリット・デメリットについては，すべての企業が企業行動規範を持つことにメリットを感じている一方で，デメリットも合わせて感じている企業がきわめて少数ではあるが存在した。メリットを感じている企業のほとんどすべてが「(企業行動規範の策定により) 価値観の共有が可能」となるなど，同じような理由を述べている。

企業行動規範策定後のフォローアップについては，担当者は経営者が必要であると考えるレベルより低いことがわかった。「研修課目へ入れる」「定期的に遵守状況をチェック・報告」「法務部等による運用面でのコンサルティング」など，いずれをとってみても，実施状況は経営者の認識よりも10％程

度ずつ低い。

さて，1994年8月に「環境問題および企業の社会責任問題への取組みに関するアンケート調査（日本大学経済学部産業経営研究所調査・1994年8月）が実施された。その目的の一つには，こうした社会と企業との係わりを分析し，企業の新しい取組み実態の解明にあると思われる。とくに企業の社会責任に関しては具体的な行動準則や行動規範の内容やその作成の経緯を考察する上でも貴重なデータを提供してくれている。

問　近年，企業の社会的責任の達成に関連して，公正取引委員会や経団連等から企業の行動基準や倫理綱領等の作成が勧告，提案されていますが，貴社では次のような提案や意見についてどのようにお考えですか。支持・賛成できる意見には（　）内に〇印をご記入して下さい。

① 「企業の社会的責任について法規制の拡大，強化により達成されるようにすべきだ」（99社－41.6%），その必要はない（101社－42.4%）

② 「社内に倫理綱領や行動基準を制定して，自己規制すべきだ」（187社－78.6%），その必要はない（26社－10.9%）

③ 「従業員の教育および人事考課面に倫理性，および社会責任の達成に関する評価を入れるべきである。」（131社－55%），その必要はない（64社－26.9%）

（回収238社，無回答の数は省いてある）

まず，①の社会的責任の達成については，法律を見直し強化すべきであるとする見解と，現状をほぼ容認する（その必要がない）という見解がほぼ同数となり，資本金や従業員数・業種との関連性など，細部にわたる分析が必要である。

②では，社会的責任の達成について，法律などによらず企業自身の自己規制すべき見解が圧倒的に多い。

③の評価の問題は，評価項目に入れるべきであるとする見解が55%とほぼ

半数がその必要性を認めているものの、64社－26.9%はその必要性を認めるに至っていない。

　さて、単純集計の結果だけを見て分析することは問題を残すが、①、②では社会的責任の達成に関しては、法規制の拡大や強化、あるいは倫理綱領などの制定により自己規制すべきであるという考え方が浮き彫りになり、その重要性を認識していると理解することができよう。

　また②、③との関連では、社内に倫理綱領や行動規準を制定して、自己規制すべきであるとする見解が78.6%に達しているにも係わらず、実施段階（従業員教育）、行動評価段階（人事考課）では、その必要がないとする見解が26.9%もあり、社会的責任達成のための指針をどのように従業員に浸透させ、評価過程を通していかにフィードバックさせるのか回答数字では、理解に苦しむ結果となっている。

問　貴社では企業の行動基準、指針、倫理綱領、コンプライアンス・プログラム等を制定していますか。該当する項目の（　）内に○印を記入してください。
　①　「制定している」(134社－56.3%)「制定していない」(74社－31.1%)「近く制定する予定」(14社－5.9%) それらが制定された年については、昭和では26社－19.4%、平成では98社－73.1%となっている。

問　企業の行動基準、指針、倫理綱領、コンプライアンス・プログラム等を制定している場合、それらの中には次のような項目は含まれていますか。含まれている場合には（　）内に○印を記入してください。
　②　「従業員の日常の業務の指針」(119社－88.8%)「関連諸法令の遵守」(78社－56.0%)

　まず、①の企業の行動基準、指針、倫理綱領、コンプライアンス・プログラム等の制定については、先ほどの③において、社内に倫理綱領や行動基準を制定すべきであるという見解が78.6%にものぼっているにもかかわらず、

実際に制定しているのは56.3%であり、近く制定する企業を含めても60%強にしか過ぎず、理解に苦しまされる。

②ではその内容として、従業員の日常の業務の指針が圧倒的であるが、一方、すでにみたように行動評価（人事考課）については必ずしもその必要性が高くなかったことと合わせると、非常に矛盾した結果となっている。

次に、内部執行システムの確立と監査システムの強化についてである。とくに監査システムについては、アメリカ型、ドイツ型と比較して日本型のあるべき姿について論じられているが、すでに述べたように従来の日本の監査役が機能しなかった理由は、監査役は第三者的機関でありながら、その多くが取締役を終えたのち、横滑りないしは順送り人事として監査役に任命され、形式的には独立している機関にもかかわらず、代表取締役の指揮命令権のもとにとどまり、取締役の行為をチェックするのはきわめて困難であり、監査権の行使が不十分であることなどがあげられる。

わが国の場合、監査役制度の改正を契機として、企業内部に監査役室を設置したり、それを強化または、拡大する動きもみられる。その設置の現状について前述した調査報告書によれば、「監査部・監査室・監査役室といった組織が編成・設置されているか」の問いに対して、回答結果は「監査室」が106社（44.5%）、「監査役室」が105社（44.1%）、「監査部」が36社（15.1%）、「無回答」が30社（12.6%）となっている。「無回答」を監査部などの組織が設置されていないものとみなすならば、監査部などの組織が編成されている企業の割合は87.4%となる。

また、日本監査役協会が1992年9月から10月にかけて実施したアンケート調査によれば、企業倫理や企業の社会的貢献が監査役監査の対象となるかどうかについての質問に対して以下のような結果となった。今後の必須の対象としての回答が64.9%ともっとも多くなっている。

近年、商法を再改正しようとする動きがみられる。自民党は、監査役機能

の強化と株主代表訴訟制度の見直しを内容とした商法改正案を発表した。経団連は,とくに監査役については,取締役会からの監査役(会)の独立性・地位の安定性が確保されていないことから,十分に機能しているとは言いがたい状況にあるという認識のもとで,原則として公開会社(上場会社,店頭登録会社)を対象とする以下の改善を行う必要があると主張している。(1)社外監査役の要件の厳格化,(2)社外監査役の法定員数の増員,(3)監査役の選任議案に対する監査役会の同意,(4)監査役が任期途中に辞任した場合の説明義務,(5)会計士監査の充実のため以下の措置を講じることが望ましいとして,①監査役監査との連携強化,②監査法人内の関与社員の交替,③他の会計士による監査の事後的審査,をあげている。残念ながら,これらの改正案では,監査役の監査対象として,企業倫理や企業の社会的貢献をとりいれるという方向性が示されておらず,非常に残念である。この点については,今後の検討作業に期待したいと思う。

表4-8 監査担当組織の設置状況

	社(%)
監査部	36 (15.1)
監査室	106 (44.5)
監査役室	105 (44.1)
無回答	30 (12.6)

表4－9　監査部・監査室の正式名称

名称	社数	名称	社数	名称	社数	名称	社数
監査室	80社	管理部	2社	監査担当部	1社	総合企画室経営管理室	1社
監査部	20	考査室	2	監査委員会	1	経理本部管理室	1
監査役室	10	監査部	2	監査グループ	1	法規監査部	1
内部監査室	7	経営監査部	1	総務部監査室	1	法務部	1
社長室	4	業務検査部	1	経営企画室監査部	1		
検査役室	3	業務監査室	1	経営企画室(監査)	1		
監査役付	3	検査役	1	企画室企画監理課監理係	1		

注）回答企業は147社であるが，次のような重複回答が1社あったため148社となっている。
　　経営監査部（内部監査部門），監査役室（監査役のスタッフ）
出所）日本大学経済学部産業経営研究所『経営諸制度再構築の方向と課題』1992年。

表4－10　企業倫理・社会貢献に対する監査役の考え方

	上場会社		未上場会社		合計	
	(社)	(％)	(社)	(％)	(社)	(％)
1.監査役監査の対象でない	10	8.7	2	5.1	12	7.8
2.対象と思うが現状ではできない	23	20.0	8	20.5	31	20.1
3.これからの必須の対象	71	61.7	29	74.4	100	64.9
4.その他	9	7.8	2	5.1	11	7.1
回答なし	4	3.5	0	－	4	2.6
合計	117	101.7	41	105.7	154	102.6
（重複回答）	2	1.7	2	5.1	4	2.6

出所）日本監査役協会関西支部経営監査研究会「企業行動に関するアンケート調査報告書」『月刊監査役』第323号（1993年10月号），p.87.

注）
1）高田馨『経営の倫理と責任』千倉書房，1989年，p. 13.
　「この行動原理の正邪を区別する原理，正しい行動の原理において，正邪の区別の基準，正しさの判断基準となるのが『規範』であり，『価値』であろう。これは『倫理規範』・『倫理価値』・『道徳価値』といってよいであろう」また，経営倫理と社会的責任論との関連では，①経営倫理論は社会的責任に内在する，②経営倫理は社会的責任論を再構築する，③経営倫理論は社会的責任実行論を規制する，④社会的責任論は社会的実行論を含む，⑤社会的責任論は社会活動論の実体である，以上の5点を上げている。
2）拙稿「企業の倫理行動とその評価」『経営論集』第43巻第1号，明治大学経営研究所，1995年，pp. 101～113.

3）『企業の社会責任と効率化』日本大学経済学部産業経営研究所，1997年，p. 81.
4）環境庁『環境白書』（平成6年版）1994年，p. 48.
5) Carroll, A., *Business and Society, Managing Corporate Social Performance*, Little, Brown & Co., 1981, p. 74.
6）森本三男「企業倫理とその実践体制」『青山国際政経論集』25号，1992年.

資料　企業評価における倫理性に関する調査報告

1. はじめに

　企業行動に対する評価に関して，企業の立場から倫理性・社会性に関連する評価項目の導入がどの程度の関心を集めているのか，また倫理性の評価に対する企業の取り組みや基本的な考え方の現状については必ずしも十分な情報が提供されているわけではない。経営行動研究所が1988年に実施した社会性・倫理性を中心とする企業評価に関するアンケート調査は，わが国企業の倫理性基準による企業評価についての考え方の解明を意図したものであり，筆者はこの調査に主査として協力したので，以下にこの調査結果の骨子を取り上げ，その特徴および問題点を述べ，本章の資料とすることとしたい。

(1) 調査の実施概要

① 調査対象

　製造業に属する上場企業，売上高上位の未上場企業・外資系企業

② 調査方法

　調査対象企業に対するアンケート調査（送付法）

③ 調査時期

　1988年3月

(2) 回答企業の概要　　（有効回答98社）

① 企業規模　　　　　　　　　　　　　　　　　　　　　　(N=98)

資本金	%	正規従業員数	%	年間売上高	%
10億円未満	15.3	1,000人未満	41.8	100億円未満	9.2
10億円～30億円未満	29.6	1,000人～3,000人未満	37.8	100億円～500億円未満	44.9
30億円～100億円未満	29.6	3,000人以上	20.4	500億円～1,000億円未満	20.4
100億円～300億円未満	18.4			1,000億円以上	25.5
300億円以上	7.1				

② 業績

(N=98)

ここ3年間の売上高の平均伸び率（年率）		ここ3年間の売上高経常利益率の平均値	
	%		%
1. マイナス	34.7	1. マイナス	23.5
2. 0％以上～5％未満	36.7	2. 0％以上～3％未満	37.8
3. 5％以上～10％未満	21.4	3. 3％以上～5％未満	17.3
4. 10％以上～15％未満	4.1	4. 5％以上～7％未満	9.2
5. 15％以上～20％未満	1.0	5. 7％以上～10％未満	4.1
6. 20％以上	1.0	6. 10％以上	7.1
不明	1.0	不明	1.0

③ 輸出比率

(N=98)

ここ3年間の売上高輸出比率の平均値			
	%		%
1. 0％以上～5％未満	49.0	5. 20％以上～30％未満	6.1
2. 5％以上～10％未満	14.3	6. 30％以上～40％未満	3.1
3. 10％以上～15％未満	10.2	7. 40％以上～50％未満	2.0
4. 15％以上～20％未満	8.2	8. 50％以上	7.1

④ 業種

(N=98)

業種（その企業にとって売上構成比が最も高いもの）			
	%		%
1. 食品	10.2	9. 非鉄金属	4.1
2. 繊維	6.1	10. 金属製品	4.1
3. 紙・パルプ	1.0	11. 一般機械	9.2
4. 化学	16.3	12. 電気機器	12.2
5. 石油	3.1	13. 自動車	7.1
6. ゴム製品	4.1	14. その他の輸送用機器	5.1
7. 窯業・土石	3.1	15. 精密機器	4.1
8. 鉄鋼	6.1	16. その他製造業	4.1

⑤ 子会社，関連会社

(N=98)

	(1) 国内の連結決算の対象となる子会社数（出資比率 50％超）	(2) 海外の子会社数（出資比率 50％超）	(3) 海外の関連会社数（出資比率20％以上50％以下）
	%	%	%
3社未満	44.9	64.3	71.4
3社～5社未満	16.3	10.2	8.2
5社～10社未満	14.3	8.2	6.1
10社以上	19.3	5.1	3.1
不明	5.1	12.2	11.2

⑥ 市場における地位　　　　　　　　　　　　　　　　　　　　(N=98)

わが国における同業他社の数		国内生産におけるマーケットシェア	
	%		%
1. 5社未満	13.3	1. 10%未満	33.7
2. 5社以上～10社未満	18.4	2. 10%以上～20%未満	23.5
3. 10社以上～20社未満	12.2	3. 20%以上～30%未満	22.4
4. 20社以上～50社未満	15.3	4. 30%以上～50%未満	11.2
5. 50社以上～100社未満	9.2	5. 50%以上～70%未満	4.1
6. 100社以上	28.6	6. 70%以上～90%未満	—
不明	3.1	7. 90%以上～100%	2.0
		不明	3.1
わが国における売上高ランク		主力製品分野の売上高総額に占まるウエイト	
	%		%
1. 1位	23.5	1. ～30%以下	15.2
2. 2位～3位	29.6	2. 30%超～50%以下	19.3
3. 4位～6位	13.3	3. 50%超～70%以下	23.4
4. 7位～10位	6.1	4. 80%超～90%以下	15.3
5. 11位～20位	4.1	5. 90%超～100%以下	16.3
6. 21位～40位	4.1	不明	10.2
7. 40位より低位	14.3		
不明	5.1	平均 60.3%	

⑦ 企業歴（創業後経過年数）　　　　　　　　　　　　　　　　(N=98)

1. 10年未満	1.0%	6. 50年以上～60年未満	13.3%
2. 10年以上～20年未満	4.1	7. 60年以上～70年未満	18.4
3. 20年以上～30年未満	8.2	8. 70年以上～80年未満	4.1
4. 30年以上～40年未満	17.3	9. 80年以上	14.3
5. 40年以上～50年未満	19.4		

2．企業理念における社会性・倫理性

〈仮説　1〉

　利害者集団の成熟に伴って，企業の目標および価値体系の中に，利害者集団の利益ないし目標を位置づける必要性が生じているが，現在それはなされている。

調査結果

　企業の目標および価値体系は，企業内に設定されている社是・社訓ないしはその相当物にふくまれている。社是・社訓の内容をみると，革新，協調とともに，社会奉仕，人間尊重，消費者重視，製品重視などがうたわれており，利害者集団の利益を反映するものとなってきている。

〈仮説　2〉

　業績の良い優良企業は明確な企業理念や文化をもつ。

調査結果

　明確な企業理念をもつことを，社是・社訓を有することと解せば，社是・社訓を有する企業の特徴として，創業年が古く，企業規模が大きく，売上高が伸びていて，売上高ランク上位という点を指摘することができる。これらの特徴を業績の良い優良なといいかえることは可能であろう。

(1)　**社是・社訓**

　この調査結果について，企業の社会的責任や，倫理性が社是・社訓の中にどの程度考慮されているかをみたい。また，「業績の良い優良企業は，明確な企業理念や文化をもつ」といわれているが，社是・社訓を有することが明確な企業理念をもつことであるとすれば今回の調査結果で実証されているかどうかである。どのような企業が社是・社訓をもち，どのような内容であるのかについて調査結果をみることにする。

　1）　社是・社訓の有無

　社是・社訓もしくはその相当物があると回答した企業は全体の6割程度であって，企業規模の大きい企業でその割合が高くなっている。また，表資－1によれば，売上高伸率の大きい企業で，社是・社訓のある割合が高くなっている。創業後経過年数については古い企業ほど，社是・社訓を有する傾向がみられるが，とりわけ70年以上の歴史をもつ企業においては72.2%の企業

で社是・社訓が制定されている。以上より，社是・社訓を有する企業の特徴は，創業年が古く，企業規模が大きく，売上高が伸びている売上高ランク上位の企業であるといえよう。業績の良い優良企業を売上高の伸びと売上高ランクで代表させることができるなら，そのような企業は明確な企業理念をもつといえるかもしれない。

2) 社是・社訓の内容

表資－2によれば，社是・社訓で用いられる理念の中で，用いられる頻度の高いものは「革新」「協調」「社会奉仕」(42.6%)である。次に「人間尊重」(31.9%)となり，その次に「事業の発展」(25.5%)，次に「堅実」「製品重視」(23.4%)が続き，「誠実」「顧客重視」(21.3%)となって，最後に「株主への責任」(10.6%)となっている。これらを企業をとりまく利害者集団別にみると「社会奉仕」が社会一般，「人間尊重」が従業員関連，「顧客重視」が消費者，「株主への責任」が対株主ととらえることができる。社是・社訓でこれらの対利害者集団別の理念が用いられる頻度は，社会一般，従業員，消費者，株主の順になっている。

ほとんどの企業が自社の社是・社訓には，企業の社会的責任や倫理性に関係する文言が入っていると考えている。少なくとも社是・社訓を有する企業においては，社会性・倫理性が企業理念として認識されているといえよう。

```
社是・社訓に企業の社会的責任や倫理性に関係する文言が
    1. 入っている    95.1% (N=61)
    2. 入っていない   3.3%
```

表資-1　企業属性と社是・社訓の有無

		合計	社是・社訓有無		
			ある	ない	その他
全体		98 100.0	59 60.2	37 37.8	2 2.0
正規従業員数	1,000人未満	41 100.0	22 53.7	18 43.9	1 2.4
	1,000人～3,000人未満	37 100.0	24 64.9	13 35.1	—
	3,000人以上	20 100.0	13 65.0	6 30.0	1 5.0
売上高伸率	マイナス	34 100.0	17 50.0	16 47.1	1 2.9
	0%～5%未満	36 100.0	22 61.1	13 36.1	1 2.8
	5%以上　計	27 100.0	20 74.1	7 25.9	—
売上高経常利益率	マイナス	23 100.0	15 65.2	7 30.4	1 4.3
	0%～3%未満	37 100.0	20 54.1	17 45.9	—
	3%以上　計	37 100.0	23 62.2	13 35.1	1 2.7
売上高ランク	1位	23 100.0	15 65.2	8 34.8	—
	2位～3位	29 100.0	18 62.1	11 37.9	—
	4位～10位	19 100.0	10 52.6	8 42.1	1 5.3
	11位～	22 100.0	12 54.5	9 40.9	1 4.5
創業後経過年数	30年未満	13 100.0	5 38.5	7 53.8	1 7.7
	30年～50年未満	36 100.0	25 69.4	11 30.6	—
	50年～70年未満	31 100.0	16 51.6	14 45.2	1 3.2
	70年以上	18 100.0	13 72.2	5 27.8	—
同業他社数	10社未満	31 100.0	17 54.8	14 45.2	—
	10社～50社未満	27 100.0	16 59.3	10 37.0	1 3.7
	50社～	37 100.0	23 62.2	13 35.1	1 2.7

（数字の上段は実数，下段は％）

表資-2　社是・社訓の内容

(N=47)

類　型	キーワード
1. 革　新 42.6%	技術を磨き未踏の分野に挑戦する，技術革新，新技術の開発，変化への挑戦，進取，想像力，研究と創造，創造的能力の発揮，社会環境の変化への適応，未知の世界に挑戦，困難に挑戦，より高いレベルに到達，MAKE－YOU－UP，創意と工夫，常に体質改善を図る，特徴，毎日を新しく，事業を開拓，QUANTUM LEAP '90，時流に先んずべし，未来追求，優れた技術力，変化に対応する生産体制
2. 堅　実 23.4%	堅実，質実剛健，節約，努力，努力精神，真面目，安全及び衛生第一，安全第一主義，安定成長，正確と精度，先憂後楽，徹底完遂第二年－神は細部に宿る－
3. 協　調 42.6%	協調，協力，親和協力，共存共栄，連帯，和，和而不同，和親一致，和則疆，人の和，相和し整然たる秩序，地域住民との融和，世界各国との国際相互理解，英知を結集，対話と参加，コミュニケーションの徹底，相互信頼
4. 人間尊重 31.9%	人間尊重，人間育成，人を活かす経営，よい自己をつくる，人をつくり人をまもる，人材の登用，能力開発，人々の幸福と生活の向上，社員の生活福祉の向上，従業員の幸福を図る，従業員の生活安定，家庭的美風，感謝と奉仕の精神，報恩感謝，温情友愛，愛，信じ合い愛し合い
5. 社会奉仕 42.6%	社会に奉仕・貢献，奉仕，企業の繁栄は社会に奉仕，国際社会への貢献とその継続的拡大，よい貢献をする，文化の進歩向上，豊かな社会の発展へ寄与，感謝報恩，平和で楽しく豊かな社会づくり，国際社会の発展，社会に対する経営責任，共存共栄のより豊かな社会づくり，産業報国，世界の人々になくてはならない存在でありたい，企業に関連する総て（資本，労働，取引先，社会）に対し感謝し報いること，健康増進と生活文化の向上
6. 顧客重視 21.3%	お客様に喜んで戴くための工夫，お客様第一，お客様の信用，一致協力して顧客に奉仕する，顧客の満足，消費者志向，ユーザー本位の経営姿勢，製品は安全第一
7. 製品重視 23.4%	品質，最高の品質，品質向上，品質第一主義，要求条件に完全に適合した製品サービス，すぐれた製品と技術，よいものを早く安く作って，愛され信頼される製品，永続かつ大量供給
8. 誠　実 21.3%	誠実，至誠，誠心，公正，礼節謙譲，清潔，公害防止，経理の公開
9. 事業の発展 25.5%	事業の発展，シェアランク引上げ，生産性向上，企業の成長，世界の○○○を創る，会社の繁栄，製菓展道立己，規模の適正，作業士気の高揚，よい仕事をする，持株制度の強化，管理の厳正
10. 株主への責任 10.6%	適正かつ安定せる配当，利益確保，利益蓄積と配分の適正化

注）類型化にあたっては，菱沼　信「企業文化の戦略的含意」『経済集志』第58巻第1号，日本大学，1988年4月 pp.51～68を参考にさせて戴いた。

(2) 企業の想定する社会的責任

企業が社会で担う責任について，自由回答を求めたところ，表補-3に示されている回答を得ている。これらが具体的にどのようなことばで表現されているかについては表資-3のキーワードの欄に記されている。

社会的責任が想起されるとき，製品に関するもの63.8%，従業員に関するもの25.9%，利潤・配当・事業に関するもの29.3%，地域社会に関するもの24.1%，社会全般に関するものが44.8%となっており，企業が社会で担う責任として企業が想起することの最も多いものは，製品に関する事柄であり，次に社会全般に関するものが続いている。次に，それぞれの社会的責任を想

表資-3　企業の社会で担う責任

(N=58)

類　型	キーワード
1. 製品供給　8.6%	安定供給，一寸でもダウンさせない
2. 製品品質　55.2%	社会や消費者のニーズに合った，生活のプラスになる，お客さまに最大の満足を与える，生活の質の向上に貢献できる，良質，世界でトップクラスの品質，高品質，安全，信頼，優れた技術と製品，適正品質＝経済性，低価格 産業のマザーツール，次代を担う子供に夢・クリエイションを与える，化粧品により女性個々の美を創造，真に必要な医薬品（ガン・エイズ・痴呆症）の開発
3. 従業員　25.9%	雇用の安定，雇用の確保，雇用の維持，従業員の生活水準の向上，従業員の生活の基盤，従業員の働きがいのある職場
4. 利　潤　17.2%	適正利潤，10%配当できる程度以上の利益 収益増加，付加価値を創出し関係者へ配分
5. 配　当　5.2%	株主への配当責任，配当継続
6. 地域社会　24.1%	社会資本の形成・整備・充実，環境保全・整備，下水道整備，上水道をおいしい水に無公害施工，社会福祉の増進，地域社会・経済への貢献，地域への利益還元，地域社会との融和
7. 社会全般　41.4%	納税，利益還元，適正利潤を社会に還元，産業の発展に貢献，新たな技術の開発，新しい生活習慣の提案，経済・文化・社会への貢献，人々の生活の質の向上，国民生活の向上，公共輸送の便宜性向上，社会との調和をはかってゆく，法・秩序の遵守，社会の平和と繁栄に寄与，世界経済の発展
8. 事　業　6.9%	経営の安定，事業の拡大，企業を発展させる
9. 利害者集団全般　3.4%	会社にまつわるすべてのものの要望に応じる

起する企業の特徴については表資-4に示されている。

　製品に関する事柄を想起する企業はその数が最も多いが，その特徴を平均との比較でみると，市場における地位はそれほど高くなく，マーケットシェアの低い企業といえる。社会全般に関する事柄を想起する企業は規模が大きく，業績がここ数年伸び悩んでいる企業であるが，社是・社訓を有するという特徴をもっている。従業員に関する事柄を想起する企業は，規模が大きく，

表資-4　企業の属性別社会的責任

		合計	社会で担う責任				
			製品	従業員	株主	地域社会	社会全般
全体		58 100.0	37 100.0	15 100.0	17 100.0	14 100.0	24 100.0
正規従業員数	1,000人未満	44.8	40.5	40.0	52.9	42.9	33.3
	1,000人～3,000人未満	22.7	35.1	33.3	35.3	42.9	37.5
	3,000人以上	22.4	24.3	26.7	23.5	14.3	29.2
売上高伸率	マイナス	31.0	37.8	53.3	47.1	21.4	41.6
	0%～5%未満	37.9	32.4	26.7	41.2	42.9	41.6
	5%以上　計	31.0	29.7	20.0	11.8	35.7	16.7
売上高経常利益率	マイナス	15.5	16.2	20.0	23.5	21.4	25.0
	0%～3%未満	41.4	40.5	40.0	41.2	42.8	41.6
	3%以上　計	43.1	43.2	40.0	35.3	35.7	33.3
売上高輸出比率	0%～5%未満	48.3	51.4	20.0	41.2	28.6	50.0
	5%～15%未満　計	27.6	24.3	33.3	11.8	28.6	20.8
	15%～　計	24.1	24.3	46.7	47.1	42.9	29.2
マーケットシェア	10%未満	34.5	37.8	26.7	17.6	28.6	33.3
	10%～20%未満	27.6	27.0	20.0	41.2	35.7	20.8
	20%～30%未満	20.7	18.9	26.7	11.8	7.1	29.2
	30%～　計	17.2	16.2	26.7	29.4	28.6	16.7
売上高ランク	1位	25.9	21.6	33.3	35.3	42.9	25.0
	2位～3位	24.1	29.7	20.0	35.3	14.3	25.0
	4位～10位	24.1	24.3	26.7	17.6	21.4	25.0
	11位～	24.1	21.6	20.0	11.8	21.4	25.0
社是・社訓の有無	ある	62.1	54.1	66.7	52.9	64.3	83.3
	ない	27.9	45.9	33.3	47.1	35.7	16.6

ここ数年業績が思わしくなく，輸出比率が高く，市場における地位も高い企業である。地域社会に関する事柄を想起する企業は，売上高は伸びており，輸出比率が高く，市場における地位も高いことが示されている。

　株主に関する事柄を想起する企業は，比較的規模が小さく，ここ数年の業績は芳しいとはいえないが，輸出比率が大きく，社是・社訓がないという傾向を示している。

3．意思決定領域における社会性・倫理性

〈仮説　3〉

　利害者集団の成熟過程に伴い，企業の意思決定領域にその利害者集団を位置づけねばならないが，現在それはなされている。

調査結果

　意思決定領域における関心項目を利害者集団別にみると，株主関連項目が最重視され，次に，消費者関連項目，従業員関連項目が続き，地域社会や社会全般に関連する項目に対する重視度はきわめて低いことが示されている。企業理念においては，利害者集団の目標ないし価値体系を反映するものとなっているが，意思決定領域においては，必ずしもそれらを反映しているとはいえず，とりわけ地域社会や社会全般の価値体系を実現するものとはなっていない。

〈仮説　4〉

　企業規模が大きくなれば，それに伴い社会的責任も大きくなると自覚されている。

調査結果

　地域社会関連項目において，公害，産業廃棄物，産業災害に対して，巨大企業は他企業と比較するときわめて高い重視度を示している。また，社会全般に関する事項に対しても，大企業は高い重視度を示している。従業員関連

についても，従業員の教育・訓練，能力開発，待遇面，労働環境の改善等は，従業員数の多い企業ほど，関心度合が大きい。また，男女雇用機会の均等化，身障者雇用の促進にも理解を示している。消費者関連においては，製品の安全性という面で重視度が高い。また，株価維持や配当性向維持を重視するのも，大企業に多い。規模の大きい企業はそれなりに社会的責任を自覚しているといえよう。

(1) 意思決定領域における社会性・倫理性の重視度

この調査では企業が事業活動を展開する場合，社会性・倫理性をどの程度重視しているかについて43項目を想定し，各項目についての5段階評価により，重視度を表わすスコアを算出した。すなわち，「非常に重視している」に2点，「ある程度重視している」に1点，「どちらともいえない」に0点，「ほどんど意識していない」に－1点，「全く意識していない」に－2点を与えている。表資－5は43項目のそれぞれのスコアを示したものである。

いま，それぞれの利害者集団ごとの重視度を比較するために，各利害者集団に関連する項目の平均値をみると表資－5の「8. 従業員の自主性の尊重」から，「19. 終身雇用の維持」までを従業員関連の項目とすると，これらの重視度のスコア平均は0.758である。このように計算すると企業集団別の重視度は表資－6のとおりである。

企業理念のレベルにおいては，社是・社訓の内容として用いられる頻度をみると，社会全般，従業員，消費者，株主に関する事項の順であったが，事業展開時においては，それらが重視される順位は逆転し，株主，消費者，従業員，社会全般に関する事項の順となる。理念レベルで意識されるものと，実際の事業展開時において重視される事柄とが乖離していることは注目される。

表資-5　意思決定領域における重視点

項目	スコア	項目	スコア
f1. 社是・社訓の遵守	1.2	b23. 地域行事への参加	0.6
f2. 企業アイデンティティ（CI）の浸透	0.8	b24. 地域からの資材購入	0.3
f3. 企業の事業展開の方向性の告知	1.2	b25. 地域対策専管部課の充実	-0.1
g4. 広報担当組織の充実	0.4	b26. 工場施設等の開放	-0.0
g5. 法務担当組織の充実	0.4	b27. 公害防除投資の増大	1.0
e6. 自社行動をチェックする専管部門の設置	0.2	b28. 産業廃棄物処理投資の増大	0.9
g7. 海外拠点の拡充	0.8	b29. 産業災害発生時の対策の充実	1.0
a8. 従業員の自主性の尊重	1.1	e30. 地震等の緊急時対策の充実	0.7
a9. 従業員の教育・訓練・能力開発	1.4	e31. 学術・文化振興のための寄付	0.1
a10. 従業員の給与体系ないしは年金制度の改善	1.1	c32. 欠陥商品発生時の対策（クレーム処理）	1.5
a11. 年次休暇の消化の奨励	0.1	c33. 消費者モニターの活用	0.2
a12. 残業時間の短縮	0.7	c34. 消費者対策専管部課の充実	0.3
a13. 身障者雇用の促進	0.3	c35. 製品の安全性，アフターサービスの充実	1.4
a14. 男女雇用機会の均等化	0.6	c36. 誇大広告の排除	0.6
a15. 労働環境の改善	1.2	c37. 不当景品の排除	0.6
a16. 従業員の福利厚生施設の充実	0.9	d38. 売上高の増大	1.6
a17. 労使協議機関の充実	1.1	d39. 純利益額の増大	1.9
a18. 任意退職率の低下	0.1	d40. 売上高収益率の向上	1.8
a19. 終身雇用の維持	0.5	d41. 株価維持	0.8
b20. 地域住民の雇用の確保	0.5	d42. 配当性向の維持	1.2
b21. 地域開発への協力	0.5	e43. 社会監査の実施	0.5
b22. 地域住民の苦情の削減	0.8		

注）a：従業員関連項目　　b：地域社会関連項目　　c：消費者関連項目　　d：株主関連項目
　　e：社会全般項目　　f：経営理念関連項目　　g：戦略関連項目

表資-6　各利害者集団に対する平均重視度

対　株　主	1.300
対　顧　客	0.767
対　従　業　員	0.758
対　地　域	0.550
対　社　会　全　般	0.375
経　営　理　念	1.067
戦　　　略	0.533

1) 従業員関連事項

　従業員関連項目に対する重視度は図資－1に示されており，これらと企業属性の関係をみていきたい。

　最も重視されている「従業員の教育・訓練・能力開発」はどのような企業においても，そのスコアが高いが，とりわけ，従業員数の多い企業やマーケットシェアの小さい企業で，そうでない企業との差の大きいことが示されている。次に重視されている「労働環境の改善」「従業員の給与体系ないしは年金制度の改善」「労使協議機関の充実」についても，企業の属性による

図資－1　従業員関連項目に対する重視度

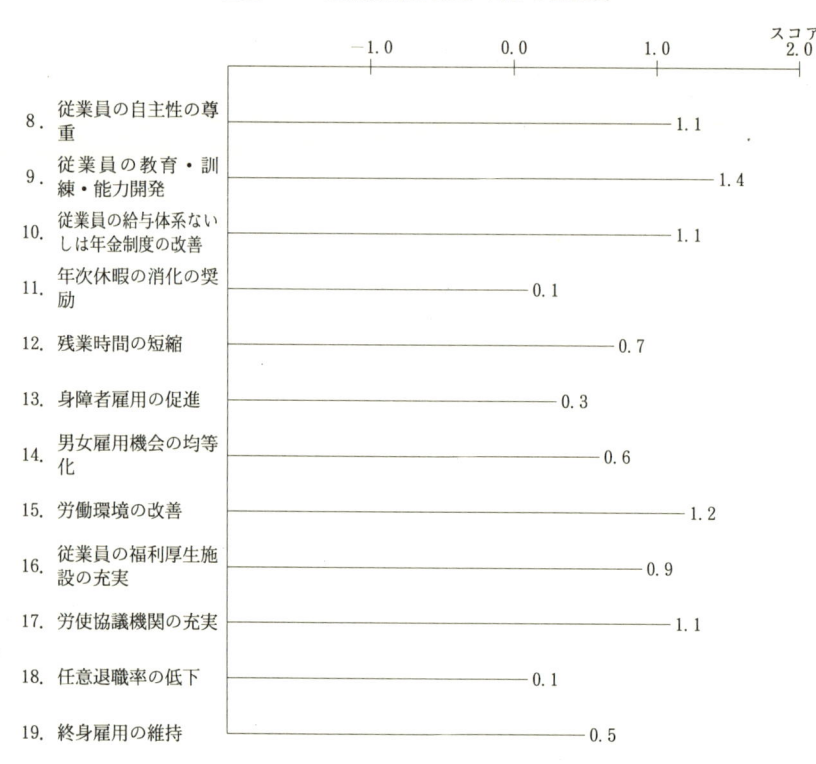

項目	スコア
8. 従業員の自主性の尊重	1.1
9. 従業員の教育・訓練・能力開発	1.4
10. 従業員の給与体系ないしは年金制度の改善	1.1
11. 年次休暇の消化の奨励	0.1
12. 残業時間の短縮	0.7
13. 身障者雇用の促進	0.3
14. 男女雇用機会の均等化	0.6
15. 労働環境の改善	1.2
16. 従業員の福利厚生施設の充実	0.9
17. 労使協議機関の充実	1.1
18. 任意退職率の低下	0.1
19. 終身雇用の維持	0.5

差はあまりみられないが，これらに共通して，創業年の古い企業での重視度が高く，従業員数の多い企業での重視度が高いという特徴を見出すことができる。次に重視されている「福利厚生施設の充実」は，企業規模が大きく，売上高の伸びている企業で重視されている。対従業員においては，その教育・訓練・待遇面，労働環境が重視されており，これらは企業属性にさほど影響をうけないがとりわけこれらを重視する度合いの高い企業は，従業員が多く，創業後経過年数を経ており，比較的業績の良い企業といえるだろう。

なお，企業規模別（資本金・従業員・年間売上高）重視度については，表資－7，業績別重視度（売上高伸率・売上高経常利益率）については，表資－8，市場での地位重視度（マーケットシェア・売上高ランク）については，表資－9，多角化別，創業後経過年数別重視度（主力製品分野のウェイト・創業後経過年数）については，表資－10にそれぞれ示してある。

2） 地域社会関連項目

地域社会関連項目に対する重視度は図資－2に示されている。地域社会関連項目の中で，最も重視されているのは，「公害防除投資の増大」「産業災害発生時の対策の充実」である。次に重視されているのは，「産業廃棄物処理投資の増大」「地域住民の苦情の削減」であり，次いで公害，産業廃棄物，産業災害，それらに基づく住民の苦情が重視されていることが示されている。

3） 消費者関連項目

消費者関連項目に対する重視度は図資－3に示す通りである。これらの重視度が企業属性によってどの程度影響をうけるかについてみていきたい。

消費者関連項目の中で，最も重視されているのは，「欠陥商品発生時の対策（クレーム処理）」であり，売上高輸出比率の大きい企業や主力製品に特化している企業での重視度の高い傾向が示されている。次に重視されているのは，「製品の安全性，アフターサービスの充実」であって，これは，企業規模が大きく，創業年の古い企業で重視されている。「誇大広告の排除」に

表資-7　企業規模別重視度（従業員関連項目）

項目	資本金		従業員数			年間売上高		
	10〜30億円	100億円以上	1,000人未満	1,000人〜3,000人未満	3,000人以上	〜500億円未満	500〜1,000億円未満	1,000億円以上
従業員の自主性の尊重	1.2	1.1	1.0	1.2	1.2	1.1	1.1	1.1
従業員の教育・訓練・能力開発	1.4	1.5	1.1	1.6	*1.6	1.3	1.5	1.6
従業員の給与体系ないしは年金制度の改善	1.1	1.0	1.1	1.1	1.1	1.1	1.0	1.0
年次休暇の消化の奨励	0.1	0.0	−0.1	0.1	*0.3	−0.1	0.2	0.2
残業時間の短縮	0.8	0.8	0.5	0.9	*0.9	0.6	0.9	0.9
身障者雇用の促進	0.3	0.4	0.1	0.4	*0.6	0.2	0.6	0.3
男女雇用機会の均等化	0.3	*1.0	0.4	0.7	*0.9	0.4	0.7	*0.9
労働環境の改善	1.1	1.2	1.1	1.1	*1.5	1.2	1.2	1.3
従業員の福利厚生施設の充実	0.7	*1.0	0.7	1.1	*1.1	0.8	1.1	*1.1
労使協議機関の充実	1.0	*1.3	0.9	1.2	*1.5	1.0	1.1	*1.4
任意退職率の低下	−0.0	0.0	0.1	0.1	−0.1	0.1	0.1	0.0
終身雇用の維持	0.3	*0.6	0.4	0.5	0.6	0.4	0.5	0.6

表資-8　業績別重視度（従業員関連項目）

項目	売上高伸率			売上高経常利益率		
	マイナス	〜5％未満	5％以上	マイナス	〜3％未満	3％以上
従業員の自主性の尊重	1.1	1.1	1.1	1.2	1.1	1.0
従業員の教育・訓練・能力開発	1.4	1.4	1.6	1.3	1.4	1.5
従業員の給与体系ないしは年金制度の改善	1.0	1.0	1.2	1.0	1.1	1.1
年次休暇の消化の奨励	−0.1	0.1	0.2	0.0	0.1	0.1
残業時間の短縮	0.8	0.6	0.9	0.9	0.7	0.7
身障者雇用の促進	0.2	0.3	*0.5	0.1	0.4	*0.4
男女雇用機会の均等化	0.5	0.5	*0.9	0.3	0.6	*0.7
労働環境の改善	1.1	1.3	1.3	1.0	1.2	*1.3
従業員の福利厚生施設の充実	0.8	0.9	*1.1	0.8	0.9	1.0
労使協議機関の充実	1.0	1.2	1.1	1.0	1.1	1.1
任意退職率の低下	0.1	0.0	0.2	−0.0	0.1	0.1
終身雇用の維持	0.6	0.5	0.4	0.5	0.4	0.6

表資-9 市場での地位別重視度（従業員関連項目）

項目	マーケットシェア		売上高ランク	
	10%未満	30%以上	1位	11位以下
従業員の自主性の尊重	1.0	0.9	1.0	1.0
従業員の教育・訓練・能力開発	*1.5	1.2	1.3	1.5
従業員の給与体系ないしは年金制度の改善	1.1	0.9	0.9	1.2
年次休暇の消化の奨励	0.1	0.0	－0.2	*0.2
残業時間の短縮	0.9	0.7	0.6	*0.9
身障者雇用の促進	0.3	0.4	0.2	0.3
男女雇用機会の均等化	0.6	0.5	0.5	0.5
労働環境の改善	1.2	1.1	1.0	1.2
従業員の福利厚生施設の充実	1.0	0.9	0.9	0.8
労使協議機関の充実	*1.2	0.9	0.8	*1.2
任意退職率の低下	*0.2	－0.1	－0.1	1.0
終身雇用の維持	*0.7	0.3	0.1	*0.4

表資-10 多角化別, 創業後経過年数別重視度（従業員関連項目）

項目	主力製品分野のウエイト		創業後経過年数	
	多角化大	多角化小	～30年未満	70年以上
従業員の自主性の尊重	0.9	1.1	1.0	1.2
従業員の教育・訓練・能力開発	1.5	1.5	1.5	1.5
従業員の給与体系ないしは年金制度の改善	1.0	1.1	0.9	*1.2
年次休暇の消化の奨励	*0.5	－0.1	0.2	0.2
残業時間の短縮	0.7	0.6	0.6	0.8
身障者雇用の促進	0.2	0.2	0.5	0.6
男女雇用機会の均等化	0.3	*0.9	0.5	*0.9
労働環境の改善	1.3	1.2	1.0	*1.5
従業員の福利厚生施設の充実	1.0	1.0	0.9	1.1
労使協議機関の充実	1.0	1.1	1.1	*1.4
任意退職率の低下	－0.2	0.1	0.2	0.2
終身雇用の維持	0.0	*0.6	0.3	*0.9

（多角化大…主力製品分野が30%以内
多角化小…主力製品分野が70%超）
以下の表でも同様である。

図資-2 地域社会関連項目に対する重視度

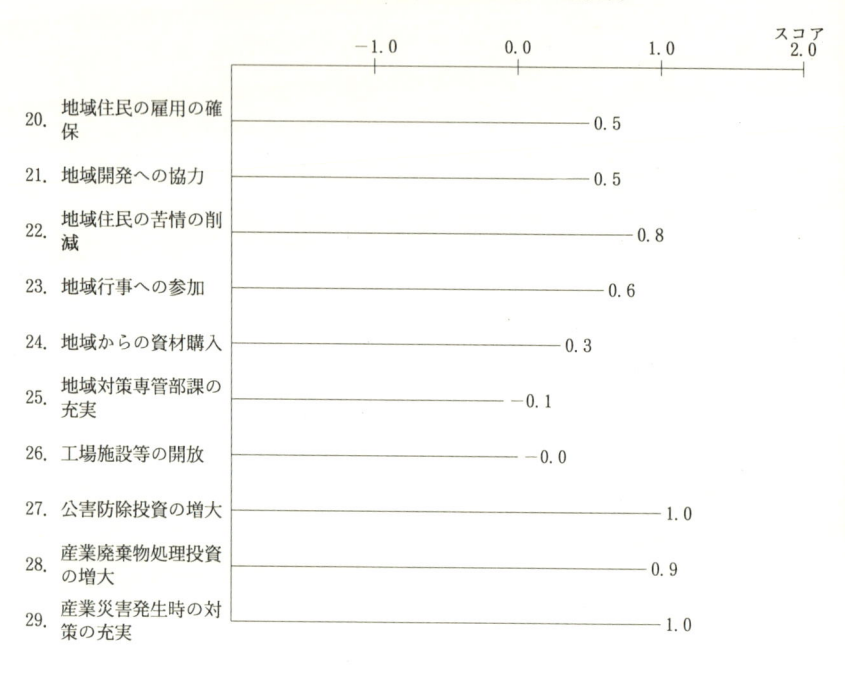

項目	スコア
20. 地域住民の雇用の確保	0.5
21. 地域開発への協力	0.5
22. 地域住民の苦情の削減	0.8
23. 地域行事への参加	0.6
24. 地域からの資材購入	0.3
25. 地域対策専管部課の充実	−0.1
26. 工場施設等の開放	−0.0
27. 公害防除投資の増大	1.0
28. 産業廃棄物処理投資の増大	0.9
29. 産業災害発生時の対策の充実	1.0

図資-3 消費者関連項目に対する重視度

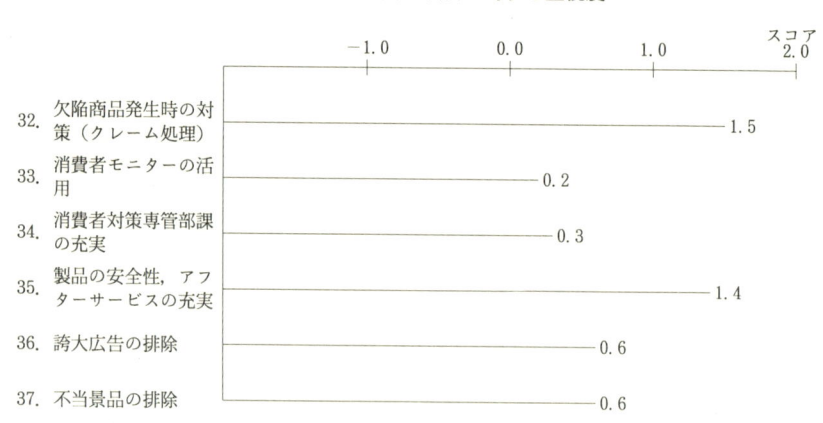

項目	スコア
32. 欠陥商品発生時の対策（クレーム処理）	1.5
33. 消費者モニターの活用	0.2
34. 消費者対策専管部課の充実	0.3
35. 製品の安全性，アフターサービスの充実	1.4
36. 誇大広告の排除	0.6
37. 不当景品の排除	0.6

については、ほぼどの企業も同程度の関心を示しているが、とりたてていえば、マーケットシェアの小さい企業での重視度が比較的高いといえる。不当景品や誇大広告を排除することを重視しているのは、市場における地位の低い企業であるといえよう。

「消費者モニターの活用」の重視度は低いが、その中で、比較的これを重視しているのは、売上高ランク1位の企業、従業員数の大きい企業、売上高がここ数年低迷している企業といえるだろう。また、「消費者対策専管部課の充実」についてもその重視度は高いとはいえず、これを重視するのは、売上高経常利益率が高く、主力製品に特化していて、マーケットシェアの小さい企業であることが指摘できる。

以上のことは、表資－11〜14にそれぞれ示してある。

4) 株主関連項目

株主関連項目に対する重視度は図資－4に示されている。これらの重視度と企業属性とのかかわりを次にみていきたい。

最も重視度の高い「純利益額の増大」「売上高収益率の向上」「売上高の増大」はどのような企業においても重視されており、企業属性による差はみられない。しいていうならば、「売上高の増大」は、ここ数年、売上高の伸率の大きい企業によって、より重視されていることが示されている。「株価維持」「配当性向の維持」については、資本金規模の大きい企業、業種の良好な企業、創業年の古い企業において重視されるという共通の特徴をもっている。

以上のように株主関連項目とそれぞれの重視度については、表資15〜18に記している。

表資-11　企業規模別重視度（消費者関連項目）

項　目	資本金		従業員数			年間売上高		
	10～30億円	100億円以上	1,000人未満	1,000人～3,000人未満	3,000人以上	～500億円未満	500～1,000億円未満	1,000億円以上
欠陥商品発生時の対策（クレーム処理）	1.5	1.7	1.5	1.5	1.7	1.5	1.6	1.5
消費者モニターの活用	0.3	0.3	0.1	0.2	*0.4	0.0	*0.6	0.1
消費者対策専管部課の充実	0.2	0.4	0.3	0.2	0.4	0.2	0.4	0.4
製品の安全性、アフターサービスの充実	1.1	*1.6	1.3	1.2	*1.8	1.3	1.4	1.6
誇大広告の排除	0.6	0.8	0.6	0.5	0.7	0.5	*0.9	0.6
不当景品の排除	0.6	0.8	0.5	0.5	*0.9	0.4	0.5	*0.9

表資-12　業績別重視度（消費者関連項目）

項　目	売上高伸率			売上高経常利益率		
	マイナス	～5％未満	5％以上	マイナス	～3％未満	3％以上
欠陥商品発生時の対策（クレーム処理）	1.5	1.5	1.6	1.5	1.5	1.6
消費者モニターの活用	*0.3	0.2	－0.0	0.2	0.1	0.2
消費者対策専管部課の充実	0.3	0.4	0.1	0.1	0.3	*0.4
製品の安全性、アフターサービスの充実	1.3	1.4	1.4	1.2	1.4	1.4
誇大広告の排除	0.7	0.5	0.6	0.6	0.6	0.6
不当景品の排除	0.7	0.5	0.5	0.4	0.7	0.5

表資-13　市場での地位別重視度（消費者関連項目）

項　目	マーケットシェア		売上高ランク	
	10％未満	30％以上	1位	11位以下
欠陥商品発生時の対策（クレーム処理）	1.7	1.4	1.5	1.5
消費者モニターの活用	*0.3	－0.1	*0.3	－0.3
消費者対策専管部課の充実	*0.7	0.1	0.3	0.1
製品の安全性、アフターサービスの充実	1.3	1.3	1.3	1.3
誇大広告の排除	*0.6	0.2	0.5	0.6
不当景品の排除	*0.7	0.3	0.4	*0.7

表資-14 多角化別，創業後経過年数別重視度（消費者関連項目）

項　　目	主力製品分野のウエイト		創業後経過年数	
	多角化大	多角化小	～30年未満	70年以上
欠陥商品発生時の対策（クレーム処理）	1.1	*1.7	1.4	1.6
消費者モニターの活用	0.1	0.2	0.3	0.2
消費者対策専管部課の充実	-0.1	*0.5	0.4	0.2
製品の安全性，アフターサービスの充実	1.2	1.4	1.2	*1.6
誇大広告の排除	0.6	0.6	0.8	0.7
不当景品の排除	0.5	0.5	0.8	0.8

（多角化大…主力製品分野が30％以内）
（多角化小…主力製品分野が70％超）

図資-4　株主関連項目に対する重視度

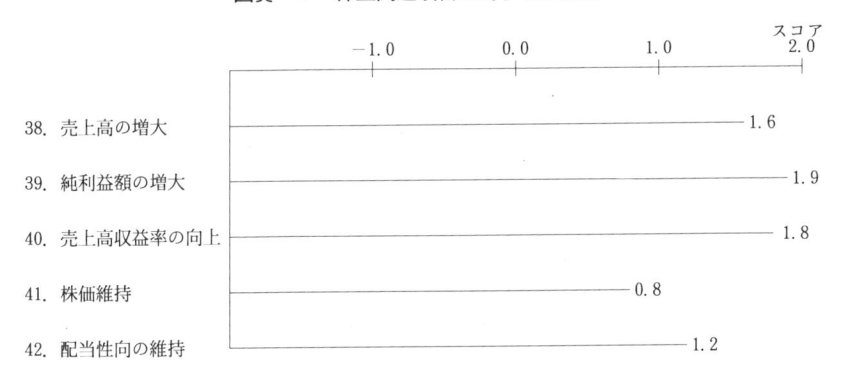

```
                    -1.0        0.0        1.0     スコア 2.0
38. 売上高の増大                                    1.6
39. 純利益額の増大                                  1.9
40. 売上高収益率の向上                              1.8
41. 株価維持                              0.8
42. 配当性向の維持                          1.2
```

表資-15 業績別重視度（株主関連項目）

項　　目	売上高伸率			売上高経常利益率		
	マイナス	～5％未満	5％以上	マイナス	～3％未満	3％以上
売上高の増大	1.4	*1.7	*1.7	1.6	1.6	1.6
純利益額の増大	1.8	1.9	1.9	1.9	1.8	1.9
売上高収益率の向上	1.8	1.8	1.8	1.9	1.8	1.8
株価維持	0.7	0.9	*1.0	0.6	0.7	*1.0
配当性向の維持	1.0	*1.3	*1.3	0.9	1.2	*1.4

表資-16 企業規模別重視度（株主関連項目）

項目	資本金		従業員数			年間売上高		
	10〜30億円	100億円以上	1,000人未満	1,000人〜3,000人未満	3,000人以上	〜500億円未満	500〜1,000億円未満	1,000億円以上
売上高の増大	1.6	1.5	1.6	1.7	1.6	1.6	1.8	1.5
純利益額の増大	1.9	1.9	1.7	2.0	1.9	1.8	1.9	1.9
売上高収益率の向上	1.8	1.8	1.6	*1.9	*1.9	1.7	1.9	1.9
株価維持	0.6	*0.9	0.7	0.9	0.9	0.7	0.9	0.9
配当性向の維持	1.1	*1.3	1.1	1.2	1.3	1.2	1.2	1.2

表資-17 市場での地位別重視度（株主関連項目）

項目	マーケットシェア		売上高ランク	
	10％未満	30％以上	1位	11位以下
売上高の増大	1.5	1.6	1.7	1.7
純利益額の増大	1.7	1.8	1.8	1.9
売上高収益率の向上	1.7	1.7	1.7	1.8
株価維持	0.8	0.6	0.8	0.7
配当性向の維持	1.2	1.1	1.0	1.1

表資-18 多角化別，創業後経過年数別重視度（株主関連項目）

項目	主力製品分野のウェイト		創業後経過年数	
	多角化大	多角化小	〜30年未満	70年以上
売上高の増大	1.7	1.6	1.5	1.7
純利益額の増大	1.9	1.8	1.8	2.0
売上高収益率の向上	1.9	1.8	1.6	*1.9
株価維持	0.7	0.8	0.3	*1.1
配当性向の維持	1.1	1.2	0.8	*1.2

（多角化大…主力製品分野が30％以内）
（多角化小…主力製品分野が70％超）

5） 社会全般に関する項目

「学術・文化振興のための寄付」「地震等の緊急時対策の充実」「自社行動をチェックする専管部門の設置」「社会監査の実施」は社会全般に関連する項目と考えることができる。次に，これらの重視度と企業属性とのかかわりをみていきたい。

「学術・文化振興のための寄付」について影響をもつ企業属性は，企業規

模と企業の業績である。企業規模が大きいほど，また売上高経常利益率が大きいほど，重視される傾向が示されている。また，輸出割合の大きい企業の方でどちらかといえば重視する傾向も示されている。

「自社行動をチェックする専管部門の設置」の重視度に影響をもつ企業属性は，従業員数，売上高ランク，輸出比率である。従業員規模が大きいほど，売上高ランクが高いほど，また，輸出比率の大きいほど，重視されている。

「社会監査の実施」は企業属性とかかわりなく，どのような企業においても重視度は低レベルである。

社会全般に関する項目を重視する企業を概してみると，大規模，業績が良好，輸出比率が大きいといった共通の特徴を見出すことができる。

(2) 社是・社訓の有無と社会性・倫理性

社是・社訓を設定している企業とそうでない企業で，社会性・倫理性の重視度に差が生じているかをみるために，社是・社訓のある企業における社会性・倫理性に対する重視度とない企業における重視度の比較を行っている。社是・社訓のある企業の方が，ない企業よりも著しく重視されている項目は，「社是・社訓の遵守」「自社行動をチェックする専管部門の設置」「海外拠点の拡充」「身障者雇用の促進」「工場施設等の開放」であることが示された。次に格差の大きい項目は，「広報担当組織の充実」「法務担当組織の充実」

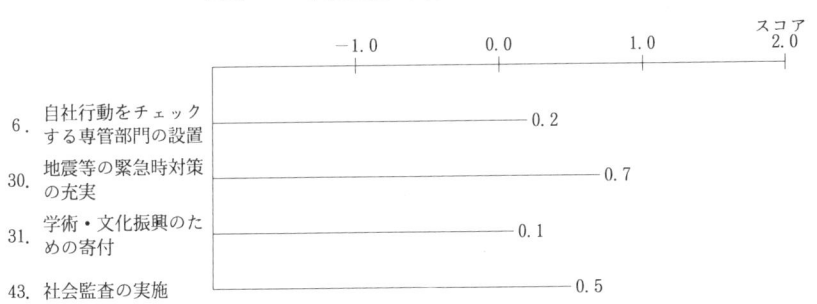

図資-5 社会全般に関する項目の重視度

	スコア
6. 自社行動をチェックする専管部門の設置	0.2
30. 地震等の緊急時対策の充実	0.7
31. 学術・文化振興のための寄付	0.1
43. 社会監査の実施	0.5

「地域住民の苦情の削減」「誇大広告の排除」「不当景品の排除」「株価維持」である。また,「企業の事業展開の方向性の告知」「男女雇用機会の均等化」

表資-19 企業規模別重視度（社会全般,経営理念,戦略）

項　目	資本金		従業員数			年間売上高		
	10〜30億円	100億円以上	1,000人未満	1,000人〜3,000人未満	3,000人以上	〜500億円未満	500〜1,000億円未満	1,000億円以上
学術・文化振興のための寄付	0.1	*0.4	−0.2	*0.3	*0.4	−0.0	0.2	*0.4
地震等の緊急時対策の充実	0.4	*1.1	0.7	0.6	*1.0	0.6	0.7	*1.0
自社行動をチェックする専管部門の設置	0.1	0.3	−0.1	0.3	*0.6	0.1	0.3	0.3
社会監査の実施	0.3	0.4	0.3	0.6	0.4	0.4	0.3	0.6
社是・社訓の遵守	1.2	1.4	1.0	*1.3	*1.3	1.1	1.4	1.2
企業アイデンティティ(CI)の浸透	0.8	1.0	0.6	*1.0	*1.0	0.7	0.9	*1.0
企業の事業展開の方向性の告知	1.2	1.3	1.2	1.1	*1.4	1.3	1.2	1.2
広報担当組織の充実	0.1	*1.1	0.1	0.6	*1.0	0.1	*0.8	*0.9
法務担当組織の充実	0.2	*0.8	0.3	0.4	*0.8	0.2	0.5	*0.8
海外拠点の拡充	0.6	*1.4	0.5	0.8	*1.4	0.6	0.8	*1.2

表資-20 業績別重視度（社会全般,経営理念,戦略）

項　目	売上高伸率			売上高経常利益率		
	マイナス	〜5%未満	5%以上	マイナス	〜3%未満	3%以上
学術・文化振興のための寄付	0.3	−0.0	0.2	0.0	−0.0	*0.3
地震等の緊急時対策の充実	0.5	0.9	*0.9	0.4	0.8	*0.9
自社行動をチェックする専管部門の設置	0.3	0.1	0.3	0.3	0.2	0.2
社会監査の実施	0.5	0.5	0.4	0.3	0.6	0.5
社是・社訓の遵守	1.0	1.4	*1.3	0.9	1.2	*1.4
企業アイデンティティ(CI)の浸透	0.9	0.6	*1.1	0.7	0.9	0.8
企業の事業展開の方向性の告知	1.2	1.0	*1.5	1.2	1.2	1.3
広報担当組織の充実	0.5	0.2	*0.7	0.3	0.4	0.6
法務担当組織の充実	0.4	0.2	*0.7	0.3	0.4	*0.6
海外拠点の拡充	0.9	0.3	*1.3	0.8	0.8	0.8

「地域開発の協力」「消費者モニターの活用」においても，社是・社訓のある企業で重視される傾向のあることを示している。以上の社会全般，経営理念，戦略の重視度については表資－19〜23に示してある。

表資－21 市場での地位別重視度（社会全般，経営理念，戦略）

項　目	マーケットシェア		売上高ランク	
	10%未満	30%以上	1位	11位以下
学術・文化振興のための寄付	0.3	0.1	0.0	0.1
地震等の緊急時対策の充実	0.8	0.8	0.8	0.8
自社行動をチェックする専管部門の設置	0.0	0.1	*0.4	-0.2
社会監査の実施	0.5	0.5	0.5	0.3
社是・社訓の遵守	*1.2	0.8	1.2	1.2
企業アイデンティティ（CI）の浸透	*0.8	0.4	0.8	0.8
企業の事業展開の方向性の告知	1.0	*1.3	1.3	1.3
広報担当組織の充実	*0.5	0.2	*0.5	0.1
法務担当組織の充実	*0.4	0.1	*0.5	0.2
海外拠点の拡充	0.4	*0.9	*1.1	0.7

表資－22 輸出多寡別重視度（社会全般，経営理念，戦略）

項　目	売上高輸出比率			業　種	
	5%未満	5〜15%未満	15%以上	輸出型	内需型
学術・文化振興のための寄付	0.0	0.2	0.2	0.2	0.0
地震等の緊急時対策の充実	0.7	0.7	0.8	0.8	0.7
自社行動をチェックする専管部門の設置	-0.1	*0.5	*0.4	*0.5	0.0
社会監査の実施	0.5	0.6	0.3	0.4	0.5
社是・社訓の遵守	1.2	1.2	1.2	1.1	1.2
企業アイデンティティ（CI）の浸透	0.7	*1.0	0.9	0.9	0.7
企業の事業展開の方向性の告知	1.1	1.3	*1.4	*1.4	1.0
広報担当組織の充実	0.4	0.5	0.6	0.5	0.3
法務担当組織の充実	0.3	0.4	0.5	0.3	0.4
海外拠点の拡充	0.5	0.8	*1.3	*1.1	0.4

表資-23　社是・社訓有無別重視度

	社是・社訓	
	ある	ない
1. 社是・社訓の遵守	1.3	-0.3
2. 企業アイデンティティ（CI）の浸透	0.8	0.8
3. 企業の事業展開の方向性の告知	1.3	1.0
4. 広報担当組織の充実	0.6	0.2
5. 法務担当組織の充実	0.6	0.2
6. 自社行動をチェックする専管部門の設置	0.4	-0.2
7. 海外拠点の拡充	1.0	0.5
8. 従業員の自主性の尊重	1.1	1.1
9. 従業員の教育・訓練・能力開発	1.5	1.4
10. 従業員の給与体系ないしは年金制度の改善	1.1	0.9
11. 年次休暇の消化の奨励	0.1	-0.0
12. 残業時間の短縮	0.8	0.7
13. 身障者雇用の促進	0.5	0.0
14. 男女雇用機会の均等化	0.7	0.4
15. 労働環境の改善	1.3	1.1
16. 従業員の福利厚生施設の充実	1.0	0.8
17. 労使協議機関の充実	1.1	1.1
18. 任意退職率の低下	0.1	0.1
19. 終身雇用の維持	0.4	0.6
20. 地域住民の雇用の確保	0.5	0.4
21. 地域開発への協力	0.6	0.3
22. 地域住民の苦情の削減	0.9	0.5
23. 地域行事への参加	0.6	0.6
24. 地域からの資材購入	0.3	0.3
25. 地域対策専管部課の充実	-0.1	-0.2
26. 工場施設等の開放	0.2	-0.3
27. 公害防除投資の増大	1.0	1.0
28. 産業廃棄物処理投資の増大	0.9	0.9
29. 産業災害発生時の対策の充実	1.0	1.0
30. 地震等の緊急時対策の充実	0.8	0.6
31. 学術・文化振興のための寄付	0.1	0.1
32. 欠陥商品発生時の対策（クレーム処理）	1.6	1.5
33. 消費者モニターの活用	0.3	0.0
34. 消費者対策専管部課の充実	0.3	0.2
35. 製品の安全性，アフターサービスの充実	1.4	1.3
36. 誇大広告の排除	0.7	0.3
37. 不当景品の排除	0.7	0.3
38. 売上高の増大	1.6	1.6
39. 純利益額の増大	1.9	1.8
40. 売上高収益率の向上	1.8	1.8
41. 株価維持	1.0	0.6
42. 配当性向の維持	1.1	1.3
43. 社会監査の実施	0.5	0.5

（数字はスコア）

4. 国際化による社会性・倫理性の変容

〈仮説 5〉

 国際化の進展に伴って，企業の社会的責任や倫理性の領域は拡大・変容してきていると企業は認識している。

調査結果

 半数近くの企業で，国際化の進展に伴い，企業の社会的責任や倫理性の領域が拡大・変容してきていると認識されている。とりわけ，規模が大きく，業績が良好で，市場における地位の高い企業でその傾向がみられ，輸出比率や多角化の進展度合いの高い企業でも同一傾向が示されている。

(1) 社会性・倫理性の拡大・変容の認識

 今回の調査によって国際化の進展に伴って，企業の社会的責任や倫理性の領域が「拡大・変容してきている」と認識している企業は半数近くを占め「めだった変化はない」とする企業（3割弱）を超えていることが明らかにされている。

(N＝98)

1．拡大・変容してきている	46.9％
2．どちらともいえない	19.4
3．めだった変化はない	29.6
4．その他	―

 「拡大・変容してきている」と認識している企業の特色は，次の図資－6に示されている。それによれば，企業規模が大きく，業績は良好，市場における地位の高い企業である。とりわけ，売上高伸率の大きい企業において，強くその拡大・変容が認識されている。また，売上高輸出比率の大きい企業

図資-6　社会的責任拡大・変容の認識と企業属性

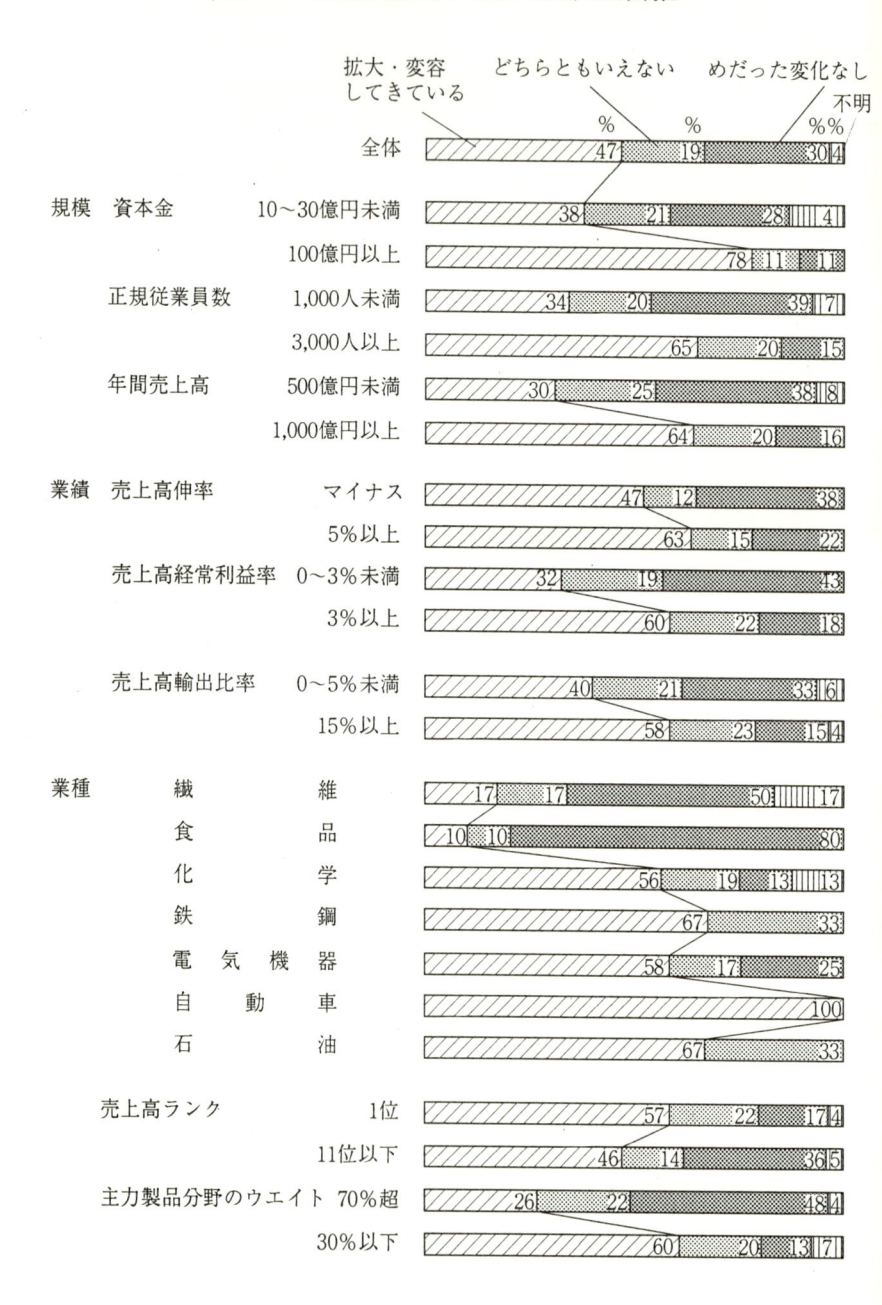

		拡大・変容してきている %	どちらともいえない %	めだった変化なし %	不明 %
	全体	47	19	30	4
規模　資本金	10～30億円未満	38	21	28	4
	100億円以上	78	11	11	
正規従業員数	1,000人未満	34	20	39	7
	3,000人以上	65	20	15	
年間売上高	500億円未満	30	25	38	8
	1,000億円以上	64	20	16	
業績　売上高伸率	マイナス	47	12	38	
	5%以上	63	15	22	
売上高経常利益率	0～3%未満	32	19	43	
	3%以上	60	22	18	
売上高輸出比率	0～5%未満	40	21	33	6
	15%以上	58	23	15	4
業種	繊維	17	17	50	17
	食品	10	10	80	
	化学	56	19	13	13
	鉄鋼	67		33	
	電気機器	58	17	25	
	自動車	100			
	石油	67		33	
売上高ランク	1位	57	22	17	4
	11位以下	46	14	36	5
主力製品分野のウエイト	70%超	26	22	48	4
	30%以下	60	20	13	7

社是・社訓の有無	有	56 / 18 / 23 / 3
	無	32 / 22 / 41 / 5
海外子会社数	3社未満	40 / 24 / 32 / 5
	3〜5社	70 / 10 / 20
海外関連会社数	3社未満	41 / 23 / 31 / 4
	3社以上	71 / 6 / 24

ほど，その認識度合いが高い。「拡大・変容」を強く認識している業種は，化学，鉄鋼，電気機器，石油，自動車である。とりわけ，自動車では7社中7社において，社会的責任や倫理性の領域が拡大・変容してきているととらえている。市場における地位も影響しており，売上高ランク1位の企業での認識度合いが強い。

(2) 社会的責任変容の認識と社会性・倫理性の重視度

　国際化の進展に伴い，企業の社会的責任や倫理性の領域が従来と異なってきていると認識している企業と，めだった変化はないと考えている企業の間で，事業展開時の重視点に差はあるであろうか。社会的責任・倫理性の変容を認識している企業において，著しく重視されているのは，「労働環境の改善」「社是・社訓の遵守」「海外拠点の拡充」である。

表資-24　社会的責任変容の認識と社会性・倫理性重視度

	社会的責任		
	拡大・変容	どちらともいえない	変化なしだめ
1. 社是・社訓の遵守	1.4	1.1	0.8
2. 企業アイデンティティ（CI）の浸透	1.0	0.6	0.6
3. 企業の事業展開の方向性の告知	1.4	1.2	1.0
4. 広報担当組織の充実	0.7	0.3	0.2
5. 法務担当組織の充実	0.6	0.4	0.1
6. 自社行動をチェックする専管部門の設置	0.4	0.3	-0.1
7. 海外拠点の拡充	1.1	0.6	0.5
8. 従業員の自主性の尊重	1.0	1.1	1.3
9. 従業員の教育・訓練・能力開発	1.6	1.2	1.2
10. 従業員の給与体系ないしは年金制度の改善	1.2	0.8	0.9
11. 年次休暇の消化の奨励	0.1	0.1	-0.1
12. 残業時間の短縮	0.8	0.7	0.7
13. 身障者雇用の促進	0.5	0.3	0.0
14. 男女雇用機会の均等化	0.9	0.4	0.4
15. 労働環境の改善	1.5	0.9	0.9
16. 従業員の福利厚生施設の充実	1.1	0.6	0.8
17. 労使協議機関の充実	1.3	1.0	0.9
18. 任意退職率の低下	0.0	-0.1	0.2
19. 終身雇用の維持	0.6	0.3	0.4
20. 地域住民の雇用の確保	0.5	0.5	0.6
21. 地域開発への協力	0.7	0.5	0.5
22. 地域住民の苦情の削減	1.0	0.7	0.5
23. 地域行事への参加	0.7	0.5	0.5
24. 地域からの資材購入	0.3	0.2	0.4
25. 地域対策専管部課の充実	-0.1	-0.2	-0.3
26. 工場施設等の開放	0.1	0.0	-0.3
27. 公害防除投資の増大	1.1	1.0	0.9
28. 産業廃棄物処理投資の増大	0.9	0.9	0.8
29. 産業災害発生時の対策の充実	1.1	0.8	0.9
30. 地震等の緊急時対策の充実	0.9	0.6	0.5
31. 学術・文化振興のための寄付	0.4	0.2	-0.2
32. 欠陥商品発生時の対策（クレーム処理）	1.7	1.3	1.5
33. 消費者モニターの活用	0.4	-0.1	0.0
34. 消費者対策専管部課の充実	0.5	0.0	0.1
35. 製品の安全性、アフターサービスの充実	1.5	1.3	1.1
36. 誇大広告の排除	1.0	0.3	0.3
37. 不当景品の排除	0.9	0.2	0.3
38. 売上高の増大	1.6	1.6	1.6
39. 純利益額の増大	1.9	1.8	1.8
40. 売上高収益率の向上	1.9	1.8	1.8
41. 株価維持	0.8	0.8	0.8
42. 配当性向の維持	1.2	1.1	1.2
43. 社会監査の実施	0.6	0.5	0.3

（数字はスコア）

5．企業評価における社会性・倫理性

〈仮説　6〉

　企業の価値体系はその量的指標としての業績評価項目に体現されている。現在，企業は社会の期待に適合すべくこれらの評価項目に社会的価値基準を反映させた項目を採用している。

調査結果

　社会的価値基準を反映する評価項目として，環境保全や地域住民の苦情の処理・解決，製品の安全性などが考えられる。環境保全については，「産業災害発生率」「公害防止努力」「地域住民からの苦情件数」「地域自治体からの警告件数」等が，部門評価に用いられるか否かが問題となる。これらを「よく用いる」「かなり用いる」とする割合は，「産業災害発生率」で56％，「公害防止努力」が47％，「地域住民からの苦情件数」は18％，「地域自治体からの警告件数」が19％となっており，企業内部における環境保全努力そのものを評価項目に入れている企業は約半数であることが示されている。しかし，企業外部の地域社会からの苦情・警告を評価項目とする企業は未だ少数といわざるをえない。

　製品の安全性については，「消費者からの苦情件数」「クレーム処理の仕方」「商品テスト合格率」などが具体的な評価項目として採用されているか否かが問題となる。「消費者からの苦情件数」は43％の企業で，「クレーム処理の仕方」は53％の企業で，「商品テスト合格率」は41％の企業で「よく用いる」か「かなり用いる」とされている。製品の安全性に関しては，ほぼ半数の企業で，その価値体系にとりこまれているといえる。また，地域社会の企業に対する要望として，「地元からの雇用吸収」「地元の地域開発への協力」「地域からの資材購入」「地元の金融機関の利用」などがあげられる。これらを評価項目として用いている比率はそれぞれ，30％，23％，13％，15％

であって，それほど高いものとはいえない。

現在，企業の業績評価項目に社会的価値基準が導入されているといいきることはできない状況であろう。

〈仮説 7〉

業績の良好な企業や規模の大きい企業や国際化の進んだ企業は，社会的責任や企業の倫理性を重視し，それらを内部評価の項目として用いている。

調査結果

部門評価において，用いられている評価項目は企業属性による影響をあまりうけていないことが示されている。したがって，この仮説は支持されない。

〈仮説 8〉

外部企業を評価するさいにも，社会的価値基準を反映した評価項目が用いられる。

調査結果

外部評価においては，まず市場占有率の変化が評価の対象となり，次に企業の潜在的な力を示す研究開発力，新規事業展開の動向，トップの先見性が重視される。企業の現在の経済的指標とともに，価格支配力，ブランドイメージも評価対象として重視され，次に従業員の能力が評価対象となる。「社会貢献度」「消費者対策の進展度」「環境保全，産業廃棄物の処理動向」といった，企業の社会的責任に関する事項が評価対象となることは現状では少ないものの，これらの事項は規模の大きい企業で評価項目とされる頻度の高いことが示されている。内部評価においては，これらの社会的責任が業績評価項目として用いられるか否かは企業規模にかかわりのないことが示されており，対比される。

〈仮説 9〉

企業評価において，3割程度は非経済的側面にも配慮すべきである。

調査結果

企業を評価する場合，非経済的側面にも3割は配慮すべきだという結果が示されている。回答者の所属する企業の規模が大きい場合や業績の良い場合，非経済的側面への配慮のウエイトは小さくなり，国際化が進んでいる場合，非経済的側面への配慮のウエイトが大きくなる傾向がみられる。

(1) 内部評価と子会社評価

1） 内部評価と子会社評価の比較

本調査では本社が，各部門の総合的な業績評価を行う場合，社会性を，倫理性をどの程度留意しているかをみている。表資－25においては，表資－25の1～17の諸項目が業績評価項目として用いられる頻度をスコアで示している。スコア化にあたっては，「よく用いる」に2点，「かなり用いる」に1点，「どちらともいえない」に0点，「あまり用いない」に－1点，「全く用いな

表資－25　業績評価項目（内部評価）

順位	内部評価 順位	内部評価 スコア	子会社評価 順位	子会社評価 スコア	重視度
1．従業員の提案制度	1	1.1	1	0.5	
2．産業災害発生率	2	0.7	2	0.4	1.0
3．クレーム処理の仕方	3	0.5	3	0.4	1.5
4．公害防止努力	4	0.4	5	0.3	0.9
5．残業時間の短縮	5	0.4	7	0.0	0.7
6．消費者からの雇用吸収	6	0.4	6	0.2	1.5
7．商品テスト合格率	7	0.3	4	0.4	
8．地元からの雇用吸収	8	0.2	8	－0.0	0.5
9．従業員の研修参加率	9	0.1	10	－0.1	1.4
10．下請企業からの苦情件数	10	0.0	11	－0.1	
11．地元の地域開発への協力	11	－0.1	13	－0.2	0.5
12．地域自治体からの警告件数	12	－0.1	9	－0.0	
13．業界団体からの苦情件数	13	－0.2	11	－0.1	
14．地域住民からの苦情件数	14	－0.3	14	－0.2	0.8
15．地元の金融機関の利用	15	－0.5	15	－0.4	
16．地域からの資材購入	16	－0.5	16	－0.5	0.3
17．有給休暇の消化率	17	－0.5	17	－0.5	0.1

いし今後も用いるつもりはない」に－2点を与え，各企業の回答を点数化し，合計して平均点を求めている。したがって，スコアがプラスの場合は平均すれば用いられる方であることを示し，スコアがマイナスの場合は，平均すれば用いられない方であることを示している。1位～3位については，内部評価においても子会社評価においても同一項目となっている。業績評価項目として，用いられることの多いものは，その頻度に差があるとしても，内部評価の場合も子会社評価の場合も順位は同一であることが示されているわけである。

また，業績評価項目として殆ど用いられない項目についても順位は同一である。両評価において，17位は「有給休暇の消化率」，16位は「地域からの資材購入」，15位は「地元の金融機関の利用」であって，これらは内部評価においても子会社評価においても殆ど用いられないことが示されている。

2） 内部評価と企業属性

表資－26は業績の良し悪し，規模の大小，国際化の進展度合いの大小によって，評価項目として採用する頻度に差があるかどうかを示している。企業業績については売上高経常利益率，企業規模については資本金，国際化の進展度合いについては売上高輸出比率をその指標としている。

表資－26の業績の欄には，業績の良い（売上高経常利益率3％以上）企業と悪い企業（売上高経常利益率マイナス）のスコアが示されている。これによれば，業績の良い企業と悪い企業でスコアの差の大きい評価項目は，2位の「産業災害発生率」，3位の「クレーム処理の仕方」，5位の「残業時間の短縮」，6位の「消費者からの苦情件数」，7位の「商品テスト合格率」の5項目である。これらのうち，業績の良好な企業で評価項目として採用されるのが多いのは，7位の「商品テスト合格率」のみであって，残りは，業績の思わしくない企業の方で採用されることが多いという結果となっている。これらの項目は2位から7位を占め，比較的各部門の業績評価において用いら

資料 企業評価における倫理性に関する調査報告

表資−26 企業属性別業績評価項目の採用頻度（内部評価）

業績評価項目	スコア 順位	業績 良	業績 不良	規模 大	規模 小	国際化 大	国際化 小
1. 地域住民からの苦情件数	14	−0.4	−0.2	−0.4	−0.3	−0.4	*−0.1
2. 消費者からの苦情件数	6	0.1	*0.4	0.3	0.3	0.6	0.5
3. クレーム処理（消費者）の仕方	3	0.3	*0.7	0.4	0.5	0.5	0.5
4. 公害防止努力	4	0.4	0.4	0.4	0.4	0.3	*0.6
5. 地域からの資材購入	16	−0.4	−0.6	−0.8	*−0.3	−0.7	*−0.3
6. 地元の金融機関の利用	15	−0.4	−0.6	−1.0	*−0.2	−0.9	*−0.3
7. 地元の地域開発への協力	11	−0.1	−0.3	−0.2	−0.1	−0.2	0.0
8. 地元からの雇用吸収	8	0.2	0.1	0.2	0.3	−0.1	*0.4
9. 従業員の提案制度	1	1.1	1.0	1.0	1.1	0.9	*1.3
10. 商品テスト合格率	7	*0.4	0.0	0.2	*0.6	0.3	0.3
11. 従業員の研修参加率	9	0.1	0.2	0.2	0.2	−0.0	*0.4
12. 地域自治体からの警告件数	12	−0.1	0.1	−0.1	−0.1	−0.3	*−0.0
13. 有給休暇の消化率	17	−0.6	−0.4	−0.5	−0.4	−0.6	−0.4
14. 産業災害発生率	2	0.5	*0.8	0.6	0.6	0.6	*0.9
15. 残業時間の短縮	5	0.2	*0.6	0.2	*0.6	0.2	*0.6
16. 業界団体からの苦情件数	13	0.0	−0.2	−0.2	−0.1	−0.4	*0.0
17. 下請企業からの苦情件数	10	−0.1	0.0	−0.0	0.0	−0.1	0.1

```
 業績 良……売上高経常利益率    3％以上      規模 大……資本金 100億円以上
     不良……売上高経常利益率    マイナス          小……資本金 10～30億円
 国際化 大……売上高輸出比率    15％以上
      小……売上高輸出比率     5％未満
```

れることの多い項目であるが，業績の良好な企業においては，これらを評価項目とすることが比較的少ないという結果が示されたわけである。

3） 子会社評価と親会社の企業属性

親会社の業績の良し悪しや企業規模や国際化の進展度合いによって，子会社の業績評価項目に違いがでてくるであろうか。

表補−27は，企業業績の良好な企業と思わしくない企業，企業規模の大きい企業と小さい企業，国際化の進展度合いの大きい企業と小さい企業のそれぞれについて，子会社評価項目とする頻度をスコアで示したものである。

項目番号は質問表での順番であり，順位は，スコアの大きい順に示したものであって，表資−25の子会社評価欄の順位である。

親会社の業績に左右される項目として，13位の「地元の地域開発への協

表資-27 企業属性別業績評価項目の採用頻度（子会社評価）

業績評価項目	順位	業績 良	業績 不良	規模 大	規模 小	国際化 大	国際化 小
1．地域住民からの苦情件数	14	-0.3	*0.1	-0.5	-0.4	-0.5	*0.0
2．消費者からの苦情件数	6	0.2	0.1	0.1	0.1	0.1	0.3
3．クレーム処理（消費者）の仕方	3	0.3	*0.6	0.2	*0.6	0.4	0.5
4．公害防止努力	5	0.3	0.4	0.2	0.3	0.2	0.4
5．地域からの資材購入	16	-0.4	-0.5	-0.7	*-0.4	-0.6	-0.5
6．地元の金融機関の利用	15	-0.3	-0.4	-0.7	*-0.3	-0.6	-0.4
7．地元の地域開発への協力	13	*0.0	-0.4	-0.3	-0.3	-0.2	-0.1
8．地元からの雇用吸収	8	0.1	0.0	-0.2	*0.1	0.1	-0.1
9．従業員の提案制度	1	0.4	0.6	0.3	*0.7	0.6	0.6
10．商品テスト合格率	4	0.3	0.5	0.2	0.3	0.5	0.5
11．従業員の研修参加率	10	-0.1	-0.1	-0.1	-0.2	-0.2	0.0
12．地域自治体からの警告件数	9	-0.1	0.2	-0.2	*0.1	-0.1	0.1
13．有給休暇の消化率	17	-0.3	-0.5	-0.3	-0.6	-0.5	-0.5
14．産業災害発生率	2	0.3	0.5	0.3	0.5	0.4	0.5
15．残業時間の短縮	7	-0.1	-0.1	-0.1	0.0	0.1	-0.0
16．業界団体からの苦情件数	11	-0.1	-0.1	-0.0	-0.1	-0.0	-0.1
17．下請企業からの苦情件数	12	-0.2	0.0	0.0	0.1	0.1	-0.0

```
業績  良……売上高経常利益率   3％以上     規模  大……資本金  100億円以上
      不良……売上高経常利益率   マイナス         小……資本金  10～30億円
国際化 大……売上高輸出比率    15％以上
       小……売上高輸出比率    5％未満
```

力」，14位の「地域住民からの苦情件数」，3位の「クレーム処理の仕方」があげられる。地元の地域開発への協力は，業績の良い企業であっても積極的に業績評価にとり入れられるというわけではなく，どちらともいえないというレベルであるが，業績の悪い企業では，あまり用いられないという傾向が強い。また，「地域住民の苦情」や「クレーム処理」については，業績の悪い企業の方で，むしろ業績評価項目にとり入れている傾向がみられる。内部評価の場合と同じ傾向を示すのは「クレーム処理の仕方」のみである。

親会社の規模の大小によって，影響をうけるのは，1位の「従業員の提案制度」，3位の「クレーム処理の仕方」，8位の「地元からの雇用吸収」，9位の「地域自治体からの警告件数」，15位の「地元の金融機関の利用」，16位の「地域からの資材購入」である。いずれにおいても，規模の小さい企業の

方で業績評価項目とされることの多い傾向を示している。親会社の内部評価の場合と同傾向を示すのは、「地元の金融機関の利用」「地域からの資材購入」である。内部評価においても、子会社評価においても、大規模な企業になればなるだけ、これらへの配慮は評価されないことが示されている。

(2) 外部評価

1) 外部評価項目の重視度

同業他社等の外部の企業を評価する場合に重視される項目をそのスコアの順に示したのが表資－28である。表資－28によれば、最も重視されるのは、「市場占有率の変化」であり、次に、「研究開発力」、3位は「売上高、利益率など経済的指標」となっている。また、4位は「新規事業展開の動向」、5位は「価格支配力」となっており、「トップの行動力、先見性」は6位であって、「ブランドイメージ」（7位）よりも重視度が高い。「市場等の情報収集能力」「従業員のバイタリティ」「能力開発投資」はほぼ同じレベルの評価をうけており、8位、9位、10位を占めている。これらがベストテンであって、外部評価においては、まずマーケットシェアの変化が問題とされ、企業の潜在的な力を示す研究開発力、新規事業展開の動向、トップの先見性が評価対象となる。企業の現在の経済的指標が重視されることは勿論であり、価格支配力、ブランドイメージもその評価の対象となる。次に従業員の能力に評価の重点が移ると考えられる。

「国際化の進展度」は11位、「従業員に対する資金、各種手当など待遇面」は12位である。配当性向等は従業員に対する待遇とほぼ同レベルで重視されている。外部企業を評価するさい、従業員に対する待遇と株主に対する待遇がほぼ同レベルの評価をうけている点は興味深い。また、広告宣伝力も14位と意外に低い重視度となっている。従業員採用動向は15位であって、16位に「社会貢献度」がきている。また、「消費者対策の進展度」は17位であるが、「社会貢献度」とほぼ同レベルの重視度である。このような一般社会に対す

表資-28　業績評価項目（外部企業の評価）

順位	スコア
1. 市場占有率の変化	1.7
2. 研究開発力	1.7
3. 売上高・利益率など経済的指標	1.6
4. 新規事業展開の動向	1.4
5. 価格支配力	1.3
6. トップの行動力・先見性	1.2
7. ブランドイメージ	0.9
8. 市場等の情報収集能力	0.8
9. 従業員のバイタリティ	0.8
10. 能力開発投資	0.8
11. 国際化の進展度	0.7
12. 従業員に対する賃金，各種手当など待遇面	0.6
13. 配当性向等	0.6
14. 広告宣伝力	0.5
15. 従業員採用動向	0.4
16. 社会貢献度	0.3
17. 消費者対策の進展度	0.3
18. CIの実施動向	0.3
19. 従業員の平均年齢	0.3
20. 従業員の帰属意識	0.2
21. 環境保全，産業廃棄物の処理動向	0.2
22. 情報開示の進展度	0.0
23. 地域社会への協力動向	−0.0
24. トップの年齢	−0.1

る貢献や消費者対策のスコアは0.3とプラスで示されている。「CIの実施動向」や「従業員の平均年齢」については社会貢献度や消費者対策の進展度とほぼ同一である。「従業員の帰属意識」「環境保全・産業廃棄物の処理動向」もスコアはプラスであるが，順位は20位，21位と低位にある。こうした面で外部企業を評価する場合は少ないのであろうか。「情報開示の進展度」についても22位であって，重要か重要でないかどちらともいえない（スコア0.0）という程度である。「地域社会への協力動向」についてはマイナスの評価であって，たとえライバル企業が地域社会に協力していようともそれを意識することはないことが示されている。

外部企業を評価するさいに意識される社会的責任をピックアップすると，「従業員に対する待遇」，次に株主に対する「配当性向」，次に，「従業員採用動向」となっている。従業員採用動向は社会に対する雇用面における貢献としてとらえることができるが，外部企業がそれを重視する場合は，従業員の採用動向がその企業の将来の戦力としてどの程度脅威となるかについての関心事であるかもしれず，企業の社会性への関心度合いとしてとらえることは早計であるのかもしれない。次に重視されているのが，「社会貢献度」であって，その次に消費者対策が重視されている。環境保全や地域社会への協力動向は低い評価しかうけていない。これを内部評価と対比させると，内部評価の場合は，「産業災害発生率」や「公害防止努力」が業績評価項目の上位に位置し，環境保全に対しての関心は強いことが示されている。一方，地域社会への協力という面では，内部評価においても，「地方の地域開発への協力」「地域自治体からの警告件数」「地域住民からの苦情件数」「地元の金融機関の利用」「地域からの資材購入」等は業績評価項目にあまりとり入れられていないという結果であって，地域社会に対する協力に関しては評価対象となっていないことがうかがわれ，外部企業の評価と同様の傾向を示しているといえよう。

(3) 企業評価における非経済的側面

企業内における立場を離れて，客観的に企業一般を考えた場合，企業評価においてどの程度非経済的な側面にウエイトをおくかという設問に対して，表補－29に示すような回答が寄せられた。「20％超30％以下」の選ばれる割合が最も大きく，次に「10％超20％以下」が選ばれている。これらの平均を求めると，考慮されるべき非経済的側面は30.1％となる。企業内における立場を離れると，企業を評価するさい，30％位は非経済的側面にも留意しなければならないと考えられていることが示されている。企業規模に関しては，表資－30に示されているが大企業ほど，非経済的側面のウエイトが小さく

表資-29　企業評価における非経済的側面のウエイト　(N=98)

非経済的側面のウエイト	全体に占める割合
～10％以下	11.2％
10％超～20％以下	26.5
20％超～30％以下	28.6
30％超～40％以下	15.3
40％超～	16.3

表資-30　企業属性別非経済的側面のウエイト

		平均(％)			平均(％)
全体		30.1			
資本金	10億円未満	33.7	売上高輸出比率	0％～5％未満	28.5
	10億円～30億円未満	33.9		5％～15％未満	29.4
	30億円～100億円未満	26.9		15％以上	33.8
	100億円以上　小計	27.3	業種		
	100億円～300億円未満	29.7		輸出型	33.7
	300億円～	21.4		内需型	27.3
正規従業員数	1,000人未満	31.5	売上高常利益経率	マイナス	38.0
	1,000人～3,000人未満	29.4		0％～3％未満	25.8
	3,000人以上	28.5		3％以上	29.6
年間売上高	500億円未満	31.2	売上高伸率	マイナス	31.7
	500億円～1,000億円未満	30.0		0％～5％未満	28.7
	1,000億円以上　計	28.0		5％以上	30.0

なっている。これは，資本金においても従業員数においても年間売上高においても同傾向を示している。企業規模が大きくなればなるほど，企業一般を評価するさいに経済的側面が重視されることが示されているといえよう。売上高に占める輸出比率の大小については，若干であるが，輸出比率の大きい企業において，非経済的側面を重視する傾向がみられる。すなわち，輸出比率15％以上の企業においては非経済的側面は平均33.8％配慮するとされているが，5％未満の企業においては非経済的側面は平均28.5％配慮するとされている。これは業界においても同様で，輸出型の業種では平均33.7％であるのに対して，内需型の業種の平均では27.3％となっている。国際化の進展に

より，企業評価における非経済的側面の重要性が認識される企業風土ができてくる，と考えてよいのだろうか。

次に，企業業績との関係をみると，企業規模や国際化ほど明確にはでていないが，業績の芳しくない企業の方が，非経済的側面のウエイトが高い傾向を示している。売上高経常利益率をみると，これがマイナスの企業では，企業評価における非経済的側面は，38％とされているのに対して，売上高経常利益率3％以上の企業においては，29.6％とされている。また，売上高伸率でみても，これがマイナスの企業においては，非経済的側面のウエイトは31.7％であるのに対して，売上高伸率5％以上の企業では，非経済的側面を30.0％としている。

6．企業と社会との信頼関係樹立に向けて

〈仮説　10〉

　企業が社会の要請にこたえていくために，企業の人事考課の評価項目に社会的価値基準を反映させるような項目を採用している。

調査結果

　自社内での企業倫理を確立する方策として，「企業内の賞罰規定に企業倫理に関する事項を入れている」とする企業は全体の42％である。企業規模が大きく，市場における地位の高い，海外子会社数・関連会社数の多い企業で採用されていることの多いことが示されている。

〈仮説　11〉

　企業が環境に適応して，意思決定と行動を自らコントロールする自己統制のシステムとして，社外重役ないしはアドバイザー制度を導入したり，監査役の業務の中に，社会的・倫理的な事項の監査を含めさせている。

調査結果

　社外重役ないしアドバイザーに自社行動をチェックしてもらうとする企業

は全体の9%であり，1割たらずの企業でしか実施されていない。また，監査役の業務に社会的・倫理的な事項の監査を含めるとするのは全体の36%である。現在は，自己統制システムとして監査役の活用がはかられている段階である。

(1) **企業と社会との信頼関係**

1) 企業と社会との信頼関係形成要因

企業が社会との信頼関係を形成ないし維持していく上でとられうる方策として，「情報公開」「対話の重視」「消費者ニーズへの対応」「利益還元」「クレーム処理」等が考えられる。企業はこれらの中からどの項目をどの程度重視しているのであろうか。表補-31に示す通り，「消費者ニーズに対応した商品・サービスを提供する」が1位として選ばれる割合が最も大きい(73.5%)。次に，1位として選ばれているのは「企業行動をできるだけ公開する」(12.2%)であって，「消費者ニーズ」と「企業公開」との間には大きな格差がある。企業と社会との信頼関係は何よりも商品・サービスを通じて形成されると企業は理解しているものといえよう。2位として選ばれているのは，「迅速なクレーム処理に努める」(24.5%)，「利益還元に努める」(21.4%)，「対話を重視し，常にコミュニケーションをはかる」(20.4%)などである。3位として選ばれているのは，「対話を重視し，常にコミュニケーションをはかる」(27.6%)，「利益還元に努める」(23.5%)である。消費者のニーズに合致した商品を提供し，クレーム処理に対処することが最重要であり，これらを満した上で，次に，「社会との対話・コミュニケーション」「利益還元」に努めることが，企業と社会との信頼関係を形づくると認識されていることを示している。

少数ではあるが，「企業行動をできるだけ公開する」を1位に選んだ企業にはきわだった特色があるだろうか。これについては，売上高伸率が大きく，売上高輸出比率の高い企業でその傾向のみられることが指摘されている。

資料　企業評価における倫理性に関する調査報告

表資－31　信頼関係形成策

(N＝98)

	1位	2位	3位	スコア
1．企業行動をできるだけ公開する	12.2%	18.4%	16.3%	0.9
2．対話を重視し，常にコミュニケーションをはかる	3.1	20.4	27.6	0.8
3．消費者ニーズに対応した商品・サービスを提供する	73.5	12.2	4.1	2.5
4．利益還元に努める	5.1	21.4	23.5	0.8
5．迅速なクレーム処理に努める	2.0	24.5	19.4	0.8
6．その他	3.1	1.0	4.1	0.2
不　　明	1.0	2.0	5.1	

(スコアは1位に3点，2位に2点，3位に1点を与え算出している)

―＜企業行動をできるだけ公開する＞を1位に選んだ企業―

売上高伸率	マイナス	5.9% (N=34)	売上高輸出比率	0～5%未満	8.3% (N=48)
	0～5%未満	13.9 (N=36)		5～15%未満	12.5 (N=24)
	5%以上	14.8 (N=27)		15%以上	19.2 (N=26)

2）　社会全般に対する利益還元策

「利益還元に努める」ことが社会との信頼関係の上で重要だと考える企業がその具体的方策として用いるものは，図資－7に示される通りである。「地域の文化活動への支援」(57.1%)，「福祉活動等への寄付」(44.9%)，「地域福祉の増進」(24.5%) 等が主たるものである。

なお，表資－32においては，正規従業員数，売上高伸率，売上高ランクおよび社是・社訓の有無と利益還元策を，表資－33では企業属性と企業行動の開示について示してある。

「財団等による学術文化活動の助成」を実施している企業は，利益還元を重視している企業の20%程度である。奨学金制度を用いて利益還元をする (14.3%) 企業よりも，政治献金 (16.3%) によって利益還元をはかる企業の方が多いことが示されている。

利益還元策のうち表資－32によれば「地域の文化活動への支援」は，売上

高伸率が大きく,売上高ランクも高い企業でとられている策であり,「福祉活動等への寄付」は,企業規模が大きく,売上高ランクも高い企業でとられている策であることが示されている。

(2) 企業倫理確立のための方策

自社内での企業倫理を確立するためにとられている方策については,表補－34のとおりである。「企業内の賞罰規定に企業論理に関する事項を入れている」が最も多く,監査役の業務の中や内部評価システムの中に企業倫理に関する事項を入れている企業もかなりみられた。一方,社外重役のチェックを受け入れたり,企業倫理確立のための専管部課を設けている企業は少数である。専管部課を設けている企業におけるその名称は,監査室が多い。

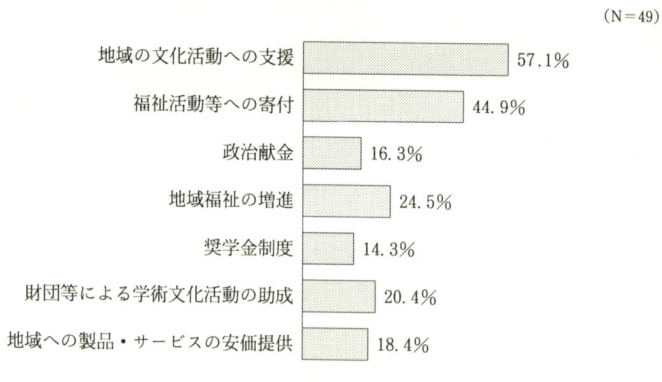

図資－7　利益還元策

(N＝49)

項目	割合
地域の文化活動への支援	57.1%
福祉活動等への寄付	44.9%
政治献金	16.3%
地域福祉の増進	24.5%
奨学金制度	14.3%
財団等による学術文化活動の助成	20.4%
地域への製品・サービスの安価提供	18.4%

各方策を採用している企業の特色については,表資－35に示されている。

もっとも多いのは,「企業内の賞罰規定の中に企業倫理に関する事項を入れている」企業であり,約42％であるが,それらの企業の特徴をみると,企業規模は大きく,業績はまずまずで,市場における地位は高いという特徴を指摘することができる。また,海外子会社数や海外関連会社数の多い企業である。

表資-32 企業属性別利益還元策

		合計	利益還元策						
			地域の文化活動への支援	福祉活動等への寄付	政治献金	地域福祉の増進	奨学金制度	学術文化活動財団等による助成	地域への製品・サービスの安価提供
		49 100.0	28 57.1	22 44.2	8 16.3	12 24.5	7 14.3	10 20.4	9 18.4
正規従業員数	1,000人未満	22 100.0	10 45.5	6 27.3	1 4.5	3 13.6	1 4.5	3 13.6	5 22.7
	1,000人～3,000人未満	19 100.0	15 78.9	11 57.9	4 21.1	6 31.6	4 21.1	6 31.6	2 10.5
	3,000人以上	8 100.0	3 37.5	5 62.5	3 37.5	3 37.5	2 25.0	1 12.5	2 25.0
売上高伸率	マイナス	20 100.0	10 50.0	8 40.0	4 20.0	2 10.0	2 10.0	4 20.0	4 20.0
	0%～5%未満	18 100.0	11 61.1	9 50.0	2 11.1	7 38.9	2 11.1	3 16.7	4 22.2
	5%以上 計	10 100.0	6 60.0	4 40.0	2 20.0	3 30.0	3 30.0	3 30.0	1 10.0
	5%～10%未満	8 100.0	4 50.0	3 37.5	2 25.0	1 12.5	3 37.5	2 25.0	1 12.5
	10%～15%未満	1 100.0	1 100.0	―	―	1 100.0	―	―	―
	15%～20%未満	―	―	―	―	―	―	―	―
	20%以上	1 100.0	1 100.0	1 100.0	―	1 100.0	―	1 100.0	―
売上高ランク	1位	12 100.0	8 66.7	7 58.3	2 16.7	4 33.3	2 16.7	1 8.3	2 16.7
	2位～3位	18 100.0	11 61.1	6 33.3	5 27.8	2 11.1	3 16.7	6 33.3	3 16.7
	4位～10位	8 100.0	4 50.0	3 37.5	―	2 25.0	1 12.5	1 12.5	2 25.0
	11位以下	8 100.0	2 25.0	3 37.5	―	1 12.5	―	―	2 25.0
社の是有・無社訓	ある	28 100.0	16 57.1	12 42.9	3 10.7	9 32.1	5 17.9	6 21.4	5 17.9
	ない	21 100.0	12 57.1	10 47.6	5 23.8	3 14.3	2 9.5	4 19.0	4 19.0

(上段 実数,下段 %)

表資-33 企業属性別開示項目

		合計	主要製品の事業別の売上高利益率	部品の内製比率	政治献金	学術・文化振興への寄付金	身障者雇用人数	公害防止基準値達成度合い	グロスコト・ランニング公害防止投資額
	全体	98 100.0	24 24.5	6 6.1	12 12.2	21 21.4	25 25.5	29 29.6	14 14.3
地域	東京・首都圏計	51 100.0	14 27.5	1 2.0	7 13.7	16 31.4	12 23.5	17 33.3	10 19.6
	東京	44 100.0	12 27.3	1 2.3	6 13.6	15 34.1	10 22.7	14 31.8	9 20.5
	首都圏 以外	47 100.0	10 21.3	5 10.6	5 10.6	5 10.6	13 27.7	12 25.5	5 8.5
	関西	22 100.0	7 31.8	5 22.7	4 18.2	3 13.6	7 31.8	6 27.3	3 13.6
	その他 計	32 100.0	5 15.6	— —	2 6.3	3 9.4	8 25.0	9 28.1	2 6.3
資本金	10億円未満	15 100.0	3 20.0	1 6.7	2 13.3	4 26.7	4 26.7	4 26.7	2 13.3
	10億円～30億円未満	29 100.0	6 20.7	3 10.3	1 3.4	2 6.9	9 31.0	6 20.7	3 10.3
	30億円～100億円未満	29 100.0	8 27.6	1 3.4	5 17.2	8 27.6	5 17.2	9 31.0	4 13.8
	100億円以上 計	25 100.0	7 28.0	1 4.0	4 16.0	7 28.0	7 28.0	10 40.0	5 20.0
	100億円～300億円未満	18 100.0	6 33.3	1 5.6	4 22.2	5 27.8	6 33.3	8 44.4	4 22.2
	300億円以上	7 100.0	1 14.3	— —	— —	2 28.6	1 14.3	2 28.6	1 14.3
売上高輸出比率	0%～5%	48 100.0	12 25.0	5 10.4	4 8.3	12 25.0	11 22.9	14 29.2	7 14.6
	5%～15%	24 100.0	8 33.3	— —	2 8.3	5 20.8	3 12.5	5 20.8	3 12.5
	5%～10%	14 100.0	6 42.9	— —	2 14.3	2 14.3	2 14.3	4 28.6	2 14.3
	10%～15%	10 100.0	2 20.0	— —	— —	3 30.0	1 10.0	1 10.0	1 10.0
	15%以上 計	26 100.0	4 15.4	1 3.8	6 23.1	4 15.4	11 42.3	10 38.5	4 15.4
マーケットシェア	10%未満	33 100.0	9 27.3	4 12.1	5 15.2	10 30.3	7 21.2	9 27.3	5 15.2
	10%～20%未満	23 100.0	6 26.1	— —	1 4.3	2 8.7	6 26.1	7 30.4	3 13.0
	20%～30%未満	22 100.0	4 18.2	2 9.1	2 9.1	7 31.8	7 31.8	9 40.9	4 18.2
	30%以上 計	17 100.0	5 29.4	— —	4 23.5	1 5.9	5 29.4	3 17.6	1 5.9
	30%～50%未満	11 100.0	3 27.3	— —	1 9.1	— —	4 36.4	1 9.1	— —
	50%以上	6 100.0	2 33.3	— —	3 50.0	1 16.7	1 16.7	2 33.3	1 16.7
社是・社訓の有無	ある	61 100.0	11 18.0	3 4.9	9 14.8	16 26.2	19 31.1	21 34.4	13 21.3
	ない	37 100.0	13 35.1	3 8.1	3 8.1	5 13.5	6 16.2	8 21.6	1 2.7

合計

一般開示					
外国人従業員人数	原価に占める地域対策費の割合	クレーム処理に占める等の原価の割合	地域からの雇用・雇用人員比率	地域からの資材購入・購入高比率	会社組織図
16 16.3	5 5.1	6 6.1	16 16.3	4 4.1	33 33.7
8 15.7	3 5.9	4 7.8	7 13.7	1 2.0	18 35.3
8 18.2	2 4.5	4 9.1	6 13.6	1 2.3	18 40.9
8 17.0	2 4.3	2 4.3	9 19.1	3 6.4	15 31.9
6 27.3	2 9.1	1 4.5	5 22.7	3 13.6	10 45.5
2 6.3	1 3.1	1 3.1	5 15.6	— —	5 15.6
1 6.7	— —	1 6.7	1 6.7	— —	3 20.0
5 17.2	2 6.9	1 3.4	6 20.7	2 6.9	7 24.1
4 13.8	1 3.4	1 3.4	6 20.7	1 3.4	12 41.4
6 24.0	2 8.0	3 12.0	3 12.0	1 4.0	11 44.0
4 22.2	2 11.1	3 16.7	2 11.1	1 5.6	6 33.3
2 28.6	— —	— —	1 14.3	— —	5 71.4
7 14.6	4 8.3	3 6.3	7 14.6	2 4.2	15 31.3
4 16.7	— —	1 4.2	2 8.3	1 4.2	8 33.3
3 21.4	— —	1 7.1	1 7.1	— —	6 42.9
1 10.0	— —	— —	1 10.0	1 10.0	2 20.0
5 19.2	1 3.8	2 7.7	7 26.9	1 3.8	10 38.5
3 9.1	2 6.1	2 6.1	4 12.1	2 6.1	10 30.3
6 26.1	— —	2 8.7	6 26.1	1 4.3	11 47.8
4 18.2	2 9.1	1 4.5	2 9.1	1 4.5	6 27.3
2 11.8	1 5.9	1 5.9	4 23.5	— —	6 35.3
1 9.1	— —	— —	3 27.3	— —	3 27.3
1 16.7	1 16.7	1 16.7	1 16.7	— —	3 50.0
12 19.7	3 4.9	2 3.3	10 16.4	4 6.6	22 36.1
4 10.8	2 5.4	4 10.8	6 16.2	— —	11 29.7

（上段　実数，下段　％）

表資-34 企業倫理確立のための方策

(N=98)

1. 本社内に企業倫理確立のための専管部課を設け、監視体制をとっている	4.1%
2. 社外重役ないしアドバイザーに自社行動チェックをしてもらう	9.2
3. 内部評価システムの中に企業倫理に関する事項を入れている	23.5
4. 企業内の賞罰規定の中に企業倫理に関する事項を入れている	41.8
5. 監査役の業務に社会的・倫理的な事項の監査を含める	35.7
6. その他	4.1

　次に多いのが「監査役の業務に社会的・倫理的な事項の監査を含める」企業であり、その特徴を次にみてみたい。外資系においては、3社中3社で実施されている。非上場企業ではほとんどなされていない。規模については比較的小さな企業で、業績についてはまずまず中位で、創業後経過年数の大きい企業である。市場における地位は相対的に低く、多角化は進んでいる傾向がみられる。社是・社訓のある企業でこの施策は採用される割合が大きい。また、海外子会社数・海外関連会社数の多い企業で採用されている傾向を示している。

資料 企業評価における倫理性に関する調査報告

表資-35 企業属性別各方策の採用率　　　　　　　　　　(N=98)

アイテム	カテゴリー	1.倫理管理本部・専門課を設けている企業	2.社外重役にアドバイザーをしてもらい自社行動チェック	3.企業倫理に関する事項を内部評価システムの中に入れている	4.企業倫理に関する事項を企業内の賞罰規定の中に入れている	5.監査役の業務の中に社会的・倫理的事項の監査を含める
全体		4.1%	9.2%	23.5%	41.8%	35.7%
区分	上場	4.8	8.4	19.3	43.4	36.1
	非上場	—	—	50.0	33.3	16.7
	外資	—	66.7	33.3	33.3	100.0
地域	東京	2.3	4.5	27.3	47.7	36.4
	関西	4.5	4.5	13.6	59.1	59.1
資本金	10〜30億円	—	6.9	31.0	34.5	34.5
	100億円以上	—	4.0	24.0	44.0	36.0
従業員数	1,000人未満	2.4	7.3	12.2	41.5	39.0
	1,000〜3,000人未満	8.1	16.2	29.7	43.2	35.1
	3,000人以上	—	—	35.0	40.0	30.0
年間売上高	〜500億円未満	3.8	13.2	18.9	39.6	37.7
	500〜1,000億円未満	5.0	10.0	35.0	40.0	35.0
	1,000億円以上	4.0	—	24.0	48.0	32.0
売上高伸率	マイナス	5.9	8.8	20.6	52.9	26.5
	0〜5%未満	5.6	8.3	25.0	27.8	50.0
	5%以上	—	11.1	25.9	44.4	29.6
売上高経常利益率	マイナス	4.3	4.3	21.7	43.5	34.8
	〜3%未満	5.4	10.8	24.3	48.6	37.8
	3%以上	2.7	8.1	24.3	35.1	32.4
マーケットシェア	10%未満	3.0	9.1	18.2	36.4	36.4
	30%以上	5.9	11.8	23.5	58.8	23.5
売上高ランク	1位	8.7	8.7	21.7	56.5	26.1
	11位以下	—	—	22.7	36.4	36.4
売上高輸出比率	5%未満	2.1	8.3	25.0	35.4	35.4
	5〜15%未満	8.3	4.2	12.5	62.5	33.3
	15%以上	3.8	15.4	30.8	34.6	38.5
業種	輸出型	7.0	7.0	27.9	34.9	34.9
	内需型	2.3	13.6	20.5	45.5	38.6
主力製品分野のウエイト	30%以下	—	6.7	33.3	40.0	33.3
	70%以上	6.5	19.4	25.8	35.5	22.6
創業後経過年数	30年未満	—	23.1	30.8	38.5	23.1
	70年以上	5.6	—	16.7	33.3	50.0
社是・社訓の有無	ある	3.3	8.2	29.5	41.0	44.3
	ない	5.4	10.8	13.5	43.2	21.6
海外子会社数	3社未満	6.3	11.1	27.0	34.9	33.3
	3〜5社未満	—	10.0	20.0	40.0	50.0
	5社以上	—	—	23.1	76.9	23.1
海外関連会社数	3社未満	5.7	10.0	30.0	38.6	31.4
	3社以上	—	5.9	11.8	52.9	41.2

第5章　企業の活性化と評価

第1節　活性化論議の背景

　第1次石油危機以来，わが国企業は外部環境に過敏なほど関心をもち，その変化に適応するため，できるだけの手段を講じてきた。その結果，第2次石油危機も比較的無難に乗りきれたのである。しかし，わが国企業が安定した経済成長と不測の経済変動に対応すればするほど，先進諸国との間に経済摩擦を生じさせ，政治的問題までも引き起こしているのが現状である。貿易アンバランスの主因をさぐる時，諸外国とりわけ先進諸国はわが国市場を全面的に開放することを望み，また政府を通じ業界の自主規制を求めてきた。一方，わが国は相手国に対して消費者ニーズ適応論を主張し，自国企業の活力の向上を促してきた。そうした論議の他方では，先進諸国の企業家，経営者，研究者らは，わが国企業の真の強さの根源をさぐり，『セオリーZ』，『ジャパニーズ・マネジメント』のような，すでに邦訳版で紹介されている結論を導き出している。それは，① 日本の文化的・民族的特殊性に根ざした日本的経営といわれる経営システムにあること，② 市場の競争性，雇用の安定および情報の共有など活力ある経営活動にあることの2つに代表される。以上のことを認識した上で企業活性化論議の背景を次のように要約することができる。

(1)　低成長時代に入り経営活力が萎縮し，企業行動が沈滞するに至り，高度経済成長時代に横溢していた活力を取りもどす。

(2)　企業の国際化が進行する過程で，国際化経営のあり方が問題となり，これに伴い技術力や競争力の増強が課題となり，このことは経営活力と密接な関連があること。

(3) 本格的な情報化社会に入り，企業内組織の変革と，変貌する外部組織に対処するため新しい経営システムの構築が必要となり，そのための企業の活性化が必要となってきたこと。
(4) 大企業が肥大化する中で新しい組織体質をつくる前提として問題になってきたこと。
(5) 政府が民活＝民間活力を積極的に取り入れ，沈滞している政府・公企業の活動に対して新しい潮流を引き起こすため。
(6) 企業を評価するプロセスで，会計数値のみではなく，今後の企業行動を左右する企業の活性化あるいは経営活力の側面を重視する必要があること。

さて，こうした企業活性化の問題は，すでに政府などで継続的に研究や分析がなされてきている。その最も代表的なものは，① 昭和49年度から清水龍瑩教授を主査として通産省産業政策局企業行動課が行っている「企業経営力研究委員会」での分析である。この結果は毎年「経営力指標」として発表されている。② 昭和56年7月からは通産省産業政策局長の私的諮問機関として，「企業活力委員会」（座長　辻村江太郎教授）が発足し，日本企業の活力の源泉について調査・分析を行っている。③ 昭和56年11月，日本学術振興会経営問題第108委員会（委員長　山城章教授）『80年代わが国企業の経営活力アンケート調査集計報告書』が公表される。④ 昭和57年12月，経済同友会より，『昭和58年度の経営課題』のアンケート調査をもとに発行された『企業白書〜日本企業の課題と新たな挑戦〜』がある。これらは若干分析の視点は違うが，おおむね企業の活性化の条件を調査・研究したものといえる。ただし，いずれの場合も企業活力なのか企業の活性化なのかを明確にしていない。

第2節　企業活性化および活力の意味

　前節で述べた諸研究の多くは,「活性（化）」と「活力」とを明確に区別していないように思われる。ただし,その中にあって森本三男教授の理論展開はまず双方の概念を規定し,企業あるいは経営全体との関連づけを行っている点で他の理論とは大きな差異がみられる。活性化も活力も類似用語として理解することもできるが,ここでは後節で述べる活性化の内容をより正確にするため,予備的考察として国語的解釈を試みてみたい。

　活性化（activation）とは,もともと化学および自然科学用語として使用されてきたようである。「（理）化学的な活発な性質をもつこと。また,その性質。原子や分子が他の原子・分子・輻射線などからエネルギーを受けとって化学反応をおこしやすくなっていること。」（『日本国語大辞典』小学館),「物質のある機能が活発になること。」(『広辞苑』),「原子,分子,イオンなどが光やその他のエネルギーを吸収して化学反応を起こしやすい状態になること。」(『国語大辞典』学習研究社）などである。これらを「企業の活性化」に相応させてみると,「さまざまなエネルギー（経営活力）が相互に作用し合い,経営力を高め,企業行動が最終目標としている存続・成長に対し活発化している状態」というように理解することができるであろう。したがって,「活性化」は人的経営資源の活動に限定している語句であり,「活力化」より狭義で使われているという考え方は妥当性を欠く。むしろ活力ある経営行動を前提として,企業は活性化が計られるという考え方が成り立つため,「活性化」は「活力」より上位概念として取り扱うことが可能であると考えられる。

　一方,活力（energy, vitality, vital power）とは,「活動のもとになる力,生活の力」(『広辞苑』),「……バイタリティー」(『日本国語大辞典』小学館),「……生気」(『国語大辞典』学習研究社),「……エネルギー」(『国語大辞典』角

川書店）などである。また「ある期間——に満ち溢れた生活力が続くと，今度は失意と消沈の時期が訪れる。」（『日本国語大辞典』小学館）などがある。

　また英語では energy であり，vital power（force）であり，vitality（活力・生気）である。時には，一つの motivity であるともいえる。「経営活力を経営存在に内在する経営力に活気を入れ，これを高揚させる activator の作用と解し，この経営活力のいかんが現実の経営力発揮の度合いを規定する」という考え方が成り立つ。具体的に「経営活力」として使った場合，森本三男教授は，「経営体活力」「経営行動活力」「経営者活力」の３種があり，これらは別個のものではなく，有機的に統合され，経営活力の全体を構成しているという[2]。

　また，山本安次郎教授は，経営活力には３つの立場で問題にしていると主張する。それは，「経営有機体説——経営活力は生物的，生理的，有機体的な生命力としての vitality と考えている。経営機械説——経営活力は機械的，物理的な機械力，動力としての energy と考える。経営協力体系説——経営活力は，経営に内在し経営を維持し発展させる経営力ないし組織力の中核として作用する activator, motivator と解する。」[3]である。

　以上の点から活力とは，動的状態の強度を表わし，それは能力や社会的な力と，働き，生気，努力などによるものと理解できる。

　「——の活性化」あるいは，「——活力」といった場合，それは，企業の活性化，企業活力のように，「企業」を問題の対象としているのか，また経営の活性化，経営活力のように「経営」を論議の対象としているのか，混同している場合がある。これはあくまで表現上の問題であり，課題認識としては同一性が高く，別段論議の前提ではないという考え方もある[4]。たとえば，「企業経営」の活力ないし活性化という使い方をしている場合である。しかしここでは，基礎的考察ではあるが，「企業」と「経営」それぞれの概念を明確にし，本章の主題である「企業の活性化」の内容を理解する手だてとし

たい。

　企業 (enterprise) の概念を問題にしようとする場合，研究分野により，アプローチするツールや評価尺度が違うため，かなり多くの見解がある。隣接諸科学は当然のことながら，経営学の中でも，経営管理論あるいは組織論，企業形態論，経営史論，システム論，各国比較経営論，戦略論などでは，それぞれ表現のしかた，とらえ方ではかなりの違いがある。活性化，活力などの問題を前提に定義づけようとする時，次にあげる見解が比較的一般的な理論として受け入れられるものと考えられる。

　まず高宮晋教授は企業の本質を歴史的発展形態と区別して論じている[5]。企業の本質はまず第1に意識的構成体であり，目的構成体である点である。このことは企業は経済構成体であり，特定の経済目的を実現するために人為的に形成された目的構成体である。したがって企業には，組織的思考と計算的思考がある。第2は生産力の実現の直接の主体である。企業とは「業を企てる」という意味であり，そのために生産諸要素を結合させ，個別資本として一定の利潤獲得を目的としていなくてはならない。シュンペーター (Joseph A. Schumpeter) は，企業家の職能を新結合 (neue Kombination) であるといい，それは，① 新しい種類や性質の生産物の生産，② 新生産方法の採用，③ 新組織の形成，④ 新販売市場の開拓，⑤ 新資源の開拓をあげている[6]。

　第3は，それが再生産の単位であり経済計算の単位であること。第4は需要を創造，開発し，需要の充足を図ってゆくこと。第5は所得の源泉であること。これらのことは，企業が社会の需要を創造し，発見し，生産諸要素を新結合して生産力に，また再生産してゆくことを意味している。また，企業に参加している人びとに対して所得を形成することを意味している。

　山本安次郎教授の見解は，企業概念を三位一体（説）の一つとして論述する[7]。それはまず「企業が事業を経営する」という大前提をたてる。企業概念の歴史的推移は，商人→企業家→企業と発展し，事業・経営の主体としての

企業は資本所有ないし資本結合の形態をとっている。すなわち，企業は資本所有（損益帰属）の主体であって，事業あるいは経営という客体概念とは区別されると主張する。また事業とは企業を主体として商業，工業といった客体活動を意味し，経営とは客体活動の配慮であるという（行為主体）。

この三位一体説は，1人あるいは少数の人間により，事業が企てられ，所有経営者が誕生し，それが企業家経営に，また経営者経営に移行してゆく過程を説明している。また企業形態（資本結合）の発展過程の背後には，技術革新，事業革新，事業の多角化・多様化があり，事業の変化により経営形態も変化発展してきたとしている。さてこの2つの見解を中心にして，企業概念を構成している要素あるいは素因子ともいうべきものを上げてみると，① 個別経済体であること（経済化），② 消費経済単位（家計）に対応する生産経済単位であること（生産性），③ 意識的，主体的に調整されたシステムであること，④ 組織的思考や計算的思考をもっている目的構成体であること，⑤ 社会の一機関として社会性，公益性をもち，しかも需要を創造し，開発し，需要の充足をはからなくてはいけない機能をもっていることである。ここで私企業，公企業といった企業形態によって，⑥ 営利経済体あるいは営利性をどのように取り扱うかという問題がある。資本主義経済体制における企業は，個別資本そのものであり，それは営利経済の単位として規定するという考え方がある。営利性（rentability）とは収益性ともいわれ，それは利潤を獲得する度合いを意味する。最大利潤の獲得なのか，必要利潤，満足利潤，最適利潤など，ここではさまざまな内容が存在する。この営利性の概念は，生産性，経済性とともに当然付記しておく必要がある。

経営（management, administration）もまた多様性のある語句である。高宮晋教授の見解は，「企業における活動の具体的な実体内容を問題とするときに用いられる概念である。すなわち，企業は自己の目的を達成するために資金や労働力，原材料，機械，設備などの諸要素を調達し，これらを結合して

製造を行い,製品を販売しなければならない。経営とは,このような調達,製造,販売などの一連の諸活動を継続して統一的に営む組織体である[8]」とし,また,山本安次郎教授は「経営は単なる作用,マネジメントの作用と考えられたが,次第に組織として構造をもち,作用と構造,構造と作用として経営過程を形成し,それ自身独立の経営生活を営むものと考えられるに至る」と述べている。以上,両教授の見解を中心にして「経営」の概念を整理してみると,

(1) 企業の目標ないし目的を達成するための具体的,実践的な諸活動である。

(2) 意識的に調整されたシステムを構成していること。

(3) 経営諸要素間のバランスを確保する作用を有していること。この場合のバランスとは「平均」ではなく,能率性と効率性の原理を組み入れたものである。

(4) 経営組織と個人のバランスをとる活動である。(誘因=貢献)

このような見地から考えると「経営」とは,企業のみに対する概念ではなく,官庁,軍隊,学校,教会,病院,労働組合などあらゆる組織体に共通するものであると考えられる。

これまで論じてきた「企業」「経営」と「活性化」「活力」とを関連づけてみると,企業とは経済目的達成のための機関であり,絶対的主体(上位主体)である。一方,活性化は,ある客体(下位主体)の力によって変化する状態をいう。企業(主体)が経営(客体)活動によって,その命題である存続・成長が可能であるならば,前提として,企業は常に活性化の状態を維持させるとともに,活性化状態を起こさせる,energy や power,すなわち活力=経営活力の確保が必要になる。いいかえれば企業の活性化は,経営の活力を前提としており,企業活性化の原動力になるものが経営活力にほかならないといえよう。

このような考え方に立ち，すでに研究・調査されている文献の内容を考察してみると，たとえば，通産省産業政策局企業行動課編『企業活力』では，「活力ある企業活動とは，企業が市場ニーズに対応して，新製品の開発，製品の高品質・低価格・早納期を積極的に実現していくこと」とし，ここでいう「企業活力」とは，企業の経営活力と解釈することができ，問題の対象領域が企業なのか，あるいは経営なのか若干不明瞭である。このようなことは，日本学術振興会経営問題第108委員会での見解についても同じようなことがいえるのではないかと考えられる。「組織活力」とか，「組織の活性化」のように用いる場合，組織とは企業そのものを示す広義な意味と，経営組織として狭義な意味でとらえる場合があることは認識しておかねばならない。

第3節　企業活性化の要因とトップ・マネジメント

前節で述べたごとく，企業は経済的目的をもった広義な組織体である。しかし所有関係（資本関係）が確立している中で，常に利害者集団との調和を保ち，変化する環境に順応しつつ存続・成長を求められる。企業の活性化は活力ある経営活動が前提であり，また企業が活性化を実現してゆくプロセスで経営活力が問題になる。したがって企業の活性化は成長と連動関係にあり，また経営活力は企業成長の制約条件でもある。ここで企業成長に関する諸理論を検討してみたい。カッペル（Frederick R. Kappel）は，成長の概念およびその内容を人的活力の確保と革新としてとらえ，その程度の判断は次にあげる7つであると主張する。

(1)　古い作業方法の墨守——新しい時代が到来したにもかかわらず，人びとが古い作業を固守していること（創意の発揚と革新）。

(2)　新鮮な目標の欠如——士気を高揚させるような新しい目標を設定して，いかなるタイプの企業であるべきか，業界あるいは経済界全体の中で，いかなる役割を果たすべきか，到来しようとする地位はどのようなもの

であるかを組織全体に明示する。

(3) 内省的思考の不足──企業は活動的思考（日常の諸活動）を必要としつつ，現時の経営活動の適性をめぐる諸問題を追求するための精神活動すなわち内省的思考を重要視しなくてはならない。

(4) 制度主義の弥漫──企業がその構成員から離れた一つの制度とし存在してはならず，常に従業員に対し創造性をもたせ，従業員の努力をうながす。

(5) 積極性の消失──企業は堅実で安定していることは将来の約束にはならない。従業員は将来を欲し，機会を求めている。常に創造的で革新的だといわれる企業は積極的経営を心がけている。

(6) かびのはえた知識の強制──従業員を既成の型の追随者として扱うのではなく，批判や意見具申する者として迎え，管理者たる者は，① 企業では新しいアイデアが必要とされ，またそれが歓迎されなければならないということを知らねばならない，② 従業員の生み出す新しいアイデアをどのように処置すべきか，それを訓練と現場教育を通じて会得しなければならず，③ 新しいアイデアに対してとる態度が彼の業績についての重要な判定資料となることを理解しておかなければならない。

(7) 批判に対する抑圧──批判に対する寛容度の低下は企業の成長を減退させてしまう。

以上7点は成長性衰退の兆候といったもので，これを常に念頭におく必要があると主張している。

また清水龍瑩教授は，「成長とは，多くの制約条件のもとで，企業が長期にわたってその規模を拡大していく過程である。」[11]と主張し，表5－1の成長要因（活性化要因）をあげている。

以上のような企業成長の概念，内容を考慮し参考にしつつ，企業活性化の要因を以下のように整理してみた。[12]

第5章 企業の活性化と評価　187

表5-1　企業の活性化と経営活力

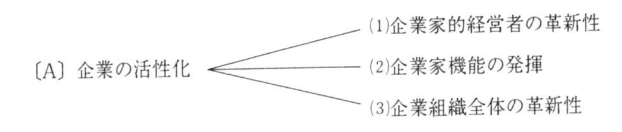

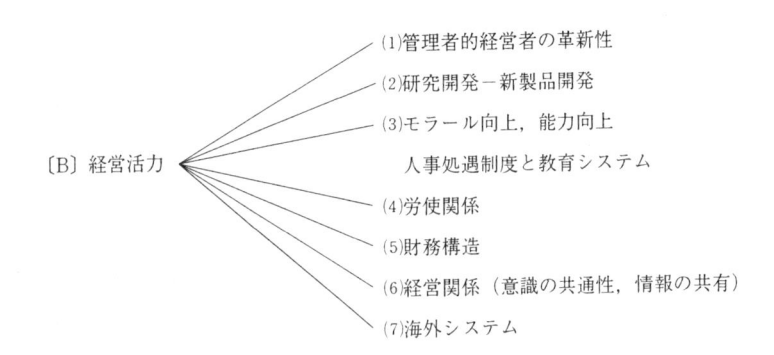

〔A〕企業の活性化
- (1)企業家的経営者の革新性
- (2)企業家機能の発揮
- (3)企業組織全体の革新性

〔B〕経営活力
- (1)管理者的経営者の革新性
- (2)研究開発−新製品開発
- (3)モラール向上，能力向上　人事処遇制度と教育システム
- (4)労使関係
- (5)財務構造
- (6)経営関係（意識の共通性，情報の共有）
- (7)海外システム

　ここで問題にするのは表5-1〔A〕および〔B〕の各項目であるが，〔A〕-(1)の企業家的経営者と〔B〕-(1)の管理者的経営者について，トップ・マネジメント論，あるいは一般的な経営者能力の立場からそれぞれの特徴についてふれておく。

　トップ・マネジメントとは，企業経営の最高位に位置し，企業が長期に存続・成長していくための将来構想を考え，その現実化のための戦略について意思決定を行い，それに従って下部の人びとを監督，調整，統制する職能をもつ階層である。その形態を日米と比較するなかでみてみると図5-2のように，① 最高意思決定機関としての取締役会（Board of Directors）と，② 執行機関としての社長（Chief Operating Officer（ドイツの場合は監査役会−Aufsichtsratと執行役会−Vorstandに分かれる），③ わが国の場合には，図5-3でわかるように常務会による意思決定が多い。常務会は常勤常務以上の取締役によって構成され，社長の補佐的役割をもっている。また取締役も各部門

図5-1　日本企業の組織の活性化

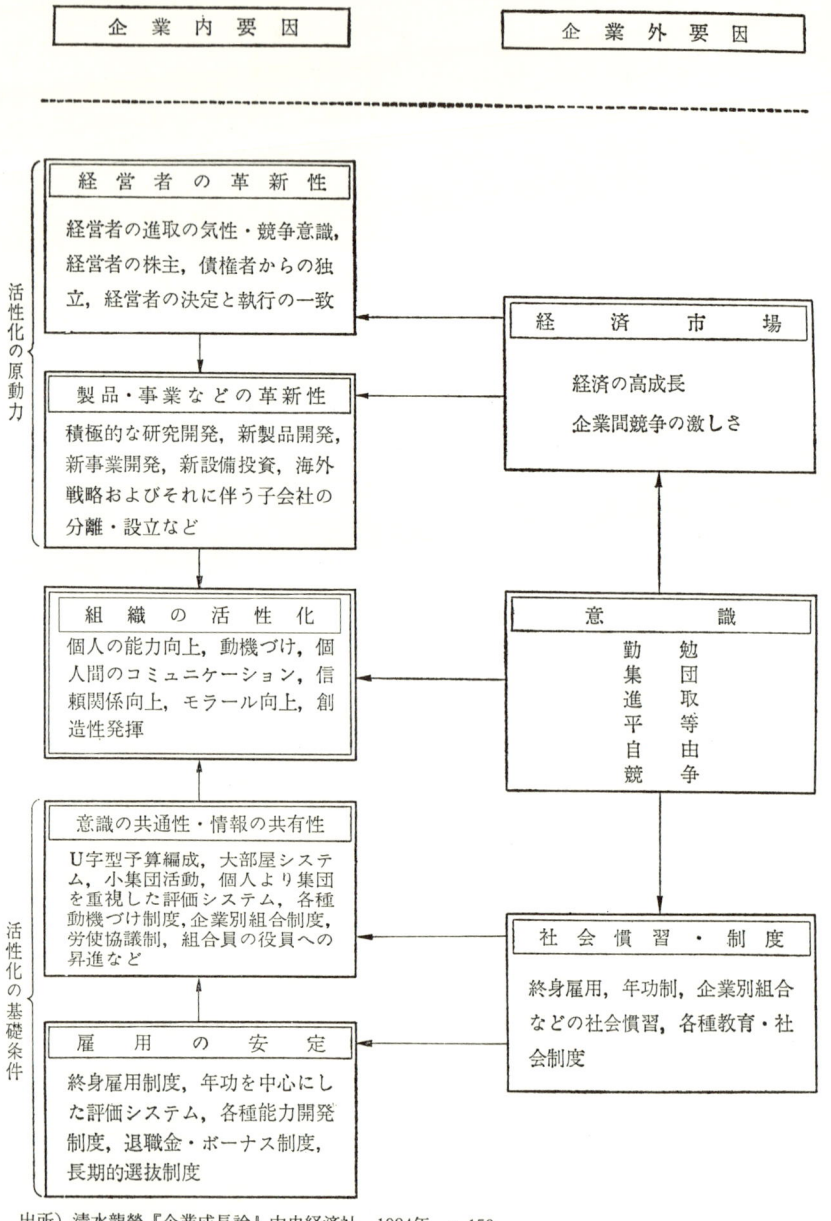

企　業　内　要　因	企　業　外　要　因

活性化の原動力
- **経営者の革新性**
  経営者の進取の気性・競争意識、経営者の株主、債権者からの独立、経営者の決定と執行の一致
- **製品・事業などの革新性**
  積極的な研究開発、新製品開発、新事業開発、新設備投資、海外戦略およびそれに伴う子会社の分離・設立など
- **組織の活性化**
  個人の能力向上、動機づけ、個人間のコミュニケーション、信頼関係向上、モラール向上、創造性発揮

活性化の基礎条件
- **意識の共通性・情報の共有性**
  U字型予算編成、大部屋システム、小集団活動、個人より集団を重視した評価システム、各種動機づけ制度、企業別組合制度、労使協議制、組合員の役員への昇進など
- **雇用の安定**
  終身雇用制度、年功を中心にした評価システム、各種能力開発制度、退職金・ボーナス制度、長期的選抜制度

企業外要因：
- **経済市場**
  経済の高成長
  企業間競争の激しさ
- **意識**
  勉　強
  集　団
  進　取
  平　等
  自　由
  競　争
- **社会慣習・制度**
  終身雇用、年功制、企業別組合などの社会慣習、各種教育・社会制度

出所）清水龍瑩『企業成長論』中央経済社，1984年，p.159.

第5章 企業の活性化と評価　189

図5－2　日米企業のトップ・マネジメント——トップ・マネジメント組織の典型的形態

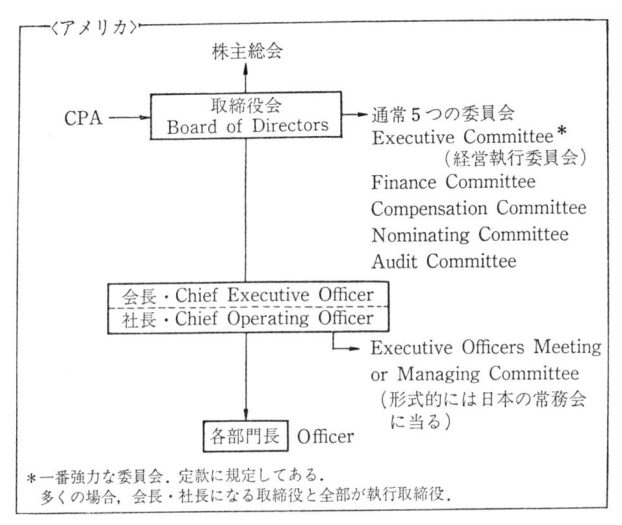

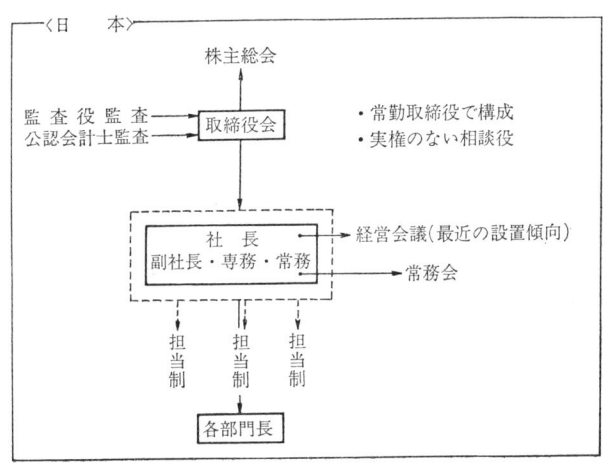

〈アメリカ〉

株主総会

CPA → 取締役会 Board of Directors → 通常5つの委員会
Executive Committee*
（経営執行委員会）
Finance Committee
Compensation Committee
Nominating Committee
Audit Committee

会長・Chief Executive Officer
社長・Chief Operating Officer
　└ Executive Officers Meeting
　　 or Managing Committee
　　（形式的には日本の常務会
　　　に当る）

各部門長 Officer

＊一番強力な委員会．定款に規定してある．
多くの場合，会長・社長になる取締役と全部が執行取締役．

〈日　本〉

株主総会

監査役監査
公認会計士監査 → 取締役会　・常勤取締役で構成
　　　　　　　　　　　　　・実権のない相談役

社　長
副社長・専務・常務 →経営会議（最近の設置傾向）
　　　　　　　　　　→常務会

担当制　担当制　担当制

各部門長

出所）通産省産業政策局企業行動課編『企業活力』東洋経済新報社，1984年，p. 49．

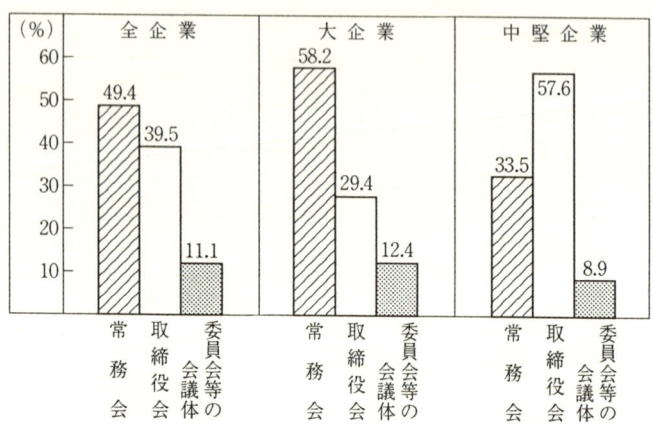

図5-3　最高意思決定機関の形態

（全企業）常務会 49.4／取締役会 39.5／委員会等の会議体 11.1
（大企業）常務会 58.2／取締役会 29.4／委員会等の会議体 12.4
（中堅企業）常務会 33.5／取締役会 57.6／委員会等の会議体 8.9

出所）通産省産業政策局企業行動課編『昭和58年版　総合経営力指標（製造業）』大蔵省印刷局，1984年，p.14.

の執行責任者を兼ねている場合が多い。

さらにトップ・マネジメントの意思決定パターンをみると，図5-4でわかるように「役員の意見参考型」（構成メンバーが対等に議論し最後に社長が決定）が全体の70％を占め，次に「役員の意見中心型」（構成メンバーの意見を中心に議論，最後に社長がとりまとめる）が20％弱，「社長中心型」（社長がもっぱら決定）が13％と3区分でき，しかも圧倒的に「役員参考型」の意思決定パターンが多い。

しかし，このパターンと企業業績とを関連づけてみると，全く逆な結果がでている（図5-5）。

これは，石油危機当時では「減量経営」で象徴されるように，リスクの増大等に対応するために，経営全般にきめこまかい管理が必要であり，「役員の意見中心型」が最も合理的であったことを意味する。また，53年以降，低成長といえども安定期に入ると，積極的で強力なリーダーシップの下で行われる，「社長中心型」意思決定方式が最も効果が上がっているということで

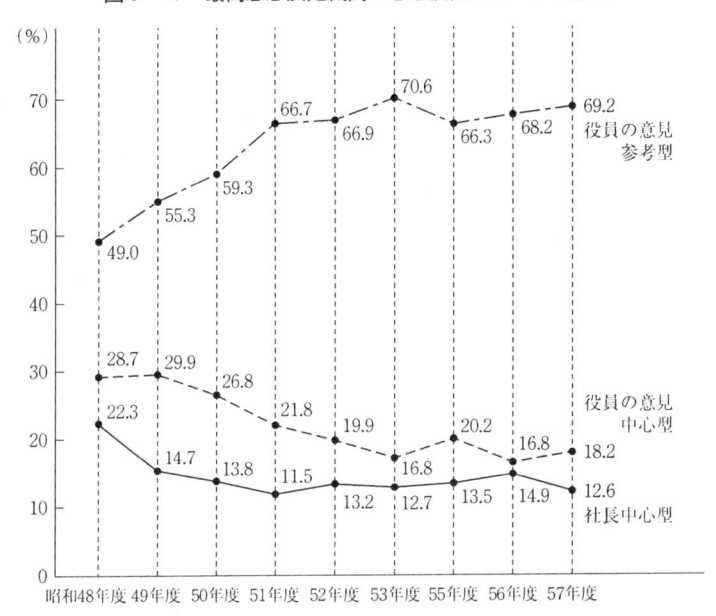

図5-4 最高意思決定機関の意思決定パターンの推移

(%)
- 役員の意見参考型: 49.0(昭和48年度) → 55.3(49年度) → 59.3(50年度) → 66.7(51年度) → 66.9(52年度) → 70.6(53年度) → 66.3(55年度) → 68.2(56年度) → 69.2(57年度)
- 役員の意見中心型: 28.7 → 29.9 → 26.8 → 21.8 → 19.9 → 16.8 → 20.2 → 16.8 → 18.2
- 社長中心型: 22.3 → 14.7 → 13.8 → 11.5 → 13.2 → 12.7 → 13.5 → 14.9 → 12.6

注）昭和48年度データについては，清水龍瑩『実証研究・日本の経営』を参照．
出所）通産省産業政策局企業行動課編『昭和58年版 総合経営力指標（製造業）』大蔵省印刷局，1984年，p.14.

ある。

このようなトップマネジメントの機能を分析すると図5-7のように戦略を中心とした環境－組織の有効化を求める意思決定であり，さらにこのプロセスは，図5-6のように3つに区分される。

清水龍瑩教授の第1ステップは，「将来構想の構築」である。この部分は表5-1での〔A〕の「企業家的機能」にあたる部分であり，後述する革新型経営の原点になると解する。ここでは企業外環境，企業内条件，そして経営理念から構築されると思われる「経営哲学」(Philosophy of Management)が重要視されねばならない。経営哲学に関しては，デイビス，マグレガー(Douglas McGregor)，マクガイヤーやわが国でも高田馨，山城章，大河内暁

図5-5　最高意思決定機関の意思決定パターンと企業業績

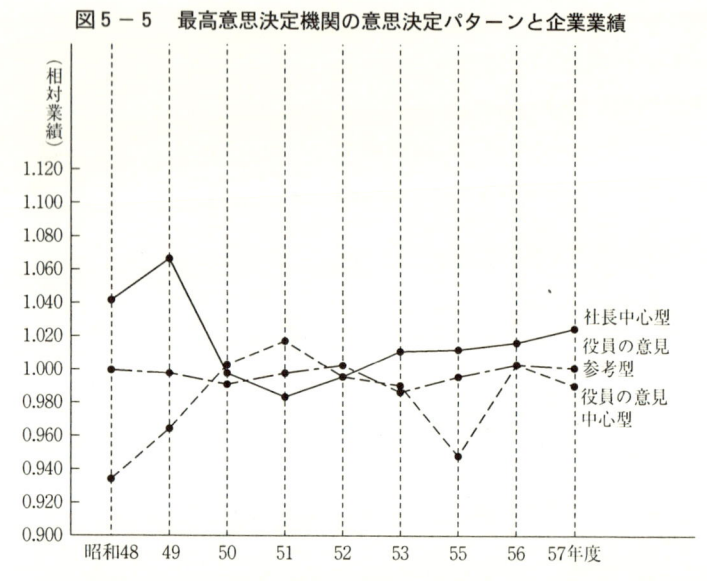

注）相対業績＝昭和48，49年度の業績評点の算定方法が異なるので，時系列比較を行う都合上，各年度ごとに各業績評点の平均値からの相対比をとって示したもの．
出所）通産省産業政策局企業行動課編『昭和58年版　総合経営力指標（製造業）』大蔵省印刷局，1984年，p. 14.

図5-6　環境，戦略，組織と成果との関連性

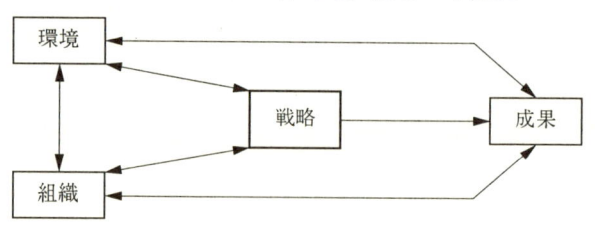

出所）奥村昭博『日本のトップマネジメント』ダイヤモンド社，1982年，p. 60.

男らの研究が代表的であるが，経営者の哲学といった場合，個人的な歴史的背景や個人的特性と深いかかわり合いをもった，非経済的な事柄によって形成されるのではないかと考える。たとえば「社長または役員の将来構想に影響を及ぼす彼らの哲学は，社長または役員の旧い家庭，教育，社会階層，健

第5章　企業の活性化と評価　193

図5-7　トップ・マネジメントの意思決定（広義の）基本プロセス

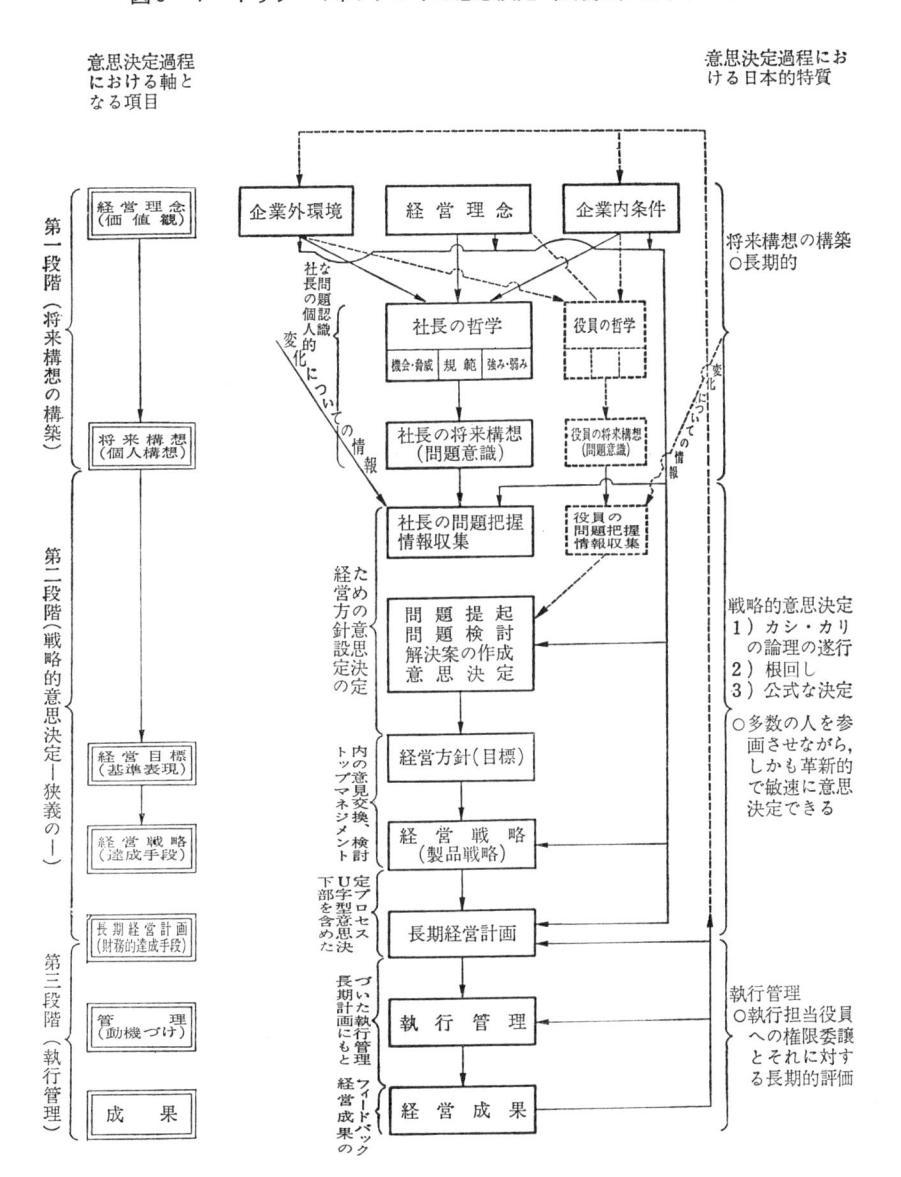

意思決定過程における軸となる項目		意思決定過程における日本的特質
第一段階（将来構想の構築）	経営理念（価値観）／将来構想（個人構想）	企業外環境／経営理念／企業内条件 → 社長の哲学（機会・脅威／規範／強み・弱み）／役員の哲学 → 社長の将来構想（問題意識）／役員の将来構想（問題意識）	将来構想の構築 ○長期的
第二段階（戦略的意思決定—狭義の—）	経営目標（基準表現）／経営戦略（達成手段）／長期経営計画（財務的達成手段）	社長の問題把握・情報収集／役員の問題把握・情報収集 → 問題提起・問題検討・解決案の作成・意思決定 → 経営方針（目標） → 経営戦略（製品戦略） → 長期経営計画	戦略的意思決定 1）カシ・カリの論理の遂行 2）根回し 3）公式な決定 ○多数の人を参画させながら、しかも革新的で敏速に意思決定できる
第三段階（執行管理）	管理（動機づけ）／成果	執行管理 → 経営成果	執行管理 ○執行担当役員への権限委譲とそれに対する長期的評価

出所）清水龍瑩『企業成長論』中央経済社，1984年，p.72.

康，企業経営などについての経験，および最近の家庭，健康，社会認識などによって大きく影響される」[17]。このように個人的諸経験や個人的発展過程が経営者の哲学を形成し，すべての行動の価値基準になっているため，企業にとってプラス，マイナスの影響が出てくるのは必然的なことであると考える。

第2，第3のステップは表5-1の〔B〕にあたる部分と理解することができる。第2の「戦略的意思決定の過程」では，変化する，あるいは変化しつつある環境を正しく把握し，それに適応するための経営戦略をたてることである。それは，製品戦略であり，財務戦略であり，組織戦略などである[18]。第3のステップは，「執行管理」で，意思決定された戦略を確実に執行することである。一般的には，計画化，組織化，調整，動機づけ，統制などマネジメント・サイクルといわれるものである。

以上の点から導き出されることは，第1ステップ「将来構想の構築」は企業の活性化に対応し，第2ステップ「戦略的意思決定過程」および第3ステップ「執行管理」は経営活力に対応すると考えられる。

前節で述べたようにトップ・マネジメントは3つの機能を有している。またこの3つの機能を発揮すべき能力を兼ね備えていなくてはならないのが，トップ・マネジメントである。とくにここで問題にしている「企業の活性化」に対しては，図5-7で示した，「将来構想の構築」である。すなわち，表5-1の〔A〕-(1)および(2)の企業家的経営者としての機能である。

Entrepreneurship とは，企業家機能，企業家精神あるいは企業家の特性と訳されている[19]。いずれの場合もトップ・マネジメント固有の概念として解釈されているが，場合によっては"社員の企業家精神"という使い方をしている。まず企業家機能と経営者（管理的経営者）的機能の違いについてペンローズは「企業者的用役とは，企業の利益のために新しい理念を導入して受け入れること，特に製品，会社の位置，技術上の重要な変化などに関連して会社の運営に貢献することであり，新しい経営者を獲得すること，会社の管

第5章　企業の活性化と評価

表5－2　経営者の能力体系化

個人特性／機能	信念をもつ態度	先見性のある態度	企業家精神	人間尊重の態度	科学的態度	管理者精神その他	健康	情報収集力
将来構想の構築	野心：身分不相応な望み ○コンプレックスから出ることが多い 使命感：天から与えられたと信じ込むこと ○自分の仕事を天命だと毎日自分にいきかせる 理念：理念から得た全経験を統合するもの ○最高の概念でもの本質を見抜く力	直感力：思推作用を加えることなく対象を直接把握する能力 ○過去の経験によって強化される 想像力：知覚されているものを心に浮かべる能力 ○異なった意見にたえず接する 洞察力：ものの本質を見抜く力 ○常に原点に立ち戻ってえるくせが重要	企業家精神：不連続的緊張を自らつくり出す力 ○過去の成功の経験から自信をもつ ○創業者社長					情報収集力：企業内外の信頼を正確に速に収集する能力 主力製品に関する ・情報 ・情報の関連性についての知識 ○内任化された記憶の拡大更新 ○各界トップの人びととの接触、また現在のリズムのある生活
戦略的意思決定	信念：他人をひきつける信仰心に近い信念 ○信念を深く信じ込む	決断力：自信、大胆さと論理的に考えられる能力 ○同じような状況の豊富な経験		包容力：相手を許し理解する力 ○ライバル意識をすてまわりの人々に高い視点をもつ 人柄：品格 人間的魅力 ○常に自らを愚かにする 倫理観・道徳観：人間の道、社会規範を尊ぶ心 ○真の人間の価値は何かを考える家庭教育、その他の教育 責任感：失敗すれば不利益を負う感情付 ○成長期の家庭、学校での責任ある行動の経験	システム思考：事象よりも大きなシステムのサブシステムと考える ○たえず時間的、時間的に広い範囲を考えるクセが重要 時間有効利用の能力：ものごとを短時間に処理する能力 ○たえず問題意識を明確にする 計数感覚：経営につての計数的な面を強く意識すること ○市場関係数値をふくんだ損益分岐点をたえずる考る	管理者精神：連続的緊張にたえる力 ○若いときから忍耐力で困難をうちぬいてきた リーダーシップ能力：構想力、包容力、自信、倫理観、論理性など統合された力 ○大きな組織を統率してきた経験 ○カンをつくるクセ：相手を喜ばせようとする生活態度 ○私心にかって接し相手の気持ちを知しく察しようとする	健康：精神的、肉体的強靭さ ○若いころから鍛練、現在のリズムのある生活	好奇心：新奇なもの、未知なものに対する興味 ○好奇心活用の結果成功した場合強化される
執行管理								

出所）清水龍瑩『企業成長論』中央経済社，1984年，p. 94〜95．

理組織を基本的に改革すること,資金を集めること,拡張計画をつくりそれに拡張方法の選択までふくめること,などに対する貢献である。……経営者用役はとりもなおさず企業者的着想と提案の執行および現在の運営の監督である。」[20]という。

シュンペーターは企業家の特性として,危険負担者 (risk bearer) であること,進取 (initiative), 権威 (authority), 先見 (foresight) の性格をもつこと,生産要素 (productive factors) を結びつける機能をもつものと規定する。

またフラハティー (John E. Flaherty) は革新的見地,不確実性に対する寛容,リスク責任を負担する意思,一般から敬遠される使命に着手する能力,達成への願望,社外の影響力の重要性に関する理解,人一倍強い自信,機会を診断する分析技能,代替戦略を形成する構想力,変化を先取りする責任,経済的問題よりも経済成果の実現など。[21]この他,コール (A. H. Cole),ガルブレイス (John Kenneth Galbraith),ドラッカーらの見解があるが,さらに付け加えるならば,① 官僚主義的発想の打破,② 安全第一主義から革新的行動への移行,③ 立案・遂行能力重視ではなく,新しいビジョンの構築などである。

さて,企業家機能あるいは企業家精神は一般的に創業者がもっている。それは,創業時代は積極的に何をするかが基本になり,完成時代は,何をするかも問題であるが,同時に何をしないか,何をしてはならないかが重要問題になってきて,企業家精神は2代目には伝えられにくいともいわれている。[22]マーシャル (Alfred Marshall) は,2代目経営者の企業家精神の減退について次のように述べている。「息子はおそらく事業の成功に絶大な野心をもっているのであろうが,一方少なくともそれを同程度に,社会的あるいは学会における名声を求めて汲々とすることになりやすい。彼は,たえざる苦労と不安によってのみ得られる2倍の収入よりも,自分達が努力せず入って来る

第5章 企業の活性化と評価　197

表5-3　社長の出身地位と企業業績

カテゴリー	昭和48年度	49年度	50年度	51年度	52年度	53年度	55年度	56年度	57年度
1. 創業者社長	*3.51	*3.499	*5.588	5.056	5.076	*5.518	5.213	5.241	5.317
2. 2代目社長	2.72	2.954	5.120	5.025	4.912	5.031	4.968	5.030	4.905
3. 生えぬき型社長	2.72	2.630	4.998	5.082	4.987	5.073	4.913	5.007	4.995
4. 外部導入型社長	2.61	2.720	4.691	4.886	4.897	4.784	4.898	5.005	4.897

表5-4　社長の年齢と企業業績

カテゴリー	業績
1. 57歳以下	4.981 (20.8)
2. 58〜62歳	4.993 (23.1)
3. 63〜66歳	4.859 (24.6)
4. 67歳以上	4.992 (31.5)

表5-5　社長の在職期間と企業業績

カテゴリー	業績
1. 2年以下	4.817 (26.3)
2. 3〜5年	5.039 (29.2)
3. 6〜10年	4.913 (24.2)
4. 11年以上	5.073 (20.3)

表5-6　役員の年齢と企業業績

カテゴリー	業績
1. 55歳以下	5.080 (21.3)
2. 56〜57歳	4.961 (18.3)
3. 58〜59歳	4.948 (29.8)
4. 60歳以上	4.879 (30.6)

表5-7　役員の在職期間と企業業績

カテゴリー	業績
1. 5年以下	4.968 (26.9)
2. 6〜7年	4.748 (24.0)
3. 8〜9年	*5.090 (21.7)
4. 10年以上	5.024 (27.4)

出所）清水龍瑩『経営者能力論』千倉書房，1984年，p.108.

豊富な収入を好むようになる」[23]。事実，表5-3でみるように，2代目社長の業績は他に比べ良くない。さらに表5-4〜5-7を参考にしてほしい。

さてこれらの諸見解に加えて，① 管理主義的発想からの脱皮，② 安全（安定）思考から戦略思考への移行，③ 将来のあるべき姿を創造し，実現のため努力することなどの重要性を指摘しておきたい。

第4節　企業の活性化と革新型リーダーシップ

　企業家機能あるいは企業家精神が企業の存続・成長に最も有効的に働く。そして企業家の特性は創業者個有の能力であるとともに2代目などそれぞれのトップ・マネジメントに必要な能力であると理解することができる。企業家機能は常に将来構想を構築するという点で革新的リーダーの基本的要件ともいえる。

　企業の寿命は30年[24]といわれている。これは30年で消滅するという意味ではなく，30年をめどに企業経営を蛻変[25]させ，トップ・マネジメントを含めた従業員の若返りを計り，事業転換を行っていくプロセスがあり，はじめてここに企業は存続，成長できるということになる。企業は図5－8でわかるように成長――成熟――衰退あるいは再生というサイクルを通じて存続し，成長し，ときには消滅してゆく。

　企業は，まず独自な製品あるいは創業者の強力な経営理念に基づき作り上げられる。規模は小さく，環境要因の影響は少ないし，組織は強固に構築されている。企業規模がしだいに大きくなるにつれて，組織慣性力を安定化さ

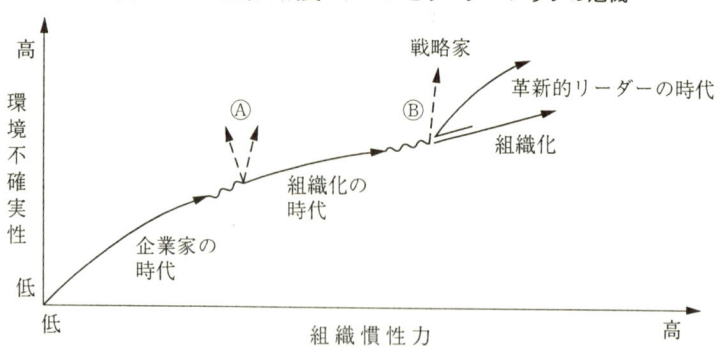

図5－8　企業の成長パターンとリーダーシップの危機

出所）経済同友会『昭和57年度　企業白書』1983年，p. 98.

せようとして，組織および個人の行動原理を成文化しようとする，この時リーダーシップの第1の危機がある。すなわち，組織機構を短期間で変更したり，組織の名のもとに，個人の人間的側面やインフォーマル組織を無視した人事処置などを採用するため，トップ－組織－個人との間に対立が生ずるためである（Ⓐの現象）。第2は組織の力が安定し，生産面，販売面でも拡大成長する時期すなわち成熟期である。この時期は経営が多面化，多様化するため利害者集団への対応，環境変化に対する適応など外的側面への配慮に欠け，また従業員の数も増え，個人的価値観の変化など内的側面に対しても十分な配慮ができにくくなる時である（第2のリーダーの危機－Ⓑの現象）。この第2の時代を「組織の時代」といい，今日のわが国企業が直面している問題がここにある。この時代は，管理的経営者（組織型）が選択されるため，すべて組織力を使って（権限委譲の原則，組織の慣性力を促進させる），安全にしかも安定指向で問題解決を計っていく。しかし環境の激変や新しい国際化問題，自動化，高齢化，高学歴化などの全く今まで経験したことのない変化－適応に対して，管理的経営者は有効性を発揮できない。ここに登場してくるのが革新型リーダーである。革新型リーダーは企業家精神をもち，さらに次のような要件が必要になるものと考えられる。

(1) 国家的，国際的見地から政治的な判断ができること。
(2) 将来に対するビジョン，グランド・ストラテジーを持ち合せていること。
(3) 安全・安定指向から脱皮して創想的指向ができること。
(4) 経営に活力をもたせ，新しい時代をつくっていく革新の精神をもつこと。
(5) 企業に対して全く新しい戦略と組織構造図を創造的に提供するリーダーであること。

このような変革を促すリーダーの必要性については図5－9のアンケート

図5-9 望まれるトップのリーダーシップ

戦略の立案・遂行能力を重視する「テクノクラート型経営者」	企業組織のカギをにぎる組織力重視の「バランス経営者」	新たなビジョンを提示し，変革を促す「変革のリーダーシップ型経営者」	その他
25	19	49	7

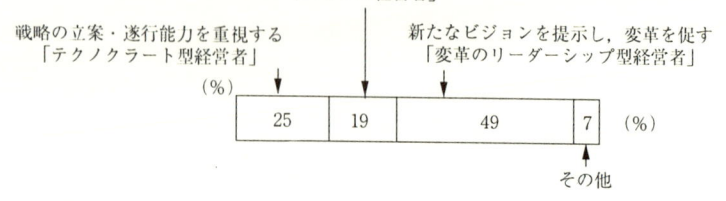

(%)

出所）経済同友会『昭和57年度 企業白書』1982年，p.90.

調査結果にも示されている。

こうした革新型経営者の必要性について，清水紀彦氏（ボストン・コンサルティング・グループ副社長）は「すべての製品や事業は，生まれ，育ち，成熟し，そして衰退する。事業が生まれて成熟期に達するまでに要する年数は事業の性格によって異なるが，近年ますます短縮化する傾向にある。……新しい価値と富を常に社会に提供することが企業の存在理由であり，この役割をはたすことができない企業は没落していく運命にある。新しい価値を社会に提供し続けるためには，企業は「効率」と「イノベーション」という一見矛盾した目標を同時に達成しなければならない」[28]と述べ，このためには，① 柔軟性組織の構築と，② 個人の創造性や個人を尊重するための組織文化の2つが必要であると主張している。

平成6年に経済同友会は，第11回企業白書において，現在は明治維新，第二次世界大戦後に次ぐ第3の転換期に立っており，自らが新たなるモデルを模索・構築し，新しい時代を切り開いていかなければならないと主張した。[29] そして，企業の経営責任者である経営者の果たすべき役割と責任は大きいとして，次の3つの提言をしている。

(1)ビジョンの明確化

経営者はまず，企業を支えてくれているすべての関係者に対して，自らの

思いを自信をもって語りかけることから始めなければならない。経営者は，今日改めて企業とは何か，事業とは何か，といった本質的な問いかけを行い，自社を5年後，10年後にどのような姿にしたいのか，そのために今何をすべきかを，それに経営者は堂コミットするのかをはっきり示す必要性が強調されている。そして，従業員に対して，経営者の経験と知見に基づくメッセージを従業員が分かる言葉で発し，従業員の共感を得，やる気を引き出すことこそ，企業を活性化している原点であり，企業存続のための必須条件であるとしている。

(2) 現場感覚の重視・具体的指針の提示

　企業を取り巻く環境が常に変化するのは当然のことであり，環境変化を何とかフォローの風にする方法を考えなければならない。企業において将来の方向を示し，経営方針を決定できるのは経営者以外におらず，それが経営者の最大の仕事の一つである。そのためには経営者自身が変化に敏感でなければならず，変化に敏感で，先見性のある意思決定を行うには，下から上がってくるレポートや統計を分析するだけでは不十分で，何よりも日々変化が起こっている現場に足を運び，経営者自身のセンスで直接見，触れることが重要である。そうして得られた成果を，従業員との双方向のコミュニケーションを図りながら，優先順位を明確にした具体的指針として提示していかなければならない。

(3) イノベーティブな姿勢

　経営者は目先の数字や現象にとらわれず，企業とは何か，事業とは何かを改めて見直し，経営の原点に立って深くじっくり考えるべきである。つまり，創業の原点に今一度立ち返ることが求められる。現下の厳しい経営環境の中で，既存事業のリストラクチャリング，多角化の見直し，本業への回帰志向が強い。自社の得意分野でしっかりした基盤を作っていくことは大事なことであるが，これが縮み志向であってはならない。日々の企業活動を通じて

培った固有の技術・人的資源などの経営資源を活用した新しい事業機械へのチャレンジは常に必要である。

また，社会経済生産性本部は，平成10年に，「トップマネジメント機能の革新とコーポレートガバナンスに関する調査報告」を発表したが，その中で「社長像」についてのアンケートをしている。[30]

「日本の経営者は明確な経営の方針を示せないでいる」という意見に対して，「経営者（社長）は十分に指針を示している」とした答えは35.4％にとどまり，「変革期にはやむをえない。社長個人ではなく経営陣全体の責任」との答えは30.2％，「社長に求められる資質・能力が変わっているのに対応できていない」との答えは29.9％であった。この激動の時代にあって，指針を示すことの困難さを痛感している様子が理解できる。

「今後重要性を増す社長に必要な能力」に対しては，「統率力（組織運営の理念を示し水からリーダーシップを発揮して生産性を高める力）」が53.2％とトップであり，次いで，「事業構想力（新規事業のアイデアや事業プロセスを改革する力）」が30.9％であった。この他では，「アカウンタビリティ（経営内容を論理的に説明し納得させる能力）が順位づけの第2位において重視されており，注目される傾向である。

「社長に求められる資質・性格」に対しては，「勇気・決断力（リスクに耐える精神力・心身の健康）」が68.1％と圧倒的であり，次いで，「高潔な品性（自我や私欲を抑制でき公正公平な評価基準を確立していること）」が18.％であった。自由記述では，「先見性」をあげた回答が多かった。

第5節　企業の活性化と評価

企業の活性化に必要な条件は，まず第1に経営活力が前提条件になる。第2に企業家機能の発揮であり，第3は革新型リーダーシップである。

企業を評価する場合，一般的な方法として知られているのが会計数値を利

用して行うものであるが，経営活力についての評価も2～3の方法が開発されてきている。また政府が行っている継続的調査・分析によって，経営活力あるいは経営者能力を指標化し，評価する方法が開発されている。しかし，企業の活性化全般に対し評価あるいは指標化するといった場合，その測定方法に関しては大変むずかしい問題がある。これは企業家あるいはトップマネジメントの個人特性に関連しており，実証分析を行ったとしても絶対的評価あるいは完全な指標化とはなりえない場合が多いと考えられるからである。ここに清水龍瑩教授の研究結果を例示し（表5－8参照），また日米経営比較という点から表5－9を例示してみた。

　いずれも，「革新の意欲」などの項目は見当たらない。

　経営活力に関する研究は，実態調査などを含めて多数あり，その一部をとりあげてきたが，この問題を経営学の主要な課題として検討し，理論的に解明したものに『日本企業の経営活力』（森本三男編著，中央経済社，1984年）がある。ここで，その一部を紹介し，所見を加えてみたい。まず第1は，経済活力の評価に関してである（第Ⅰ部　§3　経営活力の指標と測定の可能性　細井　卓稿，pp.27～37）。ここでは，

　(1) 会計学的経営分析の観点から考察する評価原則－経営分析は経営立地の相違，企業形態の相違，操業度の相違，規模の相違，生産方法の相違などについて国や業種によって統一されてはじめて評価原則が統一されるものであり，また，経営分析による評価の限界――「経営分析の限界を知ることが肝要であり，いわばその「解釈」(interpretation) 能力をもつことが要請される」として経理資料を主体とする評価および比較には限界があると細井教授は指摘しているが，この点について，① 現在では比較可能な手法が開発・公表されており，会計的評価は大きいと解釈できる。② 多くの会計学研究者は，経営分析により経営活動の総合的評価が十分可能であることを実証的に示しており，一般的に否定することは困難である。また，経営分析を

表5－8　環境・経験→個人特性→将来構想・意思決定→業績の関係

環境・経験	個人特性	将来構想・意思決定	業　績
企業規模大	分析的態度　→	役員の意見を中心にした意思決定　自己研修, 品質管理, 機械化に熱心	→業績は明らかによい
企業規模小	直観的態度　→	社長中心の意思決定　自己研修, 品質管理, 機械化にあまり熱心でない	→業績はあまりよくない（小規模企業ではよい）
企業の歴史古い	拡大的態度（情報収集について）		→業績はよい
企業の歴史新しい	集中的態度（交際範囲について）		→業績はよい
企業規模大 在職年数短い	長期的態度	マクロ経済動向重視, 品質重視方針, 社長中心の意思決定, 新製品開発, 新市場開拓, 品質管理, 機械化に熱心 →	業績は明らかによい
企業規模小 在職年数長い	短期的態度	地元企業との競争激化重視, 販売数量の維持管理方針, 役員の意見中心の意思決定, 自己研修, 新製品開発, 新市場開拓, 品質管理, 機械化にあまり熱心でない	業績はあまりよくない
在職年数短い 世襲でない	人間的態度　→		→業績はよい
在職年数長い 前社長の子または孫	合理的態度　→		→業績はあまりよくない
企業規模大 年齢若い	積極説得的態度　→	従来の経営方針是認, 自己研修に熱心, 後継者をつくりたがらない　新製品開発, 新市場開拓, 販売促進, 機械化に熱心 →	業績は明らかによい（特に大企業でよい）
企業規模小 年齢高い	協調調整的態度	従来の経営方針はよくないと思う, 自己研修に熱心でない, 後継者育成に熱心　新製品開発, 新市場開拓, 販売促進, 機械化にあまり熱心でない →	業績はあまりよくない
在職年数長い 年齢高い	管理者的態度　→	役員の意見中心の意思決定, 自己研修に熱心でない, 後継者の育成に熱心 →	業績はあまりよくない（収益性によい）
在職年数短い 年齢若い	企業家的態度　→	社長中心の意思決定, 自己研修に熱心, 後継者をつくりたがらない, 新製品開発, 販売促進に積極的（特に直売型で）	業績はよい（成長性よい）（特に直売型でよい）

出所）清水龍瑩『経営者能力論』千倉書房, 1984年, p.108.

表5－9　経営者に要求される能力の比較

インディケータ・項目	米　国	日　本
ジェネラリスト***	3.86 (0.44)	4.03 (0.38)
一定の分野についての深い知識(R)***	3.39	3.73
会社と事業についての広汎な知識	4.26	4.35
多様な情報を処理・統合する能力	3.93	4.00
価値主導性**	4.20 (0.62)	4.05 (0.59)
強固な理念・哲学***	4.19	3.90
会社への忠誠心	4.21	4.21
対人関係能力***	3.60 (0.61)	3.91 (0.47)
他の経営者との協調性	3.77	3.81
公平さ	4.02	4.09
株主や金融関係への信用**	3.35	3.58
社内での人望***	3.24	4.17
革新イニシアチブ***	3.94 (0.66)	3.43 (0.69)
アイデアの斬新さ，新しいアイデアへの許容力***	4.03	3.72
冒険心，リスク志向***	3.84	3.13
計画・統率力	4.00 (0.65)	4.08 (0.53)
緻密な計画力**	3.54	3.81
組織づくりと統率力*	4.46	4.35
実績・経験***	3.27 (0.56)	3.10 (0.50)
実績***	3.95	3.72
社外経験	2.55	2.47

注）数字は重要性スコア（絶対不可欠5点，重要4点，あれば望ましい3点，無関係2点，ないほうが望ましい1点），（R）は合成スコアを作る際に，スコアが逆転されていることを示す。項目スコアは逆転前のもの，かっこ内は標準偏差。
出所）加護野忠男・野中郁次郎・榊原清則・奥村昭博『日米企業の経営比較』日本経済新聞社，1983年。

時系列的に行うことにより，傾向と経営活動の方向を見出せるという利点があると主張する見解もある。ただし，経営分析に必要な会計数値は時には故意に修正されたものがあり，公開されている数値総てを信用するには疑問があり，このため経営分析によって総合評価することには限界があると考えられる。

(2) 経営分析の歴史的展開（回顧）からの考察——人的評価（支払能力判

断のための信用分析）→比率分析（流動性分析等）→指数評価（効率性分析等）→総合的判断（評価）－総資本利益率を頂点とする分析。いずれも「基準」ないし「標準」の策定は現時点では，その開発と基準化が進み，ある程度可能になってきている。ただし，総合評価の基準にはなりえない。それは，前述してきたように，組織や人的側面の評価がどの程度，会計数値に包含され関連づけられているかという点である。ここでは，経営分析だけでは不十分であるという意見を表明するにとどめたい。

(3) 量的，質的概念とその統合——細井教授によれば「経営分析の理論に経営学的アプローチを加味することの望ましい方向は，非経済的要因（定性的要因といってもよい）にふくまれる質的要因をできるかぎり経済的・量的（定量的要因といってもよい）に浸透させることであり，そのことはまた，相互浸透とか，相互依存とか，さらに調和的，均衡的，というような動態的関連性概念の枠の中で存続活動を行うとみられる，活きた企業体のいわば環境論的な把握，したがって若干のインターディシプリナリーな究明もまた必要であることを示唆している」と述べ，さらに，「……わが国企業の経営活力を経営学的に究明すればするだけ，その指標化と測定化の可能性は断念せざるをえないのである」としている。

以上のように経営分析の対象とその主たる手法である，財務上に現れている計数解析には限界があり，それを補足しあるいは相互補完として非経済的要因を取り扱う必要があると認識することができる。とくにこの点について，同書第3部「§6　日本企業の経営活力と計数的コントロール」（長浜穆良稿, pp. 181~192）では，日本学術振興会経営問題第108委員会が実施したアンケート調査の結果を引用して「結果としての利益による業績評価よりも，動機づけられた目標による管理の方が，結果として業績によい影響を与えると考えられるか」の質問に対して圧倒的多数（73.1％）が肯定しており，反対者は10.5％にすぎないと指摘しているように，計数（利益額など）よりも，

計数化できにくい（組織力など）要因のほうが良い結果になっていることが分かる。

第2は、「企業の活性化論」あるいは、「経営活力論」の経営学的意義である。同書は、経営組織、経営戦略、マーケティング、労使関係や特定分野など多元的視点からアプローチされ、それぞれがいわば、「企業の活性化」の視点であると理解できる。ここで、注視すべきことは、「企業の活性化論」ないし、「経営活力論」が経営学動態化へステップであり、企業行動を総合的に評価し、新たな企業行動を創造・革新させる源泉であるということである。

経営学動態化の問題については、同書「§1 経営活力の意義と経営学における問題性」（山本安次郎、pp.1～15）によって理解できる。

一定の条件下において企業経営の活動を、循環過程の機能や構造を分析し、それぞれに内在する諸問題を解明した、いわゆる静態的経営学から、環境変化に適応する動態経営学に移行を余儀なくされたと山本教授は指摘する。

静態的経営学では、一定の条件下における原理や原則を導き出すことが可能であり、そのことが本質として理解され活用されてきた。

しかしながら、環境への順応と適応を迫られている現代社会における企業経営は、経営行動の動的過程を必要とする。すなわち、活性化と活力の問題がその原点にありその実践こそがマネジメントの中核をなしてきている。

経営活力論の現代的意義は、こうした動態経営学に移行する過程で、とくに山本教授は経営存在の構造変化、形態変化があったと指摘する。それは、「企業者経営から企業経営へ、企業経営から経営者経営へ、さらに事業経営への傾向の明確化がこれである」と述べている。

ここでは、企業体制の変化過程に伴い必然的に動態経営学が提唱されてきたと理解することができるが、企業が生成・発展する、初期の企業体制（企業者経営から企業経営、または生・家業）にも環境への適応問題は常に課せ

られた命題であったと考えられる。一定の条件下において企業経営の活動を主として論じている静態的経営学の問題と企業体制の変化過程における「静」または「動」的経営学の問題は別な次元と考えられないだろうか。

現代社会における経営（学）は，「一定の条件下」で論じることは困難といえる。したがって，動態経営学が必然的に登場することになり，ここに経営活力論の意義を見出すことができると考える。

山本教授は「……たとえば一時凌ぎの対症療法というようなものであってはならず，根本的な解剖学や整理学さらに人間学に基づいた根本療法，つまり経営発展理論でなければならないのである。経営活力論の真の経営学的意義はここにあるというべきであろう」として，経営発展論の展開過程で経営活力論が必要になると指摘している。

このような見解だけでは，経営発展論の方法や内容は理解しがたいが，少なくとも経営活力戦略，動態的な企業理論，企業者機能論などが包含されるものと理解することができるが，ここで指摘している「経営発展論」の前提には，「企業の活性化」ないし「経営活力」の実態評価ないし経営活力そのものであるともいえるが，企業あるいは経営行動の実態評価ないし将来性評価なしには，その理論の実践への活用には限界があるものと考えられる。企業評価がたんに財務分析の延長線上のものだけでなく，新たな経営活力戦略ないし経営者（山本教授の見解では次の事業経営者となる）機能の解明およびその理論構築など企業の存続・成長の命題に不可欠な理論として位置づけることが必要である。

企業の活性化の原点の1つが革新の意欲と考えるならば，こうした個人の特性に関するものをいかに指標化していくかが問題になろう。とりわけ表5－9に示された「革新イニシアティブ」および「計画・統率力」に関して，利用可能な形での，企業の活性化の指標の開発が今後の研究課題であることは確かである。

注)
1) 森本三男「経営活力試論」『経済と貿易』横浜市立大学経済研究所, 1983年, p. 69.
2) 森本三男, 前掲論文, p. 2.
3) 山本安次郎「経営活力の意義と経営学における問題性」『日本企業の経営活力』中央経済社, 1984年, pp. 2〜3.
4) 森本三男, 前掲論文, p. 1.
5) 高宮 晋『経営学辞典』ダイヤモンド社, 1975年, pp. 100〜101.
6) Schumpeter J., *Theorie der wirtschaftlichen Entwicklung.* 2 Aufl, 1926. SS. 16〜17, SS. 100〜101, (シュンペーター『経済発展の理論』塩野谷・中山・東畑訳 (上 p. 50, pp. 182〜183)。
7) 山本安次郎, 前掲論文, pp. 3〜4.
8) 高宮 晋, 前掲書, pp. 182〜183.
9) 通産省産業政策局企業行動課『企業活力』東洋経済新報社, 1984年
10) Kappel, Frederick. R. *Vitality in a Business Enterprise*, 1960. (冨賀見博訳『企業成長の哲学』ダイヤモンド社, pp. 13〜36).
11) 清水龍瑩『企業成長論』中央経済社, 1984年, p. 23.
12) 『統計月報』東洋経済新報社, 1984年1月号および『日経ビジネス』日経BP社, 1985年1月号などに掲載.
13) 前掲書 8) p. 69.
14) Davis, Ralph Currier. *The Fundamentals of Top management*, New York, Harper&Row, 1951, pp. 6〜7. (大坪檀訳『管理者のリーダーシップ』(上・下) 日本生産性本部, 1962〜1963年.) デイビスの哲学は, ① 経済的分権録 (a philosophy of economic decentralism) と, ② 集権録 (Centralism) から生じるという。
15) McGregor, Douglas. *The Human Side of Enterprise*, New York, Macmillan 1957. (高橋達男訳『企業の人間的側面』産業能率大学出版部, 1966年.) マクレガーによる経営哲学の概念は第1に, 経営者の職務について真の理解があり, 第2に経営者による人間についての信頼であるという。要するに経営者がもつ経営観と人間観であるという。
16) McGuire, Joseph William, *Business and Society,* McGraw-Hill 1963. (中里皓年・井上温通訳『現代産業社会論』1969年)
17) 清水龍瑩, 前掲書, p. 77.
18) 清水龍瑩, 前掲書, p. 72.
19) 清水龍瑩『経営者能力論』千倉書房, 1984年, pp. 71〜75.
20) Penrose, Edith Tilton. *The Theory of Growth of the Firms,* Basil Blackwell, 1959, p. 31. (末松玄六監修『会社成長の理論』ダイヤモンド社, p. 42.)
21) Flaherty, John E. *Managing Change,* Nellen Publishing, 1979. (中村元一他訳

22)山本七平『日本は守成の時代に入った』p. 168.『日経ビジネス』1983年, pp. 10〜31.
23) Alfred, Marshal, *Principles of Economics*, 1920, pp. 126〜127.（馬場啓之助訳『経済学原理』（Ⅰ〜Ⅳ）東洋経済新報社, 1965〜1967年.）
24)『日経ビジネス』1985年1月7日によれば「社員の平均年齢30歳, 本業比率7割」この条件の当てはまる企業は, 今いかに隆盛をきわめていても, 遠からず衰退へと向かうという。
25) 藤芳誠一『蛻変の経営』 泉文堂, 1975年, pp. 8〜9.
26)『統計月報』東洋経済新報社, 1984年1月号, p. 42.

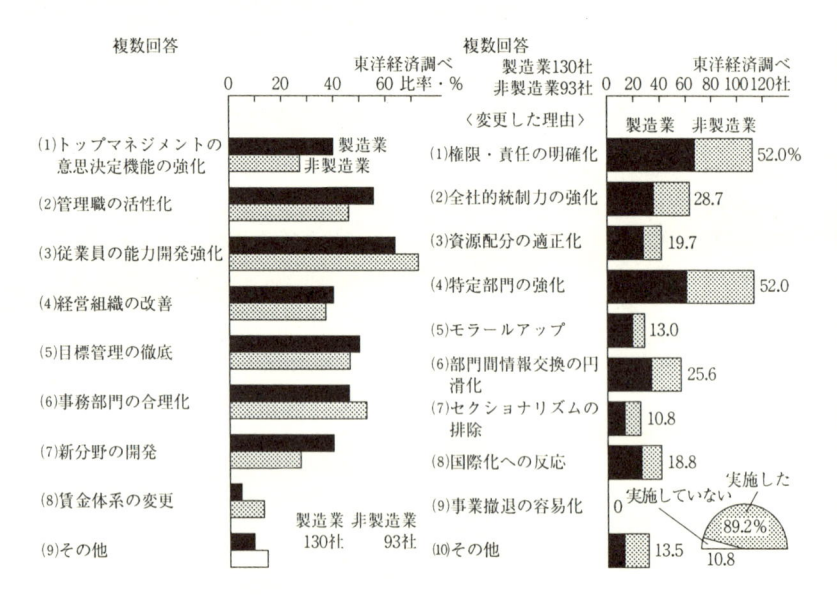

［図：トップマネジメントに関する調査結果（製造業130社・非製造業93社、東洋経済調べ、複数回答）

左図：
(1) トップマネジメントの意思決定機能の強化
(2) 管理職の活性化
(3) 従業員の能力開発強化
(4) 経営組織の改善
(5) 目標管理の徹底
(6) 事務部門の合理化
(7) 新分野の開発
(8) 賃金体系の変更
(9) その他

右図〈変更した理由〉：
(1) 権限・責任の明確化 52.0%
(2) 全社的統制力の強化 28.7
(3) 資源配分の適正化 19.7
(4) 特定部門の強化 52.0
(5) モラールアップ 13.0
(6) 部門間情報交換の円滑化 25.6
(7) セクショナリズムの排除 10.8
(8) 国際化への反応 18.8
(9) 事業撤退の容易化 0
(10) その他 13.5

実施した 89.2%／実施していない 10.8］

27)『企業白書』（昭和59年度）p. 95.
28)『日経ビジネス』1985年1月7日号, pp. 19〜22.
29)『企業白書』（平成6年）, pp. 9〜10.
30)『日本型コーポレートガバナンス構築に向けてのトップマネジメント機能の課題』pp. 17〜18.

表5－10　トップ100社の将来性——本社試算・展開期待度調査

	(得点)	
★★★★★	100 90 80 70	㉔富士通 ㊶日本ビクター ⑨本田技研工業 ㉘シャープ (85)TDK ㉝日本電装 (98)伊藤ハム ㊺鈴木自動車工業 (65)リコー (94)鐘紡
★★★★	65 〜 50	㊷富士写真フイルム (75)東京三洋電機 ⑫日本電気 ㉗ソニー ㊴大日本印刷 (52)住友電気工業 (66)キヤノン (88)沖電気工業 (92)アイシン精機 (96)日本ハム ⑥日立製作所 ⑦東芝 ⑪三菱電機 ⑱日本鉱業 ㊸旭硝子 (53)古河電気工業 (55)宇部興産 ④松下電器産業 ㉖三洋電機
★★★	45 〜 30	⑧三菱重工業 ㉕石川島播磨重工業 ㉛旭化成工業 ㉜川崎重工業 ㊱東レ (58)味の素 (60)三菱金属 (61)日立造船 (76)日本楽器製造 (78)花王石鹼 (80)積水化学工業 (84)資生堂 (87)本州製紙 (89)三井造船 (90)森永乳業 (100)三井金属工業 ㊹松下電工 (77)住友金属鉱山
★★	35 〜 15	①トヨタ自動車 ②日産自動車 ⑰神戸製鋼所 ㊿凸版印刷 (51)武田薬品工業 (62)三井東圧化学 (63)大日本インキ化学工業 (86)日清製粉 (91)住友重機械工業 (99)トヨタ車体 ㉓昭和石油 ㊳富士重工業 (95)日本軽金属 ⑮大協石油 (59)ヤマハ発動機 ③日本石油 ⑩丸善石油 ⑬マツダ ⑲東亜燃料工業 ㉒麒麟麦酒 ㉙ゼネラル石油 ㊽千代田化工建設 (56)ダイハツ工業 (83)大昭和製紙 (73)東洋紡績 (79)東洋製罐 (97)ユニチカ
★	10 以 下	⑤新日本製鉄 ⑭日本鋼管 ⑯三菱石油 ⑳川崎製鉄 ㉑住友金属工業 ㉚三菱化成工業 ㉞いすゞ自動車 ㉟住友化学工業 ㊵久保田鉄工 ㊼興亜石油 ㊾日産車体 (54)雪印乳業 (57)帝人 (64)日野自動車工業 (67)日新製鋼 (69)サッポロビール (70)王子製紙 (72)富士電機 (74)明治乳業 (81)富士興産 (82)十條製紙 (93)三井石油化学工業 ㊲小松製作所 ㊻ブリヂストン (68)三菱油化 (71)昭和電工

〈得点配分〉
日本経済新聞社のNEEDS企業財務データおよび対象各企業の有価証券報告書等から基礎データを抽出し，以下の項目について，それぞれの最も望ましいケースの合計点が100点になるように得点を配分した。各項目の採点基準を望ましい順に記すと次の通り。
▶従業員平均年齢＝①30歳以下，30超～35歳，35歳超②過去3年間で若返った，横ばい，高齢化した。
▶本業比率＝①70％未満，70％以上②比率が下向傾向，横ばい，上昇傾向
▶売上高伸び率＝過去10年間の平均伸び率が，100社平均を上回っている，下回っている。
〈注〉
▶「星の数」によるランク分けは，①高得点ベスト10社，②得点50点以上，③100社の平均点（40点）以上④⑤平均点以下——の基準で「若さ」のおおまかなメドを示す。
▶企業名の頭の数字は，58年度売上面ランキングの順位。

出所）『日経ビジネス』日本経済新聞社，1985年1月7日号，p. 11.

表5-11　経営者のタイプ

経営者のタイプ	専門家型	組織家型	戦略展開	革新型
変革の方向	安定化	組織活性化	戦略展開	革新
ビジョン	所与	新価値の注入	所与	創造
組織目標	能率性	風土の活性化	成長	適応
戦略	現行	現行	変更	創造
組織感性力	現行	開発	現行	創造
コンフリクトの解消	階層	説得	強権	ポリティクス
時間幅	短期	中期	長期	長期
適応の様式	ルール	人的資源	計画	創造

出所）経済同友会『企業白書』（昭和59年度版）p. 95.

第6章　企業評価におけるグローバル・スタンダードの確立条件

第1節　企業評価の環境論的アプローチ

　今日の企業行動において企業倫理とともに重要性が高まっている問題群の中に「地球環境」にかかわる課題がある。

　すでに，第3章第8節および第4章第4節において，環境問題の位置づけについては述べてきたが，ここでは，企業評価との関連を論述したい。

　わが国における環境への関心の高まりは社会的責任論の発展過程とほぼ同じであると考えられ，これまで2回ほどあると認識することができる。まず第1回目を「前期」と称するならば，それは，1970年代の一連の公害発生とその社会問題化に基点をおくものであり，2回目の「後期」は，1980年代より今日に至るまでの地球環境問題である。

　「前期」の環境問題の特徴は，一般に，① 公害発生源（企業）が特定でき，その原因や対応策は科学的に立証できること，② 公害の発生場所は一定の地域に限定されており，他地域への影響はさほど問題にならなかったことなどである。

　しかしながら，企業行動の結果として多量の有害物質が排出され，それが人体に多大な影響や環境破壊（汚染）を引き起こし，その消滅ないし復元までには相当な時間を要したのである。公害を7つの典型（大気汚染，水質汚濁，土壌汚染，騒音，振動，地盤沈下，悪臭）に区分し，公害関連法が制定されたのもこの時期からである。

　また，企業活動とりわけ製造・生産工程などを厳しく監視する一方で，企業内部の方針－組織－統制といった管理体制を革新することこそが重要であると指摘する見解が報告されたり，企業内部に自己規制できうるシステムの

構築を提唱し，外部取締役の導入，監査制度の改正などが主張されはじめたのもこの時期である。

一方，「後期」の環境問題の発展は第4章表4－6で分るように，1980年代にさかのぼるが，近年の原点は，1991年の地球環境憲章と，1992年のリオ宣言である。

その特徴としては，① 前期の環境問題は，国内しかも特定地域と特定企業に発生源を求めた，いわば「限定」付きの背景があるのに対して，企業も消費者も場合によって加害者であり，被害者であり，その特定化はきわめて困難なこと，② 地球温暖化，フロンガスなどについては，世界共通の問題であり，業種や地域の特定化は不可能であり，まさに地球規模の課題となっていること。

このように問題の範囲の違いなど決定的な差異を認識する一方で，わが国の場合，「前期」と「後期」では，きわめて相似的側面があることも確認する必要があると考える。それは，前期の環境問題は高度経済成長期に表面化しはじめたこと，後期の環境問題は，バブル経済というバックグラウンドがあることである。

わが国の場合には，1991年に再生資源の利用の促進に関する法律，1993年に環境基本法，同じく省エネ・リサイクル支援法が制定され，諸外国と同一歩調がとれる段階になった。

わが国の環境基本法は，環境問題に対処するための基本的枠組みを示し，とくに，環境政策の基本理念，環境基本計画，経済的手法，環境アセスメントなどが中核になっており，環境と人間生活の共生の必要性を理念としている。

また，省エネ・リサイクル支援法は，地球温暖化問題やエネルギー使用の徹底的合理化および再利用などに対して，企業の自主的努力を促進し，企業の環境・省エネ関連投資に対し融資，税制面からインセンティブを提供して

投資を支援しようとするのが法制定の目的となっている。また,この法的規制が企業に求めていることは,企業活動全体のシステムの再構築を促すことである。それは,環境への負荷,たとえば有害物質の排出量,エネルギーの利用の効率化など,製品化計画,研究開発,流通など経営活動のすべてに関連し,しかも,その目標値が定められ,罰則規定まで整えられているため,経営戦略策定あるいは,目標－方針－組織化の過程を環境保護の側面から見直さなくてはならなくなってきている。経団連も1991年に地球環境憲章を発表し,その行動指針と環境問題への取組みの基本的考え方を示している。

また,『平成6年版環境白書』でも,環境保全について全社的また,トップレベルで推進すべきものであり,専管部門をもうけ最重要課題の一つに位置づける必要性があると主張している。

今日,こうした環境保全に係わる問題を地球規模で取組む必要性が高まった。1987年にはISO(国際標準化機構＝International Organization of Standardization)による品質管理に関するISO9000sが制定された。これは,まず,BS9000→BS5750→ISO9000sのプロセスを経て,1994年に改訂され,今日に至っている。そして,1996年に環境マネジメントシステムとして登場してきたのがISO14000sである。この精神は,企業活動において,原料調達の段階から製造工程－流通－販売－製品の廃棄など生産からその廃棄に至るプロセスすべてに対して地球環境に負荷を与えない,または負荷を最低限に抑えることにある。

この制度への参加国は80ヵ国の正規会員と20ヵ国の通信会員を有するまでに至っており,この認証をえることは,国際標準に適合していることを意味している。

すなわち,企業の環境行動を国際レベルで評価しようとするものであり,取得数ではわが国はトップクラスといわれている。[1]

さて,この認証制度にはさまざまな問題点も指摘されており今後,検討を

加える必要がある。しかしながら，以下の点でこの認証制度がグローバル・スタンダードになりつつある。① 国内外の取引先から認証取得が取引の継続条件になりつつあること，② 企業だけにとどまらず官庁・地方自治体などの行政にも取得の範囲が広がっていること，③ 親会社からの取得の要請があること，④ 公共事業の入札の条件となること，⑤ 消費者および社会からの評価—とくにこの点では環境に配慮した製品の購入および環境への負荷の大きい製品のボイコットなど厳しい評価がなされること，である。

　従来わが国の環境行動への評価は，法律の遵守を第一義的としてきた。たとえば「環境基本法」「大気汚染防止法」「水質汚濁防止法」「悪臭防止法」「海洋汚染及び海上災害の防止に関する法律」「特定物質の規定によるオゾン層の保護に関する法律」「廃棄物の処理及び清掃に関する法律」など公害および環境関連法である。わが国企業ならびに国内で，経営活動をしているすべての企業は，この認証をえることを期待されている。したがって，世界レベルでの環境評価の一つは，当面このISO14000sであるといえる。

第2節　企業評価におけるグローバル・スタンダード

(1) 企業倫理評価のグローバル・スタンダード化の必要性

　企業の国際化，グローバル化の進展に伴い，マルチドメステックやトランスナショナルと呼ばれる企業が増大してきており，各国企業の行動は，国籍を越え世界規模になりつつある。したがって，今日グローバル・スタンダード経営または，共通競争ルールの策定などが問題視される理由がここにある。

　一方，企業行動の拡大に伴い，各国の諸法律を遵守すること，各国に不利益をもたらさないこと，そしてISOなどのような国際標準を世界各国が積極的に受け入れていく傾向が強く打ち出されてきている。このため，企業倫理の問題および企業評価についても各国共通の基準策定が急務と考えられる。

　まず，企業倫理のグローバル・スタンダードに関しては，主として3つの

問題が内在している。① 各国それぞれの企業倫理は，風俗・習慣・文化・宗教などの異質性の高い価値観に基づき，合意形成されてきている。したがって，企業倫理は形成過程から考慮すると共通化が困難ではないかと考えられる。もし共有する価値として位置づけるならば，各国の風俗・習慣・宗教などの共通性に求めなければならない。ここでは，この問題を研究しているホーフステッド（G. Hofstede）の理論を紹介し論じてみたい。

② 世界共通の倫理基準ないし倫理綱領の策定過程とその内容である。すでにグローバル企業の何社かは実施しているが，③ 企業倫理が確立され，実践されるための管理システムないし評価の方向性の問題である。企業評価を国際レベルで実施していくための条件について論じる。

さて，企業倫理の問題・課題をグロールなレベルで問わなければならない理由については，以下の3つがあると考えられる。

第1には，わが国における近年の企業犯罪ともいえる不正・不祥事は，世界各国から注目され非難されている。それは業界指導が徹底し，監督が最も厳しいといわれている金融機関や証券業界にまで及んでいるからである。

第2は，欧米先進国はすでに経済や企業中心から文化や社会重視の価値観に移行しつつあり，わが国もこの変化を重視しなくては国際社会から孤立してしまうこと。

第3は，企業の行動が拡大している今日，モラールハザードの国には援助や輸出は許可しないなど，世界共通のルールが成立していること。すなわち第5章で論じたように，企業の行動を国際レベルの問題として取り上げて，その倫理基準（行動規準）策定が急がれていること。

(2) **企業倫理のグローバル化 ── 企業倫理の形成過程とその背景 ──**

企業倫理または経営倫理は，一般的倫理を企業行動に適応することであり，企業道徳と同義語とみることができる。したがって，規範，正義，慣習など文化・宗教など価値観形成のプロセスに関係しており，倫理のグローバル化

といった場合，世界共通の文化の形成過程と深くかかわっている。

ここでは，ホーフステッドの研究を紹介し考察してみたい。彼は国民文化や価値の違いが，組織の構造や機能に体系的な違いを生じさせているという命題に対して，大規模な国際比較調査を行っている。

それは，1967年から69年，1971年から73年の2回にわたり，IBM社を対象企業として世界40ヵ国，延べ117,000名の従業員に対してアンケート調査を実施している。

ホーフステッドの研究の成果や意義については，すでに何人かの研究者が報告しているが，宮城浩祐教授は以下のように論述している。[2]

① 特定の価値志向を文化の下位要素として選ぶ。(価値志向→論理など)

② 選ばれた価値志向のバリエーションを所属する親文化について解明する。(倫理成立過程と文化の関係)

③ この価値志向が組織にもたらす結果を考察する。(組織における倫理的行動の実践)(カッコ内は筆者の見解)

また，同教授は方法論の妥当性から，彼を高く評価し，その具体的理由として，① 文化を記述するのに観察に基づいた精緻な用語を使用したこと，② 多数の文化からデータ収集を行っていること，③ 40ヵ国から仕事に関連する価値を抽出していること，④ 多変量解析と理論的推理を組み合わせて4つの価値次元(権力格差の大小，不確実性，個人主義－集団主義，男性化－女性化)を文化の測定尺度としていること，の4つをあげている。

表6－1～4はその内容を要約したものである。

① 権力の格差 (power distance) ――各種の集団内の権力は大なり小なり不平等に分配されているものであるが，どの程度の権力の不平等分配に許容するかは文化によって異なる(集団内の権力の強弱，権力格差の許容度)。

フィリピンやベネゼイラ，インドなど権力格差の大きい文化の国は，上司も部下も回避を反抗と考え，イスラエルのような権力格差の小さい文化の国

表6-1 権力格差次元

小さな権力格差	大きな権力格差
権力格差の社会規範	
・社会における不平等は最小限にすべきである。	・この世界には不平等の秩序が存在すべきであり、誰もがそのなかで自分に適した位置を占めるべきである。地位の高低はこの秩序によって保障されている。
・人はみな相互に依存すべきである。	・少数の人間のみが自立しているが、他の大多数は彼らに従属すべきである。
・ヒエラルヒーは便宜のために確立された役割上の不平等である。	・ヒエラルヒーは本質的な不平等である。
・上司は部下を「私と同じような人間」とみなす。	・上司は部下を自分と違う種類の人間とみなす。
・部下は上司を「私と同じような人間」とみなす。	・部下は上司を自分と違う種類の人間とみなす。
・権力の行使は正当なものでなければならず、善悪の判断に従う。	・権力は社会における基本的な事実であり、善悪を超越している。その正当性は問題にならない。
・人はみな等しい権利をもつべきである。	・権力の保持者は特権を得る権利がある。
・権力の強い者は実際よりも権力が弱いように思わせる努力をすべきである。	・権力の強い者はできるだけ権力が強いように思わせる努力をすべきである。
・経済的勢力、正当性勢力、専門性勢力が強調される。	・強制的勢力とカリスマ性勢力が強調される。
・システムが悪いのである。	・敗北者が悪いのである。
・社会システムの変革は権力の再分配による。	・社会システムの変革は権力の剥奪による。
・権力の強い者も弱い者もあまり脅威を感じておらず、進んで他者を信じる。	・他者は自分の権力を脅かす潜在的な脅威であり、めったに信用できない。
・権力の強い者と弱い者は潜在的に調和している。	・権力の強い者と弱い者は潜在的に葛藤している。
・権力の弱い者たちは連帯感を基礎として協力することができる。	・他者を信頼する規範が弱いので、権力の弱い者同志の協力は難しい。
組織にもたらす結果	
・分権的。	・集権的。
・平らなピラミッド型組織。	・背の高い組織ピラミッド。
・監督職の社員の比率が低い。	・監督職の社員の比率が高い。
・賃金格差が小さい。	・賃金格差が大きい。
・低い階層に属する従業員の技能資格水準が高い。	・低い階層に属する従業員の技能資格水準が低い。
・筋肉労働と事務労働に対する評価が等しい。	・ホワイト・カラーの職種は、ブルー・カラーの職種よりも高く評価される。

出所) 宮城浩裕「比較経営論の一考察」『経営行動』vol. 4, No. 2, 経営行動研究所, p. 4.

では、しばしばボスを回避してしまい、争いにはならない。

② 不確実性の回避 (uncertainty avoidance)——不確実を脅威と感じ、それを制御しようとすることである。不確実性の回避の高い国は、職業の安定や規則や手続きを作成する。日本の終身雇用がその例といえる。日本、ポルトガル、ギリシアなどは不確実性の回避の強い国である。不確実性の回避

表6−2 不確実性回避次元

弱い不確実性回避	強い不確実性回避
不確実性回避の規範	
・生活に内在する不確実性は苦にされず，毎日はあるがままに受けとられる。 ・気楽で，ストレスが少ない。 ・時は無料である。 ・勉強それ自体は美徳ではない。 ・超自我が弱い。 ・攻撃的行動はひんしゅくを買う。 ・感情の表現が少ない。 ・紛争と競争はフェア・プレイの原理に従う限り許容され，建設的に用いられる。 ・反対者にも寛容である。 ・逸脱は脅威とは思われず，寛大にとりあつかわれる。 ・国家主義が弱い。 ・若者に対して肯定的である。 ・保守的でない。 ・生活をする上で進んで危険に挑戦する。 ・業績は社会の承認によってきまる。 ・相対主義，経験主義である。 ・規則はできるだけ少ない方がよい。 ・規則が守れないなら，規則の方を変えるべきである。 ・ジェネラリストと常識を信用する。 ・政治的権威は市民に奉仕するためにある。	・生活に内在する不確実性は克服しなければならない不断の脅威と思われる。 ・不安とストレスが高い。 ・時は金である。 ・勤勉への内的衝動がある。 ・超自我が強い。 ・自他の攻撃行動が許される。 ・感情の表現が多い。 ・紛争と競争は攻撃性を野放しにするので，回避しなければならない。 ・合意に対する欲求が強い。 ・逸脱者と逸脱思想は危険視され，寛大にはとりあつかわれない。 ・国家主義的である。 ・若者は信頼されない。 ・保守主義，法と秩序が尊重される。 ・生活の安定が重視される。 ・業績は生活の安定によってきまる。 ・窮極的，絶対的真理と価値を求める。 ・成文化した規則や規制に対する要求が強い。 ・規則が守れないなら，人々は罪人であり，懺悔すべきである。 ・専門家と専門知識を信用する。 ・一般市民は政治的権威の前に無力である。
組織にもたらす結果	
・活動の構造化が低い。 ・成文化された規則が少ない。 ・ジェネラリストまたは素人が多い。 ・組織の形態は多様でありうる。 ・管理者は戦略に関心がある。 ・管理者は対人関係志向であり管理スタイルは融通性にとむ。 ・管理者は進んで個人的で危険な意思決定をあえて行なう。 ・離職率が高い。 ・従業員は野心的である。 ・満足度の得点が低い。 ・不確実性の統制が権力に寄与しない。 ・儀礼行動が少ない。	・活動の構造化が高い。 ・成文化された規則が多い。 ・スペシャリストが多い。 ・組織の形態は画一化すべきである（標準化）。 ・管理者は細部に関心がある。 ・管理者は仕事志向であり，管理スタイルは融通性を欠く。 ・管理者は個人的で危険な意思決定をあえてしない。 ・離職率が低い。 ・従業員は野心的でない。 ・満足度の得点が高い。 ・不確実性の統制が権力に寄与する。 ・儀礼行動が多い。

出所）宮城浩裕，前掲論文，p. 5.

の強い社会は，高水準の不安があり，勤勉さなどの内的衝動があり，これがストレスを解放する方法であると考えている。

　③　個人主義化——個人と他者との関係で個人主義と集団主義の両極にわけられ，個人主義の特徴は自分と自分の家族だけが大切とされている。ま

表6-3 個人主義化次元

低い個人主義化指標	高い個人主義化指標
個人主義の社会規範	
・この社会では人々は拡大家族あるいは氏族の一員として生まれ，家族や氏族に忠誠を誓うと同時に保護をえる。 ・「われわれ」意識 ・集合体志向* ・自我同一性は社会システムに基礎をおく。 ・個人は組織や制度に対して感情的に依存している。 ・組織への所属が強調される。メンバーシップの重視。 ・私生活は自分の所属する組織や氏族によって侵害される。意見はあらかじめ決められている。 ・専門知識，秩序，義務，安全は組織または氏族から付与される。 ・友人関係は安定した社会関係によってあらかじめ決められている。この社会関係のなかで威信を高めたい要求がある。 ・集団決定を信じる。 ・内集団に対する場合と，外集団に対する場合で価値の基準が異なる。個別主義。*	・この社会では誰もが自分自身と自分の身近な家族についての責任を負うべきである。 ・「私」意識 ・自己志向* ・自我同一性は個人に基礎をおく。 ・個人は組織や制度から感情的に独立している。 ・個人のイニシアティヴと業績が強調される。リーダーシップの重視。 ・誰もが自分の私生活や意見をもつ権利がある。 ・自律性，多様性，快楽，個人の経済的保証。 ・特別の友人関係を求める。 ・個人決定を信じる。 ・価値の基準はすべてに共通している。普遍主義。*
* パーソンズとシルス（1951）	
組織にもたらす結果	
・組織に対する個人の関与は主として道徳的。 ・組織は家族のように，社員の面倒をみることを期待されている。組織が社員を満足させなければ，社員は疎外されていると感じる。 ・組織は成員の幸福に大きな影響を与えている。 ・組織は社員の利害を守ることを期待されている。 ・政策と実践は忠誠と義務の観念に基づいている。 ・組織内部での昇進（身の回り志向）。 ・年功序列制に基づく昇進。 ・経営理論に対する関心が薄い。 ・政策と実践は相手との関係に応じて変化する（個別主義）。	・組織に対する個人の関与は主として打算的。 ・組織はゆりかごから墓場まで社員の面倒をみることを期待されていない。 ・組織は成員の幸福にほどほどの影響を与えている。 ・社員は自分の利害を自分で守ることを期待されている。 ・政策と実践のなかには個人のイニシアティヴが認められている。 ・組織内部および外部からの昇進（世界志向）。 ・市場価値に基づく昇進。 ・管理者は最新の情報を身につけ，現代の経営理論を採り入れようと努力する。 ・政策と実践はすべてに共通する（普遍主義）。

出所）宮城浩裕，前掲論文，p. 6.

た集団主義の特徴は，内集団と外集団に区別され，内集団は親族，組織が面倒をみてくれることを期待し忠誠心が育まれる。

④ 男性化——男性化（masculinity）と女性化（feminity）の両極とするもの。男性化は，社会における支配的価値が，自己主張性，金銭や物質の獲得を重視し，人間に対する関心が少ないことを特徴とする。その逆が女性化

表6-4 男性化次元

低い男性化	高い男性化
男性化の社会規範	
・人間中心主義	・金銭と物質中心主義
・生活の質と環境の重視	・業績達成と成長の重視
・生活優先	・仕事優先
・奉仕の優先	・業績達成の優先
・相互依存の重視	・独立の重視
・直観	・決断力
・不運な者に対する共鳴	・成功者に対する共鳴
・平等化:他にぬきんでるな	・卓越化:最高をめざせ
・小さいこと,ゆっくりしたことは美しい。	・大きいこと,早いことは美しい。
・男性は自己主張的である必要がなくて,養育的役割を担うことができる。	・男性は自己主張的にふるまい,女性は養育的にふるまわねばならない。
・社会における性の役割には,差異があってはならない。	・社会における性の役割には,明白な差異がなければならない。
・性役割の差は,権力の差異であってはならない。	・男性はあらゆる状況において,支配者でなければならない。
・ユニセックス(両性の無差別)と両性具有を理想とする。	・マチスモ(これ見よがしの男らしさ)を理想とする。
組織にもたらす結果	
・一部の青年男女は職業経歴を追求するが,他の者はそうではない。	・男子青年は職業経歴を求めなければならない。そうでなければ失敗者となる。
・組織は従業員の私生活に干渉すべきでない。	・組織の利益は,従業員の私生活に干渉する正当な理由となる。
・多くの婦人が,高資格・高給与の仕事についている。	・わずかの婦人しか,高資格・高給与の仕事についていない。
・高資格の仕事についている女性が,とりわけ自己主張的であることはない。	・高資格の仕事についている女性が,とりわけ自己主張的である。
・職務上のストレスが弱い。	・職務上のストレスが強い。
・労使紛争が少ない。	・労使紛争が強い。
・職務の再構成は,集団の統合を強調する。	・職務の再構成は,個人の業績達成を強調する。

出所) 宮城浩裕, 前掲論文, p. 8.

であり,その特徴は他人への関心や生活を重視する。アメリカは,やや男性化,日本・オーストラリアは極度の男性化,スカンジナビア諸国は女性化である。

次に,ホーフステッドの研究の特徴である「世界文化地図」について考察してみたい。彼は,あらゆる社会が対処しなければならない人間性の基本問題として4つの価値次元をあげた。さらに,次の組み合わせを行い,世界の国々を4つの区分に分類している。

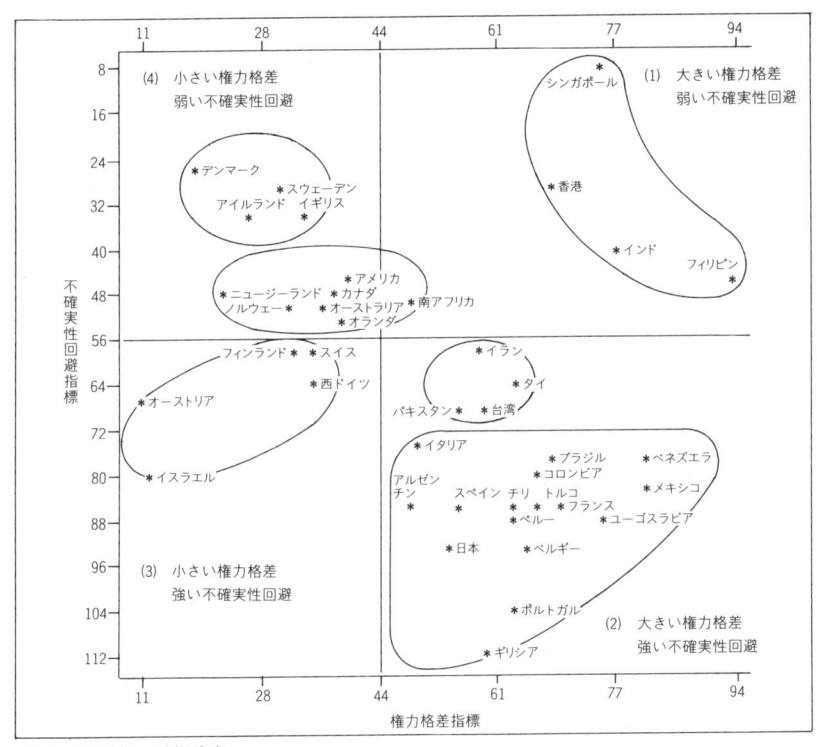

第6章　企業評価におけるグローバル・スタンダードの確立条件　223

図6-1　権力格差と不確実性回避における40ヵ国の位置

出所）宮城浩裕，前掲論文，p.8.

① 権力格差×不確実性回避（図6-1），② 権力格差×個人主義化（図6-2），③ 不確実性回避×男性化（図6-3）

　この地図の特徴について宮城教授は，いくつか指摘しているが，その一つに図6-2に注目し，第4の象限にみられる小さい権力格差と集団主義に対応する国がないことと，小さい権力格差と個人主義には豊かな国が多いことという指摘がある。個人主義と国富との関係といっても過言ではない。いわゆる社会における不平等が少なく権限構造が低い。しかも自律性を重んじ市場価値に基づき昇進がなされている（表6-1と6-3を対象させて参照），こ

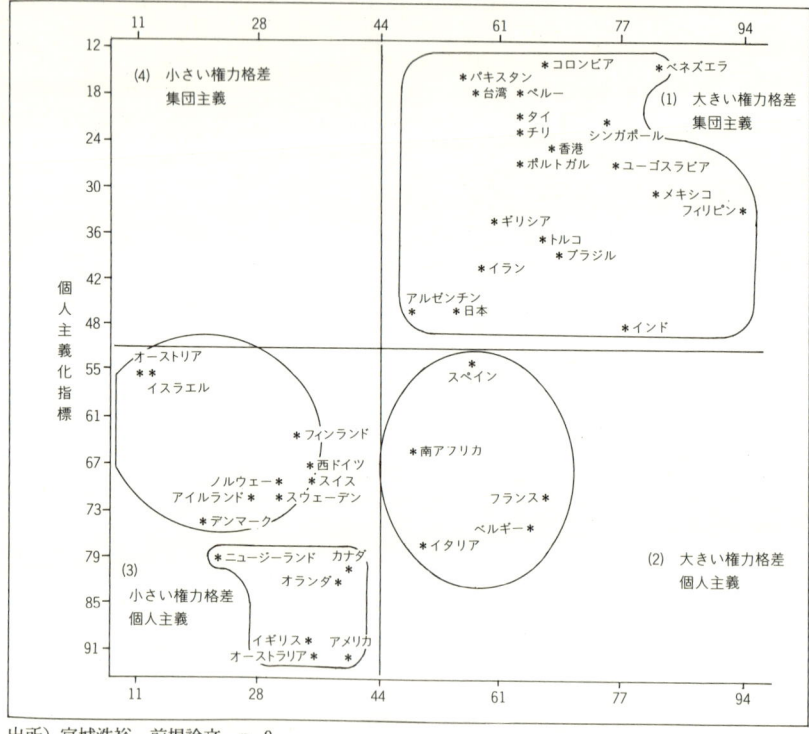

図6-2　権力格差と個人主義化における40ヵ国の位置

出所）宮城浩裕，前掲論文，p. 9．

のような国は国民所得などが多く，相関していると指摘している。これは逆に豊かな国であるがゆえに小さい権力格差と個人主義であるということもいえるのではないかと筆者は考える。

　わが国は，アルゼンチンと似ており大きい権力格差と集団主義の端に位置しており，スペインと近似値にある。

　また，文化世界地図の意義において，経営管理（企業理論も含め）の研究は文化的環境を反映していると指摘している。たとえば，アメリカの経営理論はアメリカの文化の反映であり，文化の異質な国には適用が難しい。すな

第6章 企業評価におけるグローバル・スタンダードの確立条件　225

図6-3　不確実性回避と男性化の尺度における40ヵ国の位置

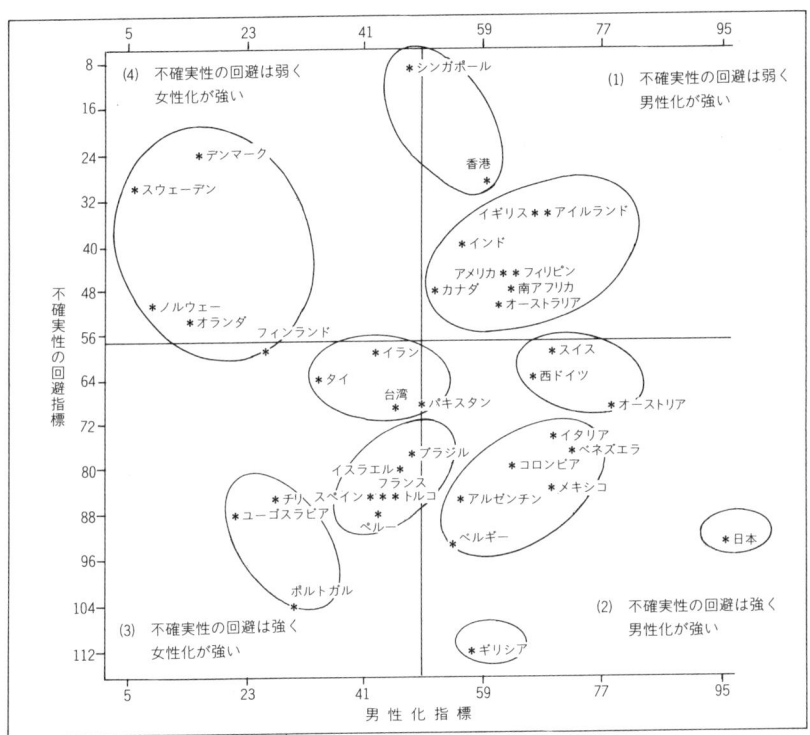

（図省略）

出所）宮城浩裕, 前掲論文, p. 10.

わち，万国適応の普遍妥当性の理論はないと考えなければならない。もし，これを否定するとすれば，自文化至上主義であり，一種の思いあがりであると指摘している。[3]

　このような見解からすると，アメリカ・スタイルがグローバル・スタンダードであると主張する背景については理解できる。

　ここでは，共通する倫理観を想定している関係から，図6-3を注視してみると，かなりバラつきがある。文化的相対性および共有性をもとめた場合，図の中心部に多くの国が集まっていることである。この調査では日本は不確

実性回避の指数が高いと同時に,男性化指数も極端に高い。不祥事などが多発する土壌は否定できない。この文化の分布の理解については,完全な価値共有には時間がかかるが,不確実性回避の指数と男性化指数の中道的な合意形成が必要になる。

この地図は明らかに文化の違い＝倫理観の違いをあらわしている。違いの認識とともに,合意形成の項目（事項－表6－2および表6－4）に対応しながら考察する必要があると考えられる。ただし,この研究成果を現在の価値形成ないし倫理観の共有の議論に即座に対応させることが適当かどうか疑問が残る。それは,この調査は1980年代のものであり,世界はさまざまな点で激動期であり,当時と現在時点では変化していることを認識する必要があると考えられる。

(3) 世界共通ルール制定の条件

最後に,企業の倫理性評価も含めた総合的企業評価の国際基準作成について論じたい。企業の倫理性に関連して,高橋浩夫編著『企業倫理綱領の制定と実績』（産能大学出版部,1998年,p. 262）では,3つのレベルで研究する必要性が指摘されている。近年企業活動のグローバル化が進展している状況で,日本企業は倫理綱領についても,いわゆる「グローバル・スタンダード」を求めて制定する必要性が高まってきている。したがって,次のような3つのレベルにおける倫理綱領,企業行動指針,企業行動憲章等を十分研究し実践する必要がある。

まず,第1に国際レベルでは,日米欧の三極が協同して制定した「コー円卓会議の企業行動指針」（1994年）がある。第2に各国・行政レベルでは,米国の「海外不正支出防止法」（1977年）と「連邦量刑ガイドライン」（1991年),日本の「国家公務員の綱紀粛正策」（1996年）,「国家公務員倫理法」（1999年）がある。第3に日本の経済団体・業界レベルでは,「経団連企業行動憲章」（1996年）等がある。しかしながら,このような取り組みがみられるものの,

本格的議論の対象にはなっていないように思われる。一方で，会計部門における国際会計基準や環境管理分野のISO14000sなどにその気運がみられ，将来より広い範囲での制度化に向かっていく傾向があることを示している。

　世界共通の基準作成の条件には，いくつかの課題が残っている。たとえば，① 各国の法体系の相違（商法，証券取引法等），② 企業を取り巻く諸制度の相違（企業体制，資本調達等），③ 企業の意思決定システムの違い（取締役会の地位，監査役会の機能等），④ 社会の評価に対する認識の相違（エクセレント・カンパニーの条件，評価の主体等）などである。

　しかしながら，企業行動の実態は緩やかではあるが，市場競争原理へと移行しつつあると思われる。清水龍瑩教授は，これからの企業経営について，「情報化・グローバル化時代への方向のうち日本型経営からアングロサクソン型経営（グローバル・スタンダード：筆者加筆）への移行である」と指摘し[4]，それは人本主義，協調主義，信用取引原理から資本主義，個人主義といった市場競争原理への移行を意味している。

　ここで，一つの試案を提示してみたい。それは品質管理や環境管理と同様ISOのなかに企業の国際評価標準（たとえばInternational Corporate Valuation Standard：ICVS）を制定することである。環境管理に関連するISOの組織体系について図6－4に示してみたが，今後このような組織は，必然的に拡大することになる。

　前述したように，企業評価のグローバル・スタンダードにはいくつかの制約条件がある。しかしながら，健全な企業の発展と地球環境保全のためには，こうした基本的規準ないし評価基準の策定――（認証制度の確立）が不可欠であり，筆者はそれを強く望んでいる[5]。

　最後に，筆者なりのグローバル・スタンダードを念頭においた企業評価基準（ICVS）の概要を簡潔に示してみたい。筆者の考えるICVSは次の6つの要因から構成される。

図6－4　ISOの検討組織と完成時期

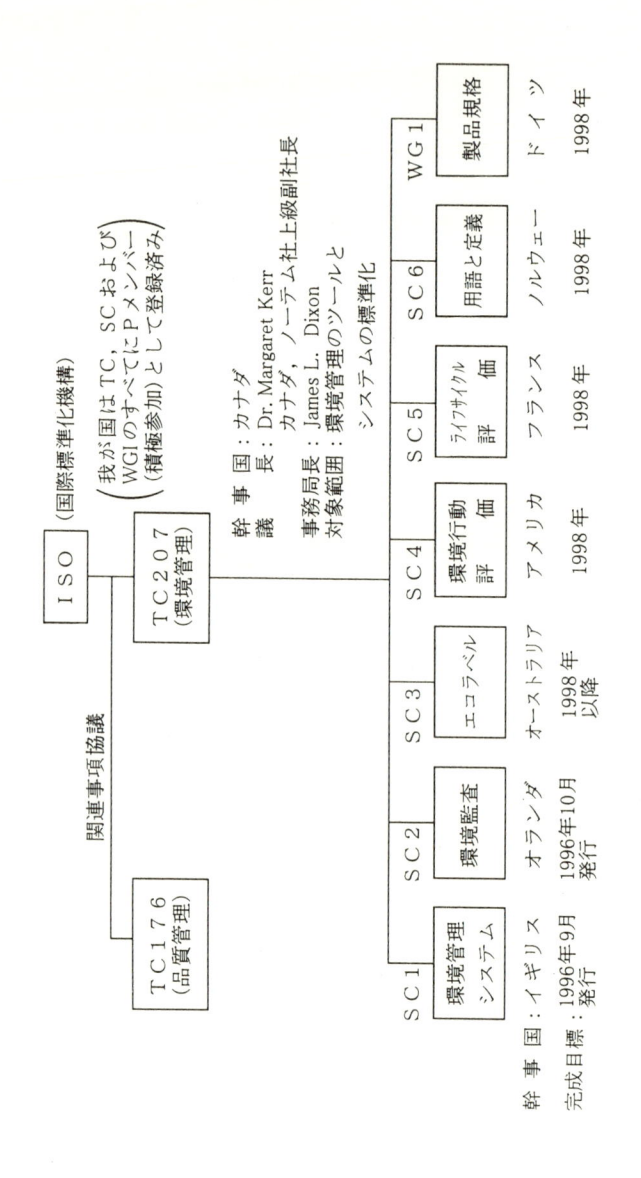

```
                                    ISO（国際標準化機構）
                                     │
                                     │
         ┌───────関連事項協議────────┤
         │                          │
      ＴＣ１７６                   ＴＣ２０７          我が国はTC、SCおよび
      （品質管理）                （環境管理）        WGIのすべてにPメンバー
                                                    （積極参加）として登録済み

                                  幹 事 国：カナダ
                                  議  長：Dr. Margaret Kerr
                                          カナダ、ノーテム社上級副社長
                                  事務局長：James L. Dixon
                                  対象範囲：環境管理のツールと
                                          システムの標準化

         ┌─────┬─────┬─────┬─────┬─────┐
        SC1    SC2    SC3    SC4    SC5    SC6    WG1
       環境管理 環境監査 エコラベル 環境行動 ライフサイクル 用語と 製品規格
       システム               評 価   評 価  定義
       イギリス オランダ オーストラリア アメリカ フランス ノルウェー ドイツ
       1996年9月 1996年10月 1998年  1998年  1998年  1998年  1998年
       発行    発行     以降
```

幹 事 国：
完成目標：

出所：大橋照枝「グリーン・マーケティング戦略」『経営行動研究年報』第７号、1998年５月、p.5.

① 経済的要因－収益性，安全性，生産性，成長性などの財務的指標を中心として構成する。
② 労働関連要因－従業員の労働環境などを中心としてアメリカにおけるSA8000等を参考に構成する。
③ コーポレート・ガバナンス要因－透明性のある経営（アカウンタビリティのある経営）は重要なグローバル・スタンダードである。
④ ステイクホルダー要因－コーポレート・ガバナンス要因においては株主が重要なステイクホルダーと認識されるが，他のステイクホルダー（従業員を除く顧客・取引先・地域社会）を考慮してこの基準を考える。
⑤ ISO要因－品質管理のISO9000sおよび環境管理のISO14000sの認証を中心とした要因である。
⑥ 企業倫理要因－すでに述べてきたような倫理性評価を明示的に企業評価に取り入れる。

まだ，具体的な指標を選んで，実際に企業の評価をするには程遠いが，このような企業評価の体系化が筆者の将来の研究課題であると考えている。

注）
1）工業技術院標準部管理システム企画課調査による。市川昌彦「企業におけるシステム構築と認証取得への道」『産業と環境』1998年3月，オートメレビュー社，図4より。
2）宮城浩裕「比較経営論の一考察」『経営行動』vol.4, No.2, 1989年, pp. 2～7.
3）宮城浩裕，前掲論文, p. 9.
4）清水龍瑩『日本型経営者と日本型経営』千倉書房, p. 173.
5）アメリカにおいて，SA（Social Accountability）8000と呼ばれる認証制度が存在するが，労働に関する領域に限定されている。企業評価全般の認証が期待される。

第7章　補論　近年の企業評価の動向について

第1節　はじめに

　本書の基礎となった学位論文を提出後，電機連合総合研究センターならびに朝日新聞文化財団「企業の社会貢献度調査」委員会による調査報告が相次いで，出版された。これらの報告書で採用されている企業評価基準は非常に広範な範囲にわたっており，筆者が第6章で提示したICVSの多くの要素をカバーしているように思われる。この補論では，これらの報告書を中心に近年の企業評価の動向を検討し，今後の一層の研究発展の一助にしたい。

第2節　「企業の社会貢献度調査」委員会による企業評価[1]

　朝日文化財団「企業の社会貢献度調査」委員会による調査は，1990年から始められ，1999年で第9回目となる。今回は，企業の社会貢献度を11のカテゴリーからなる指標として構成し，ポイントづけを行い，順位づけを行っている（当初は11のカテゴリーで行われるはずであったが，実際は10のカテゴリーで行われた）。この企業評価は，現在，もっとも広範囲の指標を取り扱っており，詳細に検討することとしたい。まず，これらの指標がどのように構成されているのかをみることとする（表7－1をも参照）。

指標1　社員にやさしい
　(1)雇用努力（雇用の創出と維持に努めているか？）
　(2)合意形成努力（考課基準を明示し，働き方の希望を聴取しているか？）
　(3)時間のゆとり（総実働時間，年次有給休暇の消化度合は？）
　(4)中高年者の処遇（転籍時の配慮，就労機会を提供しているか？）

(5)退職者への配慮（早期退職優遇制度，退職金の年金化といった制度があるか？）

指標2　ファミリー重視
(1)育児と介護（男性への制度適用，介護休暇の期間は？）
(2)資金援助（住宅取得融資制度，臨時支出低利貸付制度があるか？）
(3)医療補助（医療費負担分の補助，健康診断を実施しているか？）
(4)時間的配慮（年休の消化単位は？　短時間勤務の制度はあるか？）

指標3　女性が働きやすい
(1)雇用と登用（採用・登用実績が平等か？）
(2)定着への配慮（平均勤続変数に極端な男女差はないか，福利厚生制度が公平か？）
(3)出産への配慮（産休期間，賃金保障に前向きか？）
(4)制度の柔軟性（女性のみに制服着用義務は？　旧姓使用の自由を認めているか？）

指標4　障害者雇用
(1)対応体制（方針の文書化，社員の意識啓発に努めているか？）
(2)雇用努力（障害者雇用率，職場への定着促進に積極的か？）
(3)能力の活用（適性の把握，配属に配慮しているか？）
(4)生活支援策（通勤・居住に対して便宜をはかっているか？）
(5)設備・補助具（障害の種別に配慮した設備・補助具の利用を進めているか？）

指標5　雇用の国際化

(1)採用時の配慮（定期採用，就労ビザ取得に力を貸しているか？）

(2)雇用の公平（外国人社員，正社員が在籍しているか？）

(3)機会の平等（課長職以上への登用，就業規則などの翻訳・文書化を進めているか？）

(4)現地化の度合い（海外での現地人の登用，人事裁量権の委譲がなされているか？）

指標6　消費者志向

(1)システム化（苦情処理はスムーズか？　消費者の要望を反映できる体系か？）

(2)情報提供努力（教育・啓発努力，小瑕疵を公表しているか？）

(3)トラブルの有無（関連法令を遵守しているか？　法的係争の有無？）

(4)高齢消費者対応（文字表記，商品開発・提供の努力はしているか？）

指標7　地域との共生

(1)理念の明確化（方針・活動領域を明示しているか？）

(2)情報交換（懇談会などの開催，情報発信に積極的か？）

(3)制度整備（担当部署はあるか？　決定権は委譲されているか？）

(4)交流活動（施設開放，自発的な地域貢献活動を行っているか？）

(5)奨励・援助（人的支援の有無，社員の参加促進のための社内制度はあるか？）

指標8　社会支援

(1)理念の明確化（方針・分野・支援基準を社内外に明示しているか？）

(2)寄付活動（寄付金額，マッチングギフトを制度化しているか？）

(3)福祉・援助活動（福祉プロジェクトの継続性，難民・被災者援助は？）
(4)社員の啓発（ボランティア休暇制度，活動団体への支援は？）

指標9　環境保護
(1)環境方針（方針の明示，社内外に対する教育プログラムはあるか？）
(2)実施体制（総括部署，社内基準，国際環境規格を取得した事業所はあるか？）
(3)行動計画（計画を策定しているか，環境コストを把握しているか？）
(4)目標管理（報告の定期化，評価結果を制度的に反映させているか？）
(5)業務外での配慮（環境保護団体への協力，地域の緑化に努めているか？）
(6)事務部門（部品等購入時のグリーン調達，ゴミの分別回収を行っているか？）
(7)事業部門（輸送部門，小売部門，製造・建設部門）

指標10　情報公開
(1)開示方針（方針の有無，開示範囲は？）
(2)広報の独立性（組織・機構の形態，担当役員を配置しているか？）
(3)情報収集努力（社内・社外での情報収集活動を行っているか？）
(4)情報開示努力（財務関連情報・社内情報を公開しているか，説明責任は明確か？）
(5)調査への協力（本調査に対して積極的に回答しているか？）

指標11　企業倫理
(1)倫理規定（指針，行動規範を文書化しているか？）
(2)行動規範の内容（内容，どのような規定を含んでいるか？）

⑶浸透努力(全社員に知らされているか? 社員教育プログラムはあるか?)

⑷社内体制(専門部署,担当役員はいるか? 参照できるシステムはあるか?)

⑸実効性(遵守・遵守状況をチェックしているか? 罰則規定はあるか?)

⑹海外での適用(海外の子会社,資本提携先にも適用しているか? 15歳未満の児童の就労状況を把握しているか?)

　企業倫理を新しい指標として取り入れたのが,今回の調査の目玉であった。残念ながら,多くの企業が行動規範を公開していないために,設問を検証できず,評価もランキングも行われなかった。そのために,10のカテゴリーの指標により,評価されるようになったことは,まことに残念である。

　企業倫理については,ダイヤモンド社がすでに1997年に「企業倫理度100社ランキング」を発表している。[2]「企業の社会貢献度調査」でみられたのと同じように,このランキングの上位10社のうち,7社が外資系企業(①日本アイ・ビー・エム,②日本テキサス・インスツルメンツ,④住友スリーエム,⑤日本ゼネラルエレクトリック,⑥日本NCR,⑦日本ヒューレット・パッカード,⑨デュポン)であり,日本企業は3社(③ソニー,⑧ミズノおよびKDD)にすぎなかった。この調査によれば,日本企業は(1)多くの企業が,1996年以降,倫理綱領を策定し始めている,(2)倫理綱領には,一般的な原則を掲げているが,具体的な方法は明示されていない,(3)従業員が,倫理的問題に遭遇した場合の問い合わせ先,問題の解決方法について,あまり触れられていない,(4)不祥事を起こした企業は,危機感からか,倫理綱領の策定,体系的な教育,倫理担当の設置などに取り組んでいる,などの傾向があると指摘されている。

　これら2つの調査から,わが国の企業はまだ倫理への取り組みが十分では

ない状況が理解できる。筆者が主張しているように，認証制度を早く確立し，倫理性を企業が積極的にとりいれる環境を整える必要性を，今改めて感じている。

第3節　電機連合総合研究センターによる企業評価[3)]

　この企業評価は次のような意識をもって作成されている。電機連合は，わが国の電機企業は横並びの同質化競争から脱し，新しいコンセプトを尊重し，透明な商取引や環境問題などへの対応を重視する経営へと改革していかなければならないと主張し，これを政策化し加盟組合の労使協議などを通じて実践していくために，1995年に「第五次産業政策」を制定した。そのなかでは，「企業評価の基準も利潤獲得の視点だけでなく，環境問題への取り組み，地域貢献，消費者への対応，従業員の労働条件，新たな技術革新などを考慮したものにかわっていかなければならない」として，この「第五次産業政策」の考え方を具体化すべく，電機連合総合研究センター（電機総研）の「新しい企業評価基準研究会」（主査：奥村宏中央大学教授）が1996年秋にスタートした。以後2年間の研究と検討に基づく作業を経て作成されたのが，この企業評価である（表7－2をも参照）。

　この企業評価はわが国の349社を対象としている。7つの分野をとりあげて，総合評価を試みている（実際には6つの分野にとどまっている）。

(1)従業員が働きやすい

　働く人の場としての会社の評価である。これまでの画一的な処遇が薄れ，従業員ひとりひとりの能力開発とキャリアアップをはかっていくことが問われている時代に，従業員にとってどのような処遇・労働条件の会社が望ましいのかを明らかにしている。具体的には，賃金・労働時間，キャリア開発，女性の能力発揮がどうなっているか，について評価している。

(2) 経営者の役割

経営者についての評価である。これまでは従業員の出世の先に重役があり,調整型の経営者でもうまくやってくることができたと考えられる。しかし,わが国の経営者に最も欠けているのが迅速な意思決定とそれに対する説明責任である。取締役が50人も60人もいて,そうした経営を行うことができるだろうか。会社ごとに経営者の状況を調べ,評価している。

(3) 株主重視

一般株主の立場からみた企業評価である。わが国の大多数の会社の大株主は法人であり,たてまえとしての株主主権はひどく形骸化してきている。その象徴が株主総会である。株主重視の経営が喧伝されるようになってきているが,本当に必要な株主重視のチェックポイントを示している。具体的には,株主重視経営の指標として重要と思われる株価,配当,株主総会などを評価している。

(4) 情報公開

企業の情報公開についての評価である。とくに,業績や営業状態などの法定開示事項以外の株主ではない一般の人がアクセスできる公開された情報に着目している。また,ここでは就職学生のニーズから見た情報公開の進んでいる会社を評価している。

(5) 社会的責任

環境対策と社会貢献および法を守る経営という視点から企業の「社会的責任」について評価している。アンケート方式をとっていないために,優れた取り組みをしていてもその情報を発信していない会社は評価されないことになっている。社会貢献も経営者の説明責任が求められており,ここでは外に

向かって情報発信している会社が評価されている。

(6)財務データからのパフォーマンス

　財務から見たパフォーマンス優良企業の評価である。含み経営が破綻し，資金繰り難から黒字倒産の危機が現実となっているなかでキャッシュフローが重視されている。注目されているROE（自己資本利益率）やキャッシュフローなどの分析を通じて，優良企業と危ない会社を明らかにしている。具体的には，自己資本利益率，キャッシュフロー成長率など5つの指標を対象としている。

(7)経営の革新性

　会社の「革新性」についての評価であるが，公開情報から入手しうる研究開発費や特許の数などの指標からだけでは，この評価は困難であるという理由からこの分野については評価が行われていない。そして，イノベーションを生み出す能力は総合的な経営の品質に関わっているという問題指摘を行われている。

　この企業評価も「企業の社会貢献度調査」委員会による企業評価と同様にかなり広範囲な分野を網羅して，企業評価基準を作成している。ここでは，すべての分野について，コメントする余裕はないが，「社会的責任」の「遵法経営」の評価についてだけ触れておきたい。そこでは「企業行動指針の公開の有無」および「法務部の有無」の2つの項目だけで評価が行われており，問題があるように思われる。さらなる評価基準，例えば，「企業の社会貢献度調査」委員会による企業評価で取り入れられている評価項目を追加する必要があるように思われる（アンケート方式でないのでかなり難しいかもしれないが）。

第4節　日本経済新聞社による企業評価プリズム[4]

　第1章では，日本経済新聞社による企業評価であるCASMAを検討したが，現在では，財務データのみならず，きわめて多角的な企業評価であるプリズムも合わせて発表されている。ここでは，プリズムの評価方法を検討したい。

　プリズムは(1)社会性・柔軟性，(2)収益・成長力，(3)若さ，(4)開発・研究の4つの観点から，「優れた会社」を評価するために構造方程式モデルを作ってランキング得点を算出している。従来の企業評価に使われてきた定量的な財務データだけで評価するのではなく，企業の社会性などの定性的側面も含めて多角的に評価することを目的としている。そのため定性的な観点を潜在変数（因子）として扱って数理モデルを作る共分散構造分析を適用する。潜在変数とは現象として直接観測できないが，潜在的に存在すると仮定した変数である。たとえば株主資本利益率は経済現象として測定できる観測変数であるが，その背後に仮設構成した収益性という概念は潜在変数となる。そして，4つの評価因子は具体的な指標を用意することで間接的に測定してモデル化することができる。4つの評価因子を測定している主な指標は次のようであるという。

　(1)社会性・柔軟性　社会貢献度，危機管理，顧客対応，公正取引，環境経営度，事業革新性，賃金報酬制度，人事制度など19指標からなる。

　(2)収益・成長力　株主資本利益率，経常利益成長力，売上高平均増加額，キャッシュフロー，配当の有無など6指標からなり，収益・成長性ばかりでなく株主重視の概念も含まれている。

　(3)若さ　取締役平均年齢，部課長昇進年齢，中途採用者比率など7指標。

　(4)開発・研究　研究開発従業員比率，研究開発の最高責任者，特許出願数など8指標。

さらに，4つの評価因子とは別に，ランキング対象企業から企業を有意抽出して，専門家による総合評価をする。評価者は各自の主観によって「優れた会社」を5段階で評定。記者と識者の各平均点を求める。さらに日本経済新聞記者56人によって経営者個人の力量を決断力，先見性，国際感覚の3側面で5段階評定し，その第一主成分得点を算出する。モデルは専門家による総合評価の構造を最もよく予測するという基準でウェートを推定する。4つの評価因子に関しては全企業のデータがあるが，総合評価については抽出された企業のデータしかない。そこで評価群と非評価群の2群にデータを分けたうえで，4つの評価因子を測定する方程式を全企業のデータを使って安定化させつつ，総合評価「優れた会社」に関する構造方程式は評価群データを使って効率的にウェートを推定する。

企業ランキングは総合得点が最大1000点，平均500点，評価因子は最大100点，平均50点になるように変換して表示される。

プリズムは財務データを中心とするCASMAよりも広範囲の要因を持って，評価されるという点で優れていると考えられるが，評価者の主観が反映される点が気にかかる。また，社会貢献度，環境経営度などすぐれた要因が考慮されているが，倫理性がとりいれられておらず，不満の残る印象を受ける。

第5節　株主価値について

これまで述べてきたように，非常に多くの評価基準により，企業を評価するということが普及・定着していく一方で，1990年代から，「株主価値」が強調されるという傾向が強まってきている。そして，そのための企業評価方法の精緻化と多様化が進んできている。その代表例が，スターン・スチュアート社のEVA（Economic Value Added）およびMVA（Market Value Added）である（EVAはスターン・スチュアート社の登録商標である）。こ

図7-1 EVAとMVAの関係

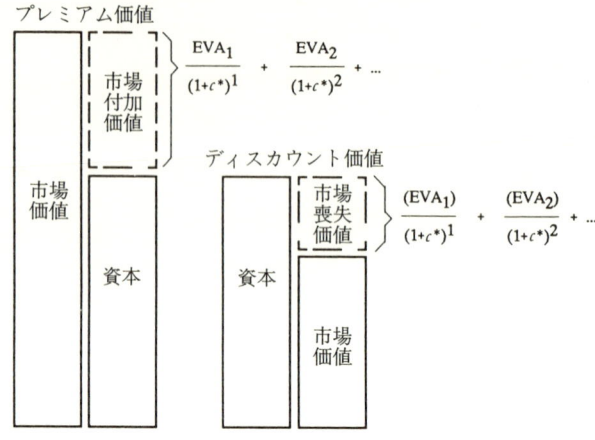

$$\frac{EVA_1}{(1+c^*)^1} + \frac{EVA_2}{(1+c^*)^2} + \cdots$$

$$\frac{(EVA_1)}{(1+c^*)^1} + \frac{(EVA_2)}{(1+c^*)^2} + \cdots$$

出所) G. ベネット・スチュワート，Ⅲ　日興リサーチセンター／河田剛・長掛良介・須藤亜里訳『EVA創造の経営』東洋経済新報社，1998年

れらの指標はきわめて財務論的な立場から，企業を評価したものである。ここでは簡単にこれらの指標を検討しておきたい。

EVAとは，簡単にいえば，税引後営業利益（NOPAT, Net Operating Profit After Tax）から資本コストを差し引いた数字である。ここでいう資本コストとは，投下された資本に加重平均資本コスト（WACC, Weighted Average Cost of Capital）を掛けて求められる数字である。EVAは花王，ソニーなどわが国の優良企業と評価されている企業が経営の中に積極的に取り入れるようになっており，実務界でも急速に浸透しつつある状況である。一方，MVAは株式時価総額と負債時価を合わせた企業価値から投下された資本を引いて，計算することができる。MVAは企業の経営者が投下された資本を使って，作り出した富の大きさを測ったものだと解釈できる。EVAとMVAの関係を，簡単にいえば，将来のEVAを資本コストによって割り引いた現在価値がMVAであるということになる。

EVAおよびMVAは市場による評価を積極的に取り込んでいる。経営者

が効率的な資本運用をしていくためには大変優れた評価基準であると考えられる。しかしながら、社会的責任や倫理性といった重要なものが欠けているのではないかと思われる。

第6節　おわりに

近年の企業評価についての動向を簡単にみてきた。まだ、とりあげなくてはならない企業評価基準も多くあると思われるが、今後の研究課題としたい。すでに第1章で検討したように、企業評価は歴史とともに多様化してきた。その潮流の中で、本書で再三指摘してきた社会的責任や倫理性が少しずつ、そして確実に取り入れられている。その一方で、EVAに代表されるような株主価値を中心とした企業評価が大きな力を持ってきていることには非常な危機感を抱いているのが偽らざるところである。

注
1）朝日文化財団「企業の社会貢献度調査」委員会編『有力企業の社会貢献度1999』PHP研究所、1999年。
2）「企業倫理度100社ランキング」『週刊ダイヤモンド』1997年11月15日号。
3）電機連合総合センター編『良い会社　悪い会社』東洋経済新報社、1999年。
4）日本経済新聞のウェブサイトの文書をもとにその概要を要約した。
（http://www.nikkei.co.jp/report/prizm6.html）
5）Stewart, III, G. Bennett, *The Quest for Value*, HarperCollins Publishers, 1991.（日興リサーチセンター／河田剛・長掛良介・須藤亜里訳『EVA創造の経営』東洋経済新報社、1998年）

表7-1

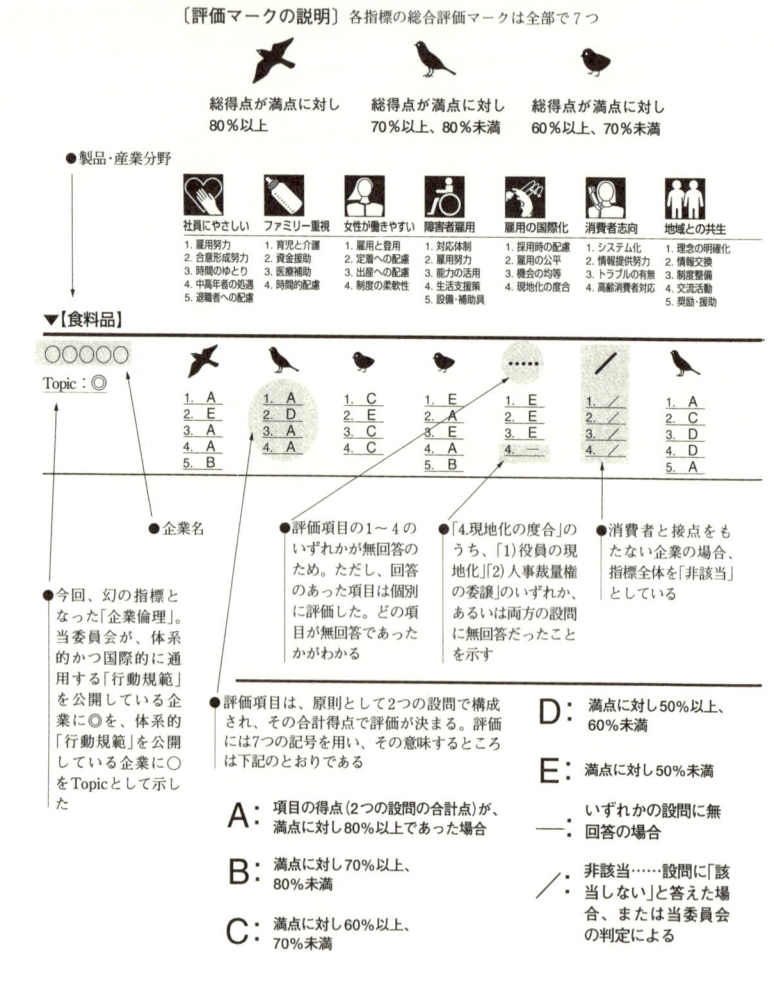

〔評価マークの説明〕各指標の総合評価マークは全部で7つ

- 総得点が満点に対し80％以上
- 総得点が満点に対し70％以上、80％未満
- 総得点が満点に対し60％以上、70％未満

●製品・産業分野

社員にやさしい	ファミリー重視	女性が働きやすい	障害者雇用	雇用の国際化	消費者志向	地域との共生
1. 雇用努力	1. 育児と介護	1. 雇用と登用	1. 対応体制	1. 採用時の配慮	1. システム化	1. 理念の明確化
2. 合意形成努力	2. 資金援助	2. 定着への配慮	2. 雇用努力	2. 雇用の公平	2. 情報提供努力	2. 情報交換
3. 時間のゆとり	3. 医療補助	3. 出産への配慮	3. 能力の活用	3. 機会の均等	3. トラブルの有無	3. 制度整備
4. 中高年者の処遇	4. 時間的配慮	4. 制度の柔軟性	4. 生活支援策	4. 現地化の度合	4. 高齢消費者対応	4. 交流活動
5. 退職者への配慮			5. 設備・補助具			5. 要請・援助

▼【食料品】

○○○○○
Topic：◎

1. A	1. C	1. E	1. E	1. ／	1. A
2. E	2. D	2. E	2. A	2. E	2. C
3. A	3. A	3. C	3. E	3. E	3. D
4. A	4. A		4. ―	4. ／	4. D
5. B		5. B			5. A

●企業名

●評価項目の1～4のいずれかが無回答のため。ただし、回答のあった項目は個別に評価した。どの項目が無回答であったかがわかる

●「4.現地化の度合」のうち、「1)役員の現地化」「2)人事裁量権の委譲」のいずれか、あるいは両方の設問に無回答だったことを示す

●消費者と接点をもたない企業の場合、指標全体を「非該当」としている

●今回、幻の指標となった「企業倫理」。当委員会が、体系的かつ国際的に通用する「行動規範」を公開している企業に◎を、体系的「行動規範」を公開している企業に○をTopicとして示した

●評価項目は、原則として2つの設問で構成され、その合計得点で評価が決まる。評価には7つの記号を用い、その意味するところは下記のとおりである

A： 項目の得点（2つの設問の合計点）が、満点に対し80％以上であった場合

B： 満点に対し70％以上、80％未満

C： 満点に対し60％以上、70％未満

D： 満点に対し50％以上、60％未満

E： 満点に対し50％未満

―： いずれかの設問に無回答の場合

／： 非該当……設問に「該当しない」と答えた場合、または当委員会の判定による

出所）朝日新聞文化財団［企業の社会貢献度調査］委員会編『有力企業の社会貢献度1999』PHP

第7章 補論 近年の企業評価の動向について　243

マークと評価の説明

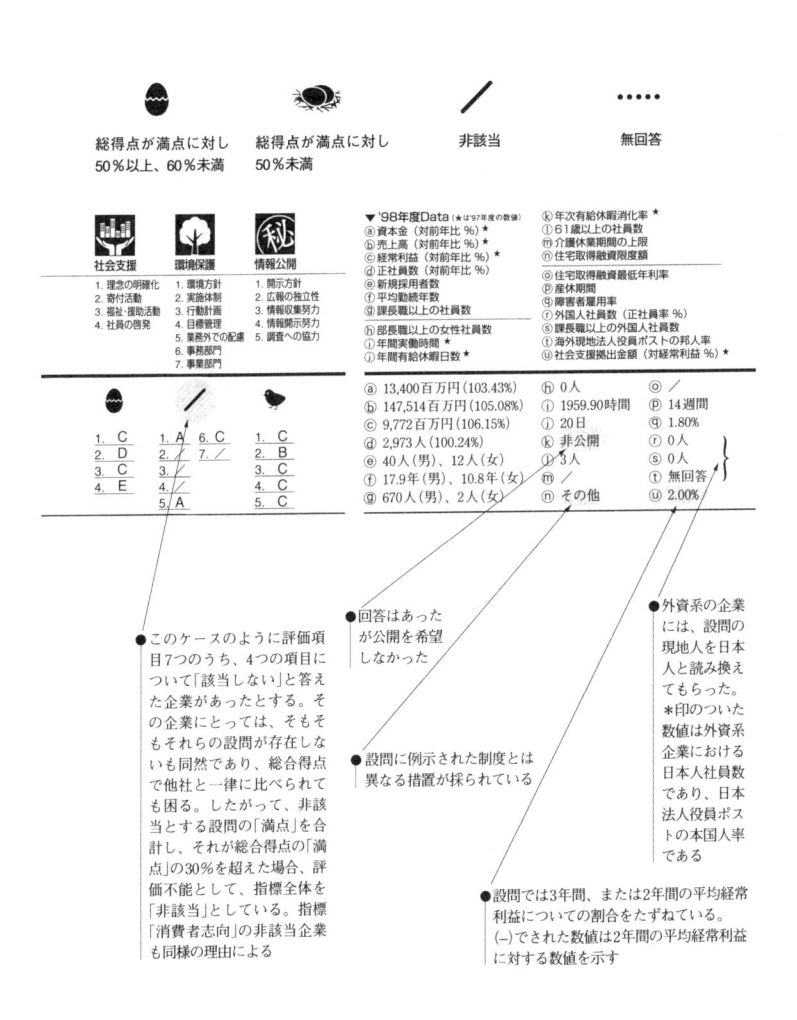

総得点が満点に対し　総得点が満点に対し　非該当　無回答
50％以上、60％未満　50％未満

社会支援	環境保護	情報公開
1. 理念の明確化	1. 環境方針	1. 開示方針
2. 寄付活動	2. 実施体制	2. 広報の独立性
3. 福祉・援助活動	3. 行動計画	3. 情報収集努力
4. 社員の啓発	4. 目標管理	4. 情報開示努力
	5. 業務外での配慮	5. 調査への協力
	6. 事務部門	
	7. 事業部門	

▼ '98年度Data（★は'97年度の数値）
ⓐ 資本金（対前年比 %）★
ⓑ 売上高（対前年比 %）★
ⓒ 経常利益（対前年比 %）★
ⓓ 正社員数
ⓔ 新規採用者数
ⓕ 平均勤続年数
ⓖ 課長職以上の社員数
ⓗ 部長職以上の女性社員数
ⓘ 年間実働時間 ★
ⓙ 年間有給休暇日数 ★
ⓚ 年次有給休暇消化率 ★
ⓛ 61歳以上の社員数
ⓜ 介護休業期間の上限
ⓝ 住宅取得融資限度額
ⓞ 住宅取得融資最低年利率
ⓟ 産休期間
ⓠ 障害者雇用率
ⓡ 外国人社員数（正社員比 %）
ⓢ 課長職以上の外国人社員数
ⓣ 海外現地法人役員ポストの邦人率
ⓤ 社会支援拠出金額（対経常利益 %）★

🥚			
1. C	1. A	6. C	1. B
2. D	2. ／	7. ★	2. C
3. C	3. ／		3. C
4. E	4. ／		4. C
	5. A		5. C

ⓐ 13,400百万円 (103.43%)　ⓗ 0人　ⓞ ／
ⓑ 147,514百万円 (105.08%)　ⓘ 1959.90時間　ⓟ 14週間
ⓒ 9,772百万円 (106.15%)　ⓙ 20日　ⓠ 1.80%
ⓓ 2,973人 (100.24%)　ⓚ 非公開　ⓡ 0人
ⓔ 40人（男）、12人（女）　ⓛ 3人　ⓢ 0人
ⓕ 17.9年（男）、10.8年（女）　ⓜ ／　ⓣ 無回答
ⓖ 670人（男）、2人（女）　ⓝ その他　ⓤ 2.00%

● このケースのように評価項目7つのうち、4つの項目について「該当しない」と答えた企業があったとする。その企業にとっては、そもそもそれらの設問が存在しないも同然であり、総合得点で他社と一律に比べられても困る。したがって、非該当とする設問の「満点」を合計し、それが総合得点の「満点」の30％を超えた場合、評価不能として、指標全体を「非該当」としている。指標「消費者志向」の非該当企業も同様の理由による

● 回答はあったが公開を希望しなかった

● 設問に例示された制度とは異なる措置が採られている

● 外資系の企業には、設問の現地人を日本人と読み換えてもらった。＊印のついた数値は外資系企業における日本人社員数であり、日本法人役員ポストの本国人率である

● 設問では3年間、または2年間の平均経常利益についての割合をたずねている。(−)でされた数値は2年間の平均経常利益に対する数値を示す

研究所、1999年

表7－2　評価項目の配点基準

サラリーマンやOLにとって働きやすい会社

項目	評価方法	基準
大卒30歳賃金カーブ	初任給～30歳モデル賃金の年齢1歳当りのピッチ：5～1点の5段階評価	2万円以上、1.7万円以上、1.4万円以上、1万円以上、1万円未満
大卒30歳年収	モデル賃金×12＋モデル賃金×一時金月数：5～1点の5段階評価	700万円以上、600万円以上、500万円以上、450万円以上、450万円未満
時間外労働	年間時間外労働：4～0点の5段階評価	100H未満、150H未満、250H未満、300H未満、300H以上
裁量労働	裁量労働の導入状況：3～1点の3段階評価	導入済＝3点、導入予定＝2点、導入していない＝1点
キャリア	最短課長昇進年齢：4～1点の4段階評価	32歳以前、35歳未満、40歳未満、40歳以上
60歳代の雇用	60歳以降の雇用制度：5段階評価（4点～1点、不明は0点）	65歳定年、本人希望で就労可、本人・会社の条件合致、会社が選択
自己啓発支援	①資格手当、②自己啓発支援制度（通信教育、自己啓発支援、資格取得支援、一般対象の語学研修）の有無による加点法	①、②それぞれ「ある」場合に1点
リフレッシュ休暇と有給教育訓練休暇	①リフレッシュ休暇、②教育訓練休の有無による：3～1点の3段階評価	両方あり、①「あり」②導入予定、①または②のいずれか「あり」
女性のキャリア	昇進実在者の昇進レベルによる：5～0点の6段階評価	役員、部長級、部長代理・次長・副部長、課長クラス、係長クラス、なし
育児休業	育児休業期間：4～1点の4段階評価	4年以上、3年以上、1年超、1年
労働組合の有無	組合の有無による加点法	組合あり＝1点、なし＝0点

経営陣

項目		評価方法	基準
取締役の人数		横軸に従業員数、縦軸に取締役人数をプロットし、分布を4等分。4段階評価	従業員数＝企業規模に応じて、取締役の人数の少ない順に4～1点
社外監査役		弁護士・会計士・税理士の社外監査役がいる場合：加点法	いる場合に1点
相談役の人数		非取締役の相談役の人数（最高顧問を含む）：3～1点の3段階評価	いない、1～2人、3人以上
役員の学歴	役員の出身大学集中度（役員に占める同一校出身者の比率）	①1位校への集中度：4～0点の5段階評価	0％、20％未満、30％未満、40％未満、40％以上
		②3位校までの集中度：4～0点の5段階評価	10％未満、20％未満、40％未満、50％未満、50％以上
		①と②の得点を平均し、整数に四捨五入	
	中・高卒役員比率	中・高卒役員の比率：4～1点の4段階評価	20％以上、20％未満、10％未満、0％
会長・社長の出身校		会長または社長の出身校が、役員の出身1位校と同じ場合	マイナス1点
役員の平均年齢		①平均年齢：4～1点の4段階評価	58歳未満、60歳未満、62歳未満、62歳以上
		②50歳代以下の年齢の役員比率：4～1点の4段階評価	70％以上、55％以上、40％以上、40％未満
		①×0.4＋②×0.6のウエイトで①と②の得点を平均し、整数に四捨五入	
社長より上の代表権者		代表権をもつ役員（会長・副会長）の人数：3～0点の4段階評価	0人、1人、2人、3人以上

出所）電機連合総合研究センター編『良い会社　悪い会社』東洋経済新報社、1999年

第8章　倫理的企業行動の確立に向けて

第1節　これからの企業倫理の方向

　この節では，次の点を指摘しておきたい。
　第1は，新しい価値体系の創造ということである。急速な国際化，情報化の進展は，新たな市場経済の倫理的価値を企業が受け入れることを要請してきている。
　それは，市場経済の原理は同じルール上での「競争の原理」であり，それがたとえ効率性の低下を招いたとしても，国際的な制度ないし慣行に移行させていかねばならないという考え方が，現在は主流になりつつあるのが実情である。
　しかしながら，個人および地域や国における価値観や倫理観は急速に変化できるものではない。経済構造や価値観などは国の文化に依存しており短期的に変化できるものではないという主張すらある。これについては，前述したように伝統的な価値と新しい市場経済との融合あるいは中庸の考え方が比較的妥当性があると考えることができる。
　わが国の伝統的価値と世界レベルでの道徳的規範・公正な外部不経済への配慮などとの調和を図るとともに企業レベルでは，経営戦略へのシフト，経営者の倫理観，価値観の変容を求め競争の原理，共生の論理を具体的に企業内にとりこむことが課題といえる。
　第2は，環境倫理，環境問題への取り組みである。
　前述したように現在の環境問題は，1993年11月に制定された環境基本法に盛り込まれているように新しい地球環境問題の解決を迫っているものである。この課題の前提条件には，①地球環境の保全と経済成長との関係，②環境と

調和のとれたライフスタイル，③環境に適合した企業行動の三つがあり，それぞれ消費者や企業などの倫理規範によりその方向と解決への方策が導きだされるものと考える。あらゆる人間が加害者であり，また被害者でもあるにもかかわらず，加害者ないし汚染者の自覚に乏しくその影響がグローバル化し国際的公正さが求められる。世界各国はそれぞれ異なった条件のもとで「豊かさ」を求める。しかしながら，国際協調ないし国際貢献の立場から国の利害を越えて環境保全の責任を平等に負担すべきことが主張される。文明の力による豊かさへの進化は，「生活の豊かさ」を脅かす結果を招くいわゆる外部不経済をもたらしている。すなわち，地球環境が要求しているものは，経済発展とリンクしており技術革新－大量生産－大量消費－製品の多様化－大量破棄といった経済成長の構図を改め，ライフ・スタイルの見直し－適正消費－リサイクル－省エネへと転ずる必要があり，これは企業行動について製品計画，生産過程，技術の選択，流通などの局面に新たな革新の機会と刺激の要因を提供する。企業行動は地球規模での「公正さ」，企業と消費者との「共生」のうえに成り立つと考えられ，これを促すための環境監査や環境保全基準の見直しも早急に解決を迫られている課題であろう。

第2節 企業倫理の実践に向けて

経団連はリクルート事件発覚以来，豊田英二氏を会長として，企業倫理に関する懇談会を1988年2月に発足させ，その後1989年2月中間報告を公表している。それによると，企業倫理確立のためには，まず，各企業がそれぞれのアイデンティティーに応じた独自の倫理観を確立し，それに基づく倫理規定を早急に整備・拡充すべきであると提言している。その後1989年7月と1990年1月にアンケート調査を実施し，5月に公表している。また，1991年7月（19日～21日）まで，東富士フォーラムで「新しい社会と企業の社会的責任」と「社会とともに歩む企業像の確立に向けて」と題して議論している。

一連の行動から窺い知れることは，1）経営のトップレベルの意識改革の必要性，2）利益優先主義に基づくマネジメントの限界とそれへの対応，3）経営戦略再構築の必要性の三点が主なものといえる。

　一方，経済同友会では，1990年5月に企業の行動革新委員会をつくり，「90年代の企業の行動革新を」と題して三つのフレームで提言を行っている。その一つは，企業行動革新に対する基本認識として，自己責任原則に基づく企業行動，国際社会と調和する企業行動，市民社会と調和する企業行動などを上げ，とくに，市民社会と調和する企業行動では，企業は社会の一員と言う自覚に基づき，社会への影響をより重視した行動を展開しなければならないと主張し，国民の価値観が経済成長絶対主義から，社会的公正，人間性重視へと変わってきている点を考慮することを指摘している。

　第2は，企業行動を変革していくべき，具体的事項を上げ，それは，企業，政治，行政間に新しい関係を樹立し，国際社会と調和，自由主義経済体制の維持・安定に貢献する企業行動への変革，日本的取引慣行の見直し，経済諸制度の再検討について，論述している。

　第3は，市民社会と調和し豊かな社会を実現するための企業行動への変革と題し，行き過ぎた投機行為の反省，人間性・消費者重視の企業行動，環境問題への積極的対応，コーポレート・シチズンシップの重視をあげ，市民社会の道徳観，価値観に相応した行動をとることを提言している。

　しかしながら，行動の実態はこれらとかなり乖離している場合が多く，提言が具体化するには、かなりの時間が必要であると考える。

　ここで2社のBCG（Business Cunduct Guidelines）を例示してみたい。まず，松下電器産業の「経営基本方針」がここでいうBCGにあたるものと理解できる。当社の創業は1918年（大正7年）であるにも係わらず，創立記念日は，1932年（昭和7年）5月5日である。この日は「経営基本方針」を発表した日であり，当社が社会に対して真の使命を自覚した日であり，最も重

要な日として位置づけている。一部を紹介すると,「経営基本方針はまた,松下電器における業績評価のものさしでもあります。かりに仕事の成果がどのようにあがっても,それが経営基本方針に反するものであるならば,その仕事は価値あるものとして評価されないのであります。すなわち,あくまで経営基本方針によって成果が判断されるのであります。……経営基本方針は,松下電器の考え方とその進むべき道を,社会一般に理解していただくための指標でもあります。私たちは,この方針にしたがって,社会に松下電器のあるべき姿を正しく知っていただくだけでなく,進んで社会の信頼と好意を勝ち得るように努力し,その信頼と行為に値しているかどうかの反省を常に行う必要があります」と経営基本方針の意義について解説している。具体的な内容は, (1)社会とのつながり, (2)利益について, (3)公正な競争, (4)関連企業とともにの四つに集約できると思われる。

(1)については,「社会」を利害者集団ごとに区分し,それぞれに対する義務と責任について詳しく対応策をあげて説明し,当社は「社会の公器」である。「……したがって, 社会の要請に基づいて事業を進める松下電器は社会の繁栄とともに存在するのであります。もし松下電器の活動が社会公共の福祉のために役立っていないならば,事業としての存在の価値もありません」
(2)については,「松下電器が社会に対する貢献を行うならば, その貢献の度合いに応じた報酬が社会から与えられ,この報酬が会社の利益となるのであります」「利益は目的ではなく結果であり……奉仕による貢献があればこそ,それに見合う報酬が与えられるのであり,それが適正な利潤であります」ここでは, 適正利潤は, 社会への奉仕の結果として受ける報酬であると規定し社会への奉仕の仕方について説明している。

(3)については,「……かりにも, 公共性を阻害するような競争, 単に相手を倒さんがための競争, 財力を権力化して相手に勝たんがための競争, また相手の名声や信用を傷つけたり, 業界のルールを破り, あるいは業界を混乱

させるような行き過ぎた競争は，……許されることではありません」と，同業者間の競争は，公正さを保つことを提示している。

次に，IBM社のBCGを紹介してみたい。当社のBCGは1950年に策定され，現在151カ国で実施されている。これは，基本的な精神を維持しつつ環境の変化に応じて一部修正・調整されてきているものである。

1989年版の序文では「……社会の構造が複雑となり，また，企業の果たす役割が一層増大している今日，事業活動を通じて，社会に意義ある貢献を行うためには，確固とした企業倫理の自覚と実践が不可欠であります。幸い，我社には，自ら定めた企業行動規範に基づく長期の実践の積み重ねがあり，このことは，我々にとって大きな誇りであります」と述べ，さらに，本文の冒頭では，「私達は，IBMの社員として数々の倫理上および法律上の問題に直面しています。これらの問題はIBMの基本的価値観と理念とに沿って解決しなければなりません。この小冊子は，IBMとその子会社の社員がそのような問題を解決していくための一般的な指針を示したものです」とBCGの精神について述べている。

当社の経営理念は，「個人の尊重」「最善の顧客サービス」「安全性の追求」の三つであり，これを前提としてBCGが策定されている。

主な内容は，(1)私的な行動とIBM資産の保護，(2)他社との間でIBMの事業活動を行う際の義務，(3)私的な時間に生じるIBMとの利害の対立その他の諸問題，(4)IBMの事業活動および私達ひとりひとりに関係する競争法の四つである。さらに具体的なものとして，(1)一般的な基準——ア）誤解されるような表示をさけること，イ）IBMを不当に誇示しないこと，ウ）公正な取扱い，エ）互恵取引を避けること，オ）公官庁の調達に関する法令違反の報告，(2)公正な競争——ア）誹謗，イ）未発表製品の開示，ウ）競争会社の受注と競合する販売活動である。

さて，両者に共通して言えることは，社是・社訓などと違いかなりの量で

あり，（松下電器産業の「経営基本方針」119ページ，IBMのものは37ページ）しかも細部にわたっての指針であること。自由経済社会の中にあって，公正・モラルの点で社員の行動を規制していること。このBCGは社員にとって不可欠なもので大切なものであること（他人に貸す事を禁じ，松下電器では，昇進・昇格試験の基本テキストである）。利害関係者毎にその対応と倫理について具体例を示していることなどである。ただし両社とも，罰則規定がないこと。またこれを遵守させるべき，組織については触れられていないことである。

また，環境監査，環境倫理に関してはユニオン・カーバイド，3Mなどの環境監査評価基準など数社の行動基準を入手しているが別の機会に論ずることにしたい。

企業が環境問題にどれだけ取り組んでいるかを基準にして投資先を決めようという市民運動が，わが国でもようやくスタートしはじめた。主催者は，研究者，公認会計士，企業の環境担当者などで作っているバルディーズ研究会の「グリーン・ポートフォリオ・プロジェクトチーム」である。ここでは，まだ，評価基準を公表していないが注目すべきことである。また，最近「エコ・ファンド」が販売され，非常な人気を集めており，重要な動向となっている。

注）
1）山本安次郎「経営学的環境論序説」高田馨編著『実証分析 企業の環境適応』中央経済社，1975年，pp. 3～10.
2）対木隆英『社会的責任と企業構造』千倉書房，1979年，pp. 42～58.
3）菊池敏夫『現代経営学』税務経理協会，1988年，p. 75.
4）対木隆英，前掲書，p. 61.
5）菊池敏夫，前掲書，pp. 84～86.
6）拙稿「企業評価に関する一考察－企業評価の発展とその視点－」『情報化の進展と企業経営』（経営学論文集第57集）千倉書房，1987年.
7）日本大学経済学部産業経営研究所『わが国企業の経営動向分析』1979年および1988年.

参考文献

Ackoff, R. L. (1970) *A Concept of Corporate Planning*, New York, Wiley
Aguilar, Franis Joseph (1994) *Managing Corporate Ethics*, Oxford University Press.（水谷雅一監訳（1997）『企業の経営倫理と成長戦略』産能大学出版部）
赤岡功（1993）『エレガント・カンパニー』有斐閣
秋本敏男他（1996）『現代企業の経営分析』中央経済社
Ansoff, H. Lgor (1965) *Corporate Strategy*, McGraw-Hill.（広田寿亮訳（1969）『企業戦略論』産業能率大学出版部）
荒川邦寿（1978）『企業診断分析』中央経済社
Barnard, Chester I. (1938) *The Functions of the Executive*, Harvard University Press.（山本安次郎・田杉競・飯野春樹訳（1968）『新訳経営者の役割』ダイヤモンド社）
Barry, Norman (1998) *Business Ethics*, New York, Macmillan.
Baumol, William J. (1959) *Business Behavior, Values and Growth*, New York Macmillan（伊達邦春・小野俊夫訳（1962）『企業行動と企業成長』ダイヤモンド社）
米花稔（1970）『経営環境論』丸善
Beauchamp, Tom L. and Norman E. Bowie (1993) *Ethical Theory and Business*, fourth edition, Enlewood Clitts, Prentice-Hall.
Bowen, Howard R. (1953) *Social Responsibilities of the Businessman*, Harper & Brothers.（日本経済新聞社訳（1960）『ビジネスマンの社会的責任』日本経済新聞社）
Bowie, Norman E. and Ronald F. Duska (1990) *Business Ethics*, second edition, Prentice-Hall.
Bowie, Norman E. and R. Edward. Freeman (1992) *Ethics and Agency Theory*, Oxford University Press.
Cairncross, Francea (1991) *Costing the Earth*, The Economist Books Ltd.（東京海上火災保険グリーンコミッティ訳（1993）『地球環境と成長』東洋経済新報社）
ケアンクロス・山口光恒共著（1993）『地球環境時代の企業経営』（東京海上火災企業リスクコンサルティング室）有斐閣
Cannon, Tom (1992) *Corporate Responsibility*, Pitman Publishing.
Copeland, Tim., Koller, T. and Jack. Murrin (1990) *Valuation : Measuring*

and Managing the Value of Companies, John Wiley & Sons. (伊藤邦雄監訳 (1993)『企業評価と戦略経営』日本経済新聞社)

Carroll, Archie B. (ed.) (1977) *Managing Corporate Social Responsibility*, Little, Brown

Carroll, Archie B. (ed.) (1993) *Business & Society : ethics and stakeholder management*, College Division, South-Western Pub.

Davies, Peterw, F. ed. (1997) *Current Issues in Business Ethics*, London Routledge.

Davis P. Keith and Robert L. Blomstrom (1966) *Business and Its Environment*, New York, McGraw-Hill.

Davis, Ralph Currier (1951) *The Fundamentals of Top Management*, New York, Harper & Row. (大坪檀訳 (1962-1963)『管理者のリーダーシップ』(上・下) 日本生産性本部)

Dean, Joel (1951) *Managerial Economics*, Englewood Clitts, Prentice-Hall. (田村市郎監訳 (1958-1959)『経営者のための経済学(第1分冊—第4分冊』関書院)

神戸大学会計学研究室 (1977)『会計学辞典』同文舘

DeGeorge, Richard T. (1982) *Business Ethics*, New York, Macmillan (山田經三訳 (1985)『経済の倫理』明石書店)

DeGeorge, Richard T. (1990) *Business Ethics*, 3 rd edition, New York, Macmillan (永安幸正・山田經三監訳 (1995)『ビジネス・エシックス—グローバル経済の倫理的要請—』明石書店)

de Jean-Paul Meyronneinc, (1994) *Le management de l'environnement dans l'entreprise*, AFNOR pour l'edition originale

出見世信之 (1997)『企業統治問題の経営学的研究』文眞堂

Donaldson, Thomas and A. Algi (1996) *Case Studies in Business Ethics*, fourth edition, Prentice-Hall.

Donaldson, Thomas and Patricia Hougue Werhane (1996) *Ethical Issues in Business : A Philosophical Approach*, fifth edition, Prentice-Hall.

Drucker, Peter F. (1950) *The New Society*, New York, Harper & Row (現代経営研究会訳 (1957)『新しい社会と新しい経営』ダイヤモンド社)

エコビジネスネットワーク (1993)『地球環境ビジネス '93-'94』二期出版

Edmunds, S.W. (1977) Unifying Concepts in Social Responsibility, *AMR*, Jan.

Eells, Richard (1960) *The Meaning of Modern Business*, New York, Columbia University Press. (現代制度研究会訳 (1975)『ビジネスの未来像』雄松

堂書店)

エプスタイン (1996) 中村瑞穂他訳『企業倫理と経営社会政策過程』文眞堂

Fayol, Henry (1916) *Administration Industrielle et Générale*, Dunod of Paris. (佐々木恒男訳 (1972)『産業ならびに一般の管理』未来社)

Federick, Willias C. (1986) A Debate on the Future of Research in Business & Society, *California Management Review*, Vol. 18 No. 2,

Federick, Willias C., Davis, C. K. and Post, J. E. (1988) *Business and Society : Corporate Strategy, Public Policy, Ethics*, sixth edition.

Flaherty, John F. (1979) *Managing Change*, Nellen Publishing. (中村元一他訳 (1980)『企業家精神と経営戦略』日本能率協会)

Fritzsche, David J. (1997) *Business Ethics : A Global and Managerial Perspective*, New York, McGraw-Hill.

藤芳誠一 (1975)『蛻変の経営』泉文堂

藤芳誠一 (1992)『経営基本管理』泉文堂

藤芳誠一編 (1993)『新時代の経営学』学文社

藤芳誠一・飫冨順久編 (1995)『新経営学教科書』学文社

藤芳誠一編 (1999)『ビジュアル基本経営学』学文社

藤芳誠一編 (1985)『図説 経営学』学文社

古川栄一 (1974)『企業の社会的責任——その指標化と意見調査』日本生産性本部

古川栄一 (1987)『経営分析』同文舘

古川浩一 (1982)『現代財務諸表分析』日本経済評論社

Galbraith, J. K. (1952) *American Capitalism*, Boston. Houghton Mifflin.

Galbraith, J. K. (1967) *The New Industrial State*, Boston. Houghton Mifflin.

Gutenberg, E. (1951) *Grundlagen der Betriebwirtschaftslehre, I., Die Produktion*. (溝口一雄・高田馨訳 (1957)『経営経済学原理』第1巻, 生産論, 千倉書房)

現代経営学研究会編 (1993)『現代経営学の基本課題』文眞堂

花岡正夫・白挚 (1977)『戦略的企業行動』白桃書房

Hartman, Laura Pineus (1998) *Perspectives in Business Ethics*, Irwin/New York, McGraw-Hill.

硲宗夫 (1997)『良い会社の条件』中央経済社

Henderson, Verne E. (1992) *What's Ethical in Business?*, New York, McGraw-Hill. (松尾光晏訳 (1995)『有徳企業の条件』清流出版)

平井克彦 (1986)『企業会計論』白桃書房

Hofstede, Geert. (1980) *Culture's Consequences : Inferences in Workrelated Values*, Thousand Oaks, Sage Publishers.

飯野春樹 (1978)『バーナード研究』文眞堂
Hoffman, Michsel W., Frederick, R., and Petry, Edward S. Jr. (1990) *Business, Ethics, And The Environment*, Quorum Books.
今井賢一・伊丹敬之・小池和男 (1990)『内部組織の経済学』東洋経済新報社
井上薫 (1994)『現代企業の基礎理論』千倉書房
乾昭三・平井宜雄 (1978)『企業責任』有斐閣
礒部厳 (1984)『経営力診断と戦略経営』ぎょうせい
市川定夫・伊藤重行・石田和夫・佐藤敬三・永田靖 (1992)『環境百科』駿河台出版
伊藤良一 (1963)『コンピュータによる企業評価と経営予測の実際』第一法規
Jackson, Jenniter (1996) *An Introduction to Business Ethics*, Cambridge, Blackwell.
Jones, Ian and Michael G. Pollitt ed. (1998) *The Role of Business Ethics in Economic Performance*, New York, Macmillan.
Kappel, Frederick R. (1960) *Vitality in a Business Enterprise*, McGraw-Hill. (冨賀見博訳 (1962)『企業成長の哲学』ダイヤモンド社)
環境庁『平成6年版 環境白書』大蔵省印刷局
河野豊弘 (1969)『企業成長の分析』丸善
公害等調整委員会 (1990)『公害紛争処理白書』大蔵省印刷局
公害等調整委員会 (1993)『公害紛争処理白書』大蔵省印刷局
企業環境学研究会編 (1995)『企業と環境の新ビジョン』中央経済社
菊池敏夫 (1972)「企業組織と環境問題」『組織科学』丸善
菊池敏夫 (1975)『現代企業論』新評論
菊池敏夫 (1975)『現代経営学』税務経理協会
菊池敏夫他 (1977)『企業と環境の考え方』産能大学出版部
菊池敏夫編 (1989)『現代企業の経営行動』同文舘
菊池敏夫 (1994)「企業行動と環境問題」『産業経営研究』第16号, 日本大学経済学部産業経営研究所
小林俊治 (1990)『企業環境論の研究』成文堂
公害犯罪捜査研究会 (1978)『公害と企業犯罪』芙蓉出版社
國弘員人 (1978)『経営分析入門』ばるす出版
経営行動研究所 (1989)『企業評価に関する調査研究報告書』経営行動研究所
経済企画庁 (1989)『国民生活白書』大蔵省印刷局
経済企画庁 (1990)『経済白書』大蔵省印刷局
経済企画庁調査局 (1990)『新たな飛躍を目指す企業行動』大蔵省印刷局
経済企画庁調査局 (1991)『内外の経営環境の変化に対応する企業行動』大蔵省

印刷局
金海夫（1990）「経営倫理と経営思想」経営哲学学会論文要旨
Levitt, Theodre (1958) "*The Dangers of Social Responsibility*," Harvard Business Review, September-October.
Lippke, Richard L. (1995) *Radical Business Ethics*, Lanham, Rowman & Littlefield.
March, J. G. and H. A. Simon (1958) *Organizations*, John Wiley & Sons. （土屋守章訳（1977）『オーガニゼーションズ』ダイヤモンド社）
Marshall, Alfred (1920) *Principles of Economics*, eighth edition, New York, Macmillan.（馬場啓之助訳（1965-1967）『経営学原理』（Ⅰ-Ⅳ）東洋経済新報社）
松岡紀雄（1992）『企業市民の時代』日本経済新聞社
McGregor, Douglas (1960) *The Human side of Enterprise*, New York, Macmillan.（高橋達男訳（1966）『企業の人間的側面』産業能率大学出版部）
McGuire, J. B. (1963) *Business and Society*, McGraw-Hill.（中里皓年・井上温通訳（1969）『現代産業社会論』）
McGuire, Joseph William (1964) *Theories of Business Behavior*, Englewood Clitts, Prentice-Hall.
萬成博（1988）「多国籍企業の文化的環境」，『経営行動』vol. 3. No. 32.
三戸公（1992）「地球危機問題と管理論―随伴的結果とサイモン理論―」『中京経営研究』第2巻1号
三戸公（1994）『随伴的結果』文眞堂
宮坂純一（1995）『現代企業のモラル行動』千倉書房
宮城浩祐（1989）「比較経営論の一考察」『経営行動』vol. 4. No. 2．
水谷雅一（1995）『経営倫理学の実践と課題』白桃書房
森本三男（1983）「経営活力試論」『経済と貿易』横浜市立大学経済研究所
森本三男（1992）「企業倫理とその実践体制」『青山国際政経論集』25号
森本三男（1994）『企業社会責任の経営学的研究』白桃書房
森本三男（1998）『現代経営組織論』学文社
森田松太郎（1989）『現代の経営と企業評価』同文舘
村沢義久（1997）『グローバル・スタンダード経営』ダイヤモンド社
村田晴夫（1984）『管理の哲学』文眞堂
中谷哲郎・川畑久雄・原田実編著（1979）『経済理念と企業責任』ミネルヴァ書房
Nash, Laura L. (1990) *Good Intentions Aside : A Manager's Guide to Resolving Ethical Problems*, Harvard Business School Press.（小林俊治・山口善

昭訳 (1992)『アメリカの企業倫理―企業行動基準の再構築―』生産性出版)
根本　孝 (1992)『カンパニー資本主義』中央経済社
日本大学経済学部産業経営研究所 (1994)『環境問題および企業の社会的責任への取組みに関するアンケート調査』日本大学経済学部産業経営研究所
日本経営財務研究学会 (1980)『企業と経営財務』中央経済社
日本公認会計士協会東京会 (1989)『企業「総合力」診断』ダイヤモンド社
日本シンクタンク協議会 (1974)『企業をとりまく危機とは何か』日本能率協会
日本証券アナリスト協会編 (1997)『証券アナリストのための企業分析』東洋経済新報社
日経連出版部 (1997)『企業行動指針実例集』日経連出版部
日興リサーチセンター (1978)『企業評価法』経林書房
西門正巳 (1979)『現代企業の経営学』千倉書房
野村秀和 (1992)『企業分析』青木書店
野村総合研究所 (1989)『ニューインベストメント・フロンティア』
飫冨順久 (1970)「企業環境に関する一考察」『明治大学大学院紀要』第8集
飫冨順久 (1974)「社会的責任論の系譜」『企業診断』6月号，同友館
飫冨順久 (1985)「企業活性化の諸条件―企業家機能の分析をふまえて―」『千葉短大紀要』11号
飫冨順久 (1987)「企業評価に関する一考察―企業評価の発展とその視点―」『情報化の進展と企業経営』(経営学論集第57集) 日本経営学会編，千倉書房
飫冨順久 (1988)「企業体制の変革と経営モラル」『経営哲学論集』第4集，経営哲学学会
飫冨順久 (1988)「企業の道徳的危機と経営行動」『経営行動』vol.3. No.1, 経営行動研究所
飫冨順久 (1991)「企業行動における倫理的側面の検討」『90年代の経営戦略』(経営学論集第61集) 日本経営学会編，千倉書房
飫冨順久 (1991)「マーシャルの企業評価論と活性化の原理」『マーシャルとその時代』和光大学経済学部，白桃書房
飫冨順久 (1992)「企業の倫理性に関する今日的課題―日本の企業の行動規準を考える―」『経営行動研究年報』第1号，経営行動研究学会
飫冨順久 (1995)「企業行動と経営倫理―環境問題への適応―」『現代企業と社会』(経営学論集第65集) 日本経営学会編，千倉書房
飫冨順久 (1995)「企業の倫理的行動とその評価」『経営論集』第43巻第1号，明治大学経営学研究所
飫冨順久 (1996)「バーナード理論における企業倫理」『経営行動』vol.11. No.1, 経営行動研究所

飯冨順久（1996）「バーナードの経営倫理とその現代的意義」『ケインズ＝バーナードとその時代』和光大学経済学部，白桃書房
小笠原英司（1995）「現代企業における"事業"の位置」『経営論集』第43巻第1号，明治大学経営学研究所
小笠原英司（1999）「組織と公共性」『経営論集』第46巻第2号，明治大学経営学研究所
岡本大輔（1996）『企業評価の視点と手法』中央経済社
小椋康宏編（1996）『経営学原理』学文社
小野二郎（1963）『企業評価論の研究』神戸大学経済経営研究所
Ouchi, William G. (1981) *Theory Z : How American business can meet the Japanese challenge*, Addison-Wesley. Reading Mass. （徳山二郎監訳（1981）『セオリーZ』CBSソニー出版）
Pascale, Richard T. and Anthony G. Athos (1981) *The Arts of Japanese Management*, Simon & Schuster. （深田祐介訳（1981）『ジャパニーズ・マネジメント』講談社）
Penrose, E. T. (1959) *The Theory of Growth of the Firm*, Basil Blackwell. （末松玄六監訳（1962）『会社成長の理論』ダイヤモンド社）
Peters, Thomas J. and Robert H. Waterman, Jr. (1982) *In Search of Excellence : Lessons from America's Best-Run Companies*, New York, Harper & Row. （大前研一訳（1983）『エクセレント・カンパニー』講談社）
Petit, Thomas A. (1967) *The Moral Crisis in Management*, New York McGraw-Hill. （土屋守章訳（1969）『企業モラルの危機』ダイヤモンド社）
Piper, Thomas R., Gentile, Mary C. and Sharan Daloz Parks (1993) *Can Ethics Be Taught? : Perspectives, Challenges and Approaches in Harvard Business School*, Boston, Harvard University Press. （小林俊治・山口善昭訳『ハーバードで教える企業倫理』生産性出版）
Post, James E., Frederick, William C., Lawrence, Anne T. and Weber, James (1996) *Business and Society : Corporate Strategy, Public Policy, Ethics*, eighth edition, New York, McGraw-Hill.
佐高信（1994）『戦後　企業事件史』講談社現代新書
佐久間信夫編（1998）『現代経営学』学文社
櫻井克彦（1976）『現代企業の社会的責任』千倉書房
櫻井克彦（1979）『現代企業の経営政策』千倉書房
櫻井克彦（1980）「企業の国際化とその社会的責任」第54回日本経営学会全国大会報告要旨
櫻井克彦（1991）『現代企業の企業と社会』千倉書房

佐和隆光（1993）『成熟化社会の経済倫理』岩波書店
社団法人企業研究会（1979）『企業モラルと組織行動』ダイヤモンド社
Schumpeter Joseph, Theorie der wirtschoftlichen Entwicklang. 1912. （塩野谷祐一・中山伊知郎・東畑精一訳『経済発展の理論』1997年　岩波文庫）
Sheldon, Oliver（1924）*The Philosophy of Management*, London, Sir Isaac Pitman and Sons Ltd.（田代義範訳（1974）『経営管理の哲学』未来社）
柴川林也編著（1996）『経営財務と企業評価』同文舘
柴川林也編著（1997）『企業行動の国際比較』中央経済社
清水龍瑩（1975）『実証研究日本の経営～経営力評価モデルによる企業行動と企業成長 要因分析～』中央経済社
清水龍瑩（1981）『現代企業評価論』中央経済社
清水龍瑩（1984）『企業成長論―新しい経営学―』中央経済社
清水龍瑩（1984）『経営者能力論』千倉書房
清水龍瑩（1990）『大企業の活性化と経営者の役割』千倉書房
清水龍瑩（1998）『日本型経営者と日本型経営』千倉書房
Simon, Herbert A.（1950）*Administrative Behavior*, New York, Macmillan.（松田武彦・高柳曉・二村敏子訳（1966）『経営行動』ダイヤモンド社）
Smith, Ken and Phil Johnson, ed.（1996）*Business Ethics and Business Behavior*, International Thomson Business Press.
Stewart, David（1996）*Business Ethics*, New York, McGraw-Hill.
鈴木辰治（1992）『現代企業の経営と倫理』文眞堂
鈴木辰治（1996）『企業倫理・文化と経営政策』文眞堂
Sutton, F.X., S.E. Harris, C. Kaysen, J. Tobin（1962）*The American Business Creed,* Schocken Books（高田馨・長濱穆良訳（1968）『アメリカの経営理念』日本生産性本部）
総理府（1987）『社会意識に関する世論調査』大蔵省印刷局
総理府（1987）『国民生活に関する世論調査』大蔵省印刷局
高巌（1998）『日本における企業倫理の現状と課題』組織学会研究発表報告要旨
高田馨（1970）『経営の目的と責任』日本生産性本部
高田馨（1974）『経営者の社会的責任』千倉書房
高田馨編著（1975）『実証分析　企業の環境適応』中央経済社
高田馨（1978）『経営目的論』千倉書房
高田馨（1989）『経営の倫理と責任』千倉書房
高橋浩夫編（1998）『企業倫理綱領の制定と実践』産能大学出版部
高宮晋（1974）「経営の社会性」『現代経営学の課題』（中村常次郎先生還暦記念論文集）有斐閣

高宮晋 (1975)『経営学辞典』ダイヤモンド社
高宮晋・山城章・占部都美・住木他石 (1972)『現代の経営責任者』税務経理協会
田中恒夫 (1998)『企業評価論』創成社
竹中靖一・宮本又次監修 (1979)『経営理念の系譜』東洋文化社
瀧野隆永 (1982)『環境適応の企業戦略』―経済的・社会的評価の実態分析―同文舘
田代義範 (1986)『産業社会の構図』有斐閣
田代義範 (1992)「経営倫理」『現代企業の支配と管理』片山伍一編著, ミネルヴァ書房
寺田瑛子 (1990)「地球環境時代に求められる企業倫理 (上・下)」『エコノミスト』毎日新聞社, 8月14・21日号および8月28日号
Thompson, S. (1958) *Management Creeds and Philosophies.*
通商産業省産業政策局 (1995)『企業組織の新潮流』㈶通商産業調査会出版局
通商産業省産業政策局企業行動課 (1984)『企業活力』東洋経済新報社
地球・人間環境フォーラム (1993)『環境要覧93, 94』古今書院
戸田清 (1994)『環境的公正を求めて』新潮社
対木隆英 (1979)『社会的責任と企業構造』千倉書房
土屋守章 (1980)『企業の社会的責任』税務経理協会
上野正男 (1994)『経営分析の発展と課題』白桃書房
宇南山英夫・小倉一郎監修 (1997)『企業倫理と会社不正』東京経済情報出版
Velasquez, Manuel G. (1989) *Business Ethics : Concepts and Cases*, Second Edition, Prentice-Hall.
the White House Conference on the Industrial World Ahead (1972) *A Look at Business in 1990*, U. S. Government Printing Office. (経団連事務局訳『企業の責任と限界』ダイヤモンド社, 1974年)
Williamson, Oliver E. (1964) *The Economics of Discretionary Behavior*, Prentice Hall, 1964 (井上薫訳 (1982)『裁量的行動の経済学』千倉書房)
矢吹耀男 (1975)『経営学の理論と実践』白桃書房
矢島釣次 (1974)『現代企業の経営指標』日本生産性本部
山口史朗 (1989)『現代の経営行動と組織変革』梓出版社
山本安次郎 (1967)『経営学の基礎理論』ミネルヴァ書房
山本安次郎・加藤勝康 (1982)『経営学原理』文眞堂
山本安次郎 (1984)「経営活力の意義と経営学における問題性」『日本企業の経営活力』中央経済社
山城章 (1966)『経営学原理』白桃書房

山城章編（1972）『現代の経営理念』白桃書房
山田庫平編著（1997）『経営管理会計の基礎知識』東京経済情報出版
山田雄一（1991）「組織を支えてきた価値のこれまでとこれから――君仁臣忠にかわるものはあるか――」組織学会編『組織科学』第24巻4号，白桃書房
山田雄一（1995）「管理行動の有効性をめぐる通念の再検討――組織の視点から――」『経営論集』第43巻第1号，明治大学経営学研究所
吉戒修一（1994）『平成六年商法改正法の解説』旬刊商事法務，7月－8月・5号
吉武孝祐（1979）『企業分析の哲学』同文舘

索　引

あ 行

ISO　215-216
ISO14000s　215-216, 227
IBM社　122, 218, 252
青野豊作　17
アメリカ　113, 126
アンゾフ, H. I.　14, 66, 82
飯野春樹　58
EVA　239
意思決定　52, 63, 86, 139
イールズ, R.　67, 80, 90
ウィリアムソン, O. E.　69
ウォールの比率指標　22
エイコフ, R. L.　69
SA8000　229
MVA　239
大河内暁男　191
オドンネル, C. J.　12
小野二郎　28
オープン・システム　52, 57

か 行

海外不正支出防止法　226
下位制約目標　74
外部評価　160, 165
外部分析　9, 40
革新型リーダー　199, 202
拡大化戦略　14
価値前提　63
価値体系　61, 133, 139, 159
カッペル, F. R.　185
株主　19, 20, 75, 87, 92, 134, 140, 147
株主総会　113
ガルブレイス, J. K.　196
環境監査　117
環境基本法　115, 214, 245
環境白書　117, 215
環境問題　10, 60, 98, 101, 109, 245
監査室　115, 126, 172
監査役　112, 170

監査役会　113
企業　182
企業家機能　194, 196, 202
企業家精神　194, 196
企業活性化　179, 186
企業構成体説　67
企業成長　12, 186
企業体質　17
企業の社会貢献度　230
企業評価　9-10, 18, 102, 130, 108
企業有機体説　66
企業理念　133
企業倫理　61, 89, 98, 101-102, 104, 109, 169, 172, 216, 249
菊池敏夫　10, 81, 98
キャロル, A. B.　118
グッド・コーポレート・シチズンシップ　62, 104, 122
グーテンベルグ　72
グローバル・スタンダード　122, 216-216, 226-227
クーンツ, H. D.　12, 91
経営　183
経営活力　184-185, 202-203
経営哲学　191
経営分析　203
経営目的　64-65
経営目標　65, 68, 73, 75
経営理念　65, 76, 77, 89, 153
経営力　12, 24
経済同友会　122, 179, 200, 247
経団連　117, 119, 246
公害　98, 101, 105-106, 213
後期社会的責任論　98
国際化　155, 178
コーポレート・ガバナンス　121, 229
コーポレート・シチズンシップ　247
コール, A. H.　196

さ 行

債権者　19-20

サイモン，H. A.　63, 73
櫻井克彦　10, 66, 76
サットン，F. X.　77, 78
三位一体説　183
JET分析　22
シェルドン，O.　86, 88
事実前提　63
市場経済　110-111, 245
シナジー　15
清水紀彦　200
清水龍瑩　12, 23, 40, 186, 227
社外監査役　112, 114
社会経済生産性本部　202
社会性　18, 24, 38, 75, 81, 83, 108, 114, 130, 151
社会的価値基準　159
社会的権力　95
社会的責任　10, 76, 81, 84, 88-90, 94, 115, 124
社会的責任論　84, 96
ジャコビー，N.　79
社是・社訓　133, 151
シャープ，W.　13
収益性　15, 21, 36, 40
従業員　75, 86, 90, 92, 134, 140, 142
シュンペーター，J. A.　182, 196
上位制約目標　74
省エネ・リサイクル支援法　117, 214
消費者　75, 134, 140, 143
商法　112
常務会　187
信用分析　9, 40
ステイクホルダー　37-38, 229
蛻変　198
制約された合理性　52, 72
前期社会的責任論　98
戦略　153
戦略的意思決定　14

た 行

高田馨　69, 74, 76, 82, 86
高宮晋　76, 83, 182-183
多角化戦略　14
地球環境憲章　115, 214
中道会社モデル　93
対木隆英　259
通産省産業政策局企業行動課　179, 185
通産省政策局企業行動課　11, 23
ディジョージ，R. T.　18, 104
デイビス，R. C.　191
デイビス，K.　94
ディーン，J.　71, 73
適性原理　72
デュポン・システム　22
電機連合総合研究センター　235
伝統的会社モデル　91-92
伝統的価値観　110-111
ドイツ　113, 126
道徳準則　53
道徳性　53, 58
トップ・マネジメント　17, 22, 187, 203
ドラッカー，P. F.　65, 69, 85, 196
取締役　112
取締役会　113, 187
トンプソン，S. T.　77

な 行

内部評価　160, 162
内部分析　9, 38
NEEDS-CASMA　11
NEEDS-SAFE分析　22
日本経済新聞社　11
庭本佳和　59
能率　58

は 行

バーナード，C. I.　52, 66
ファイヨール，H.
藤芳誠一　210
フラハティー，J. E.　196
フランス　114
プリズム　238
ペティット，T. A.　18, 78, 80, 83, 87
ベル，D.　79

ペンローズ, E. T. 194
ボーエン, H. R. 69
母性的会社モデル 92
ホーフステッド, G. 217-218
ボーモル, W. J. 69, 75

ま 行

マクガイヤー, J. W. 66, 191
マグレガー, D. 191
マーシャル, A. 196
松下電器産業 247
満足原理 71-72
森本三男 97, 119, 180

や 行

矢島鈞次 17
矢吹輝男 17

山城章 81
山本安次郎 181-182, 184, 227
有効性 58

ら 行

利害関係者 20
利害者集団 10, 64-65, 79, 81, 92, 105, 132, 139, 185, 248
利害関係者 64
利潤最大化原理 71, 73
リーダーシップ 190, 199
倫理 59, 103
倫理綱領 119, 124-125, 217, 226
倫理性 18, 24, 38, 98, 108, 114-115, 130, 151
レビット, T. 96
連邦量刑ガイドライン 226

著者紹介

飫冨順久（おぶ　のぶひさ）
1943年　長野県に生まれる
1971年　明治大学大学院経営学研究科博士課程修了
現　職　和光大学教授。経済学部長　博士（経営学）
　　　　日本経営教育学会・経営行動研究学会・経営システム学
　　　　会・経営哲学学会常任理事　組織学会理事
専　攻　経営学総論，経営学原理，経営管理総論
主　著　（共著）『企業と環境の考え方』（産能短大出版部），『経営
　　　　管理学辞典』（泉文堂），『現代企業の経営行動』（同文舘），
　　　　『マーシャルとその時代』（白桃書房），『新版新時代の経営
　　　　学』（学文社），『ケインズ・バーナードとその時代』（白桃
　　　　書房），『最新経営学用語辞典』（学文社），『ビジュアル基
　　　　本経営学』（学文社），『現代の経営行動』（同友館），『マネ
　　　　ジメントの論点』（日本生産性出版），
　　　　（編著）『新経営学教科書』（学文社）
　　　　　　　『現代社会の経営学』（学文社）　他多数

企業行動の評価と倫理
　　　　2000年4月20日　第一版第一刷発行

著　者　飫　冨　順　久
発行所　㈱　学　文　社
代表者　田　中　千津子

東京都目黒区下目黒 3-6-1 〒153-0064
電話 03 (3715) 1501　振替 00130-9-98842

落丁・乱丁本は，本社にてお取替え致します。
定価は売上げカード，カバーに表示してあります。

印刷／倉敷印刷㈱　　　　　　　（検印省略）

ISBN4-7620-0962-8